Berthold Schuppar

Logo-Programmierkurs für Commodore 64 Logo und Terrapin Logo (Apple II)

Programmieren von Mikrocomputern

Die Bände dieser Reihe geben den Benutzern von Heimcomputern, Hobbycomputern bzw. Personalcomputern über die Betriebsanleitung hinaus zusätzliche Anwendungshilfen. Der Leser findet wertvolle Informationen und Hinweise mit Beispielen zur optimalen Ausnutzung seines Gerätes, besonders auch im Hinblick auf die Entwicklung eigener Programme.

Bisher erschienene Bände

Band 1 **Einführung in BASIC**
von W. Schneider

Band 2 **Lehr- und Übungsbuch für die Rechnerserien cbm 2001 und cbm 3001**
von G. Oetzmann

Band 3 **BASIC für Fortgeschrittene**
von W. Schneider

Band 4 **Einführung in Pascal**
von W. Schneider

Band 5 **Lehr- und Übungsbuch für die Rechnerserien cbm 4001 und cbm 8001**
von G. Oetzmann

Band 6 **BASIC-Programmierbuch zu den grundlegenden Ablaufstrukturen der Datenverarbeitung**
von E. Kaier

Band 7 **Lehr- und Übungsbuch für Commodore-Volkscomputer**
von G. Oetzmann

Band 8 **Assembler-Programmierung von Mikroprozessoren (8080, 8085, Z 80) mit dem ZX 81**
von P. Kahlig

Band 9 **Einführung in die Anwendung des Betriebssystems CP/M**
von W. Schneider

Band 10 **Datenstrukturen in Pascal und BASIC**
von D. Herrmann

Band 11 **Programmierprinzipien in BASIC und Pascal**
von D. Herrmann

Band 12 **Assembler-Programmierung von Mikroprozessoren (8080, 8085, Z 80) mit dem ZX Spectrum**
von P. Kahlig

Band 13 **Strukturiertes Programmieren in BASIC**
von W. Schneider

Band 14 **Logo-Programmierkurs für Commodore 64 Logo und Terrapin Logo (Apple II)**
von B. Schuppar

Programmieren von Mikrocomputern Band 14

Berthold Schuppar

Logo-Programmierkurs
für Commodore 64 Logo und Terrapin Logo (Apple II)

Mit Beispielen für den Mathematikunterricht

Friedr. Vieweg & Sohn Braunschweig/Wiesbaden

CIP-Kurztitelaufnahme der Deutschen Bibliothek

Schuppar, Berthold:
Logo-Programmierkurs für Commodore 64 Logo und Terrapin Logo (Apple II): mit Beispielen für d. Mathematikunterricht / Berthold Schuppar. –
Braunschweig; Wiesbaden: Vieweg, 1985.
(Programmieren von Mikrocomputern; Bd. 14)
ISBN 978-3-528-04352-0 ISBN 978-3-322-89718-3 (eBook)
DOI 10.1007/978-3-322-89718-3

NE: GT

Das im Buch enthaltene Programm-Material ist mit keiner Verpflichtung oder Garantie irgendeiner Art verbunden. Der Autor übernimmt infolgedessen keine Verantwortung und wird keine daraus folgende oder sonstige Haftung übernehmen, die auf irgendeine Art aus der Benutzung dieses Programm-Materials oder Teilen davon entsteht.

1985

ISBN 978-3-528-04352-0

Vorwort

"Logo? Kindersprache. Wir wollen richtig programmieren."

"Logo hat doch nicht mehr zu bieten als Turtle-Grafik."

"Logo ist ganz einfach. Für kompliziertere Dinge braucht man BASIC oder etwas anderes."

Auf solche Ansichten kann man nur antworten: Mitnichten! Logo ist eine vollwertige Programmiersprache, die das Etikett "Nur für Kinder" in keiner Weise verdient hat. Zwar ist sie ursprünglich für Kinder entwickelt worden; Seymour Papert, der Vater von Logo, beschreibt seine Ideen und Experimente in dem lesenswerten Buch "Mindstorms - Kinder, Computer und Neues Lernen" [1]. Doch das Konzept dieser "Lernsprache" kommt auch Erwachsenen zugute: Logo eignet sich hervorragend für Einsteiger jeden Alters. Aber mehr noch: Mit der hier zugrundeliegenden Version steht eine universelle Programmiersprache zur Verfügung, die auch Experten einiges zu bieten hat; besonders im Mathematikunterricht ist Logo anderen gebräuchlichen Sprachen überlegen (im Kap. 17 finden Sie hierzu eine Reihe von Argumenten).

Dieses Buch basiert auf einem Kompaktseminar "Progammieren in Logo" für Lehrerstudenten des Fachs Mathematik (Primarstufe und Sekundarstufe I) am Institut für Didaktik der Mathematik der Universität Dortmund. Ein solcher Programmierkurs ist Pflichtbestandteil des Grundstudiums; er soll erste Kontakte zu Mikrocomputern herstellen und eine Basis schaffen für den Computereinsatz in anderen Lehrveranstaltungen (Algebra, Geometrie, Analysis etc.) und im Mathematikunterricht.

Demnach richtet sich das Buch an Mathematiklehrer und -studenten (aller Stufen) sowie an jeden Interessenten, der über ein mathematisches Grundwissen verfügt; es eignet sich als Basistext für Programmierkurse und zum Selbstlernen. Vorkenntnisse über Computer sind nicht erforderlich.

In einer solchen Einführung ist es notwendig, eine ausgewogene Mischung herzustellen aus mathematischen Inhalten und Elementen des Programmierens. Erstere stehen dabei im Vordergrund, denn der Computer soll zunächst einmal nichts anderes sein als ein Werkzeug, um mathematische Themenkreise zu erschließen.

Für den Logo-Grundkurs (Teil I) stellt sich daher die Frage: Wie kann man möglichst viel Mathematik machen mit möglichst wenig Programmier-Aufwand? Paperts geniale Idee, mit den Anweisungen "Gehe vorwärts" und "Drehe dich" seine Igel-Geometrie zu entwickeln, ist hier beispielhaft. Zur Mathematik gehören aber auch Arithmetik, Algebra etc.; darin bilden zweifellos die ganzen Zahlen und die Wörter (Zeichenketten) passende Themenkreise für einen Einstieg auf elementarer Stufe. Die Sprachelemente werden durchweg problemorientiert eingeführt; das versteht sich hier fast von selbst.
Im Teil II verschiebt sich der Schwerpunkt: Anhand von Beispielen aus dem Grundkurs werden die Grundideen des Programmierens in Logo (z.B. das Variablenkonzept oder das Prinzip der Rekursion) genauer untersucht. Denn um eine Sprache mit allen ihren Fähigkeiten zu beherrschen, braucht man mehr als nur ihre Wörter und ihre Grammatik.
Im weiteren Verlauf, nämlich beim Logo-Erweiterungskurs (Teil III) und den Feinheiten des Programmierens in Logo (Teil IV), sind die Schwerpunkte ähnlich verteilt, auf einer höheren Ebene.

Es ist ein alter Hut, daß es wenig Sinn hat, Programmieren in einem Trockenkurs zu lernen. Gerade für einen Neuling ist es wichtig, Erfahrungen mit dem Computer zu sammeln, eigene Ideen zu verwirklichen, Fehlerquellen aufzuspüren usw., kurz: aktiv zu lernen ("hands on", mit den Fingern auf den Tasten). Die Techniken des Programmierens bilden einen wichtigen Bestandteil des Kurses, denn ohne eine gewisse Fertigkeit wird der Umgang mit dem Computer mühselig. Deshalb gibt es zu den Programmbeispielen im Text zahlreiche Anregungen zum Variieren und Erweitern, und jedes Kapitel enthält eine Sammlung weiterer Aufgaben. Aus dem gleichen Grund erschien es notwendig, das Buch auf eine spezielle Logo-Version zu beziehen (wir benutzen die englische Originalfassung, die Programme sind jedoch leicht auf das deutsche IWT-Logo übertragbar).

Abschließend möchte ich allen, die mich beim Verfassen dieses Buches unterstützt haben, herzlich danken, insbesondere (in der Reihenfolge ihres Mitwirkens) Prof. Georg Schrage für die "Entdeckung" von Logo, Prof. Erich Ch. Wittmann für zahlreiche Anregungen, Petra Knöß für ihr unablässiges Nörgeln und Gudrun Steinecke für die souveräne Bedienung des Textsystems.

Dortmund, im November 1984

Berthold Schuppar

Inhalt

Teil II Grundideen des Programmierens in Logo

Teil III Logo-Erweiterungskurs

Teil IV Feinheiten des Programmierens mit Logo

Anhang

Einleitung

Wer Musik machen will, braucht ein Instrument; zum Programmieren brauchen wir einen Computer.

Die Auswahl des passenden Rechners für einen Logo-Kurs war nicht schwer. Denn von den Logo-Dialekten, die derzeit für Home-Computer zur Verfügung stehen, sind Commodore 64 Logo und Terrapin Logo für den Apple II sicherlich die ausgereiftesten; außerdem sind die genannten Rechner relativ weit verbreitet. Diese beiden Logo-Versionen bilden die Grundlage für das vorliegende Buch; weil sie fast identisch sind, macht es auch keine Schwierigkeiten, sie parallal zu behandeln (wo es notwendig ist, wird auf Unterschiede hingewiesen).

Die Originalfassung benutzt wie alle Programmiersprachen englische Schlüsselwörter; seit einiger Zeit gibt es jedoch eine deutsche Übersetzung für den Apple II, seit neuestem auch für den Commodore 64. Trotzdem habe ich der englischen Fassung den Vorzug gegeben, und zwar aus folgenden Gründen:

- Der Leserkreis, der hier angesprochen wird, dürfte mit den wenigen Logo-Vokabeln wohl kaum sprachliche Schwierigkeiten haben.
- Eine Computersprache ist und bleibt eine Kunstsprache mit eigener Grammatik. Wer ein feines Sprachgefühl hat, dem sträuben sich manchmal bei den Satzkonstruktionen einer rein deutschen Computersprache die Haare.
- Außerdem war, als dieser Logo-Kurs geplant wurde, für den Commodore 64 noch keine deutsche Fassung in Sicht.

Damit möchte ich jedoch kein Sprachenkrieg heraufbeschwören; in mancher Hinsicht ist die deutsche Version durchaus zweckmäßig. Wer ihr den Vorzug gibt, kann (hoffentlich) trotzdem aus diesem Buch einen Nutzen ziehen. Ein Zugeständnis: Wenn wir "turtle geometry" machen, lassen wir nicht die plumpe Schildkröte über den Bildschirm wandern, sondern den niedlichen Igel (so wurde "turtle" eingedeutscht).

Der Text ist in vier Teile gegliedert:

Teil I: Am Anfang war die Igel-Geometrie - das ist bei Logo schon fast zur Pflicht geworden, denn diese Art, mit dem Computer zu zeichnen, ist sehr einfach, aber wirkungsvoll, und außerdem ist sie eng mit den Ideen verknüpft, die zur Entwicklung von Logo geführt haben. Anschließend setzen wir Graphik-Befehle zu Prozeduren zusammen: Wir experimentieren mit einem "Geometrie-Baukasten", zeichnen Ornamente etc.; dabei werden die "basic facts" über Logo-Programme eingeführt. Auch technische Dinge zur Handhabung des Logo-Systems gehören hierzu, werden aber so kurz wie möglich gehalten. Wir wenden uns dann den ganzen Zahlen zu, als Gegenstück zur Igel-Geometrie auf dem Gebiet der Arithmetik. (Logo kann auch rechnen!) Wo Zahlen sind, da sind Variablen und Funktionen nicht weit; dieses Kapitel behandelt wieder stärker die Elemente des Programmierens. Mit dem dritten Themenbereich (nach Graphik und Zahlen) schließt das Kapitel über Wörter den Grundkurs ab; auch hier kommt die Arithmetik nicht zu kurz, denn Logo kann auch Zahlen als Wörter auffassen. Für die Programmbeispiele und Aufgaben in Teil I braucht man durchweg nur grundlegende mathematische Kenntnisse, etwa im Rahmen der Sekundarstufe I.

Teil II: Hier werden Erfahrungen aus dem Grundkurs zusammengestellt und aus einer anderen Perspektive betrachtet: Im Mittelpunkt stehen einige Grundideen des Programmierens, bezogen auf die besonderen Eigenarten von Logo. Programmbeispiele aus Teil I werden aufgegriffen, um etwas intensiver nachzudenken über Variablen, Rekursion etc.; nicht zuletzt ergeben sich daraus praktische Tips zum Programmieren. In Teil II werden im wesentlichen keine neuen Sprachelemente eingeführt. Den Abschluß bildet ein mehr technisch orientiertes Kapitel, in dem einige Details zur Benutzung des Systems gesammelt werden.

Teil III bringt neue Sprachelemente, nämlich Koordinatengraphik, reelle Zahlen und Listen (strukturierte Daten). Es liegt in der Natur der Sache, daß die mathematischen Beispiele hier etwas anspruchsvoller werden; das ist aber auch durchaus beabsichtigt. Wir bleiben dabei im Rahmen der Oberstufen-Mathematik (u.a., um zu zeigen, daß Logo auch dort einsatzfähig ist und sogar interessante Möglichkeiten bietet).

Teil IV enthält einige Elemente des Programmierens, die nicht "lebenswichtig", aber doch notwendig sind, z.B. weitere Einzelheiten zur Ein- und Ausgabe von Daten (Teil I bringt hierzu nur das Allernotwendigste). Zu diesen Themen gehört auch eine Eigenschaft von Logo, die in dieser Form einzigartig ist: Man kann Programmtexte behandeln wie ganz normale Daten.

Des weiteren nehmen wir ein etwas größeres Programmbeispiel in Angriff, (nämlich das Projekt "Funktionsgraphen"), um einige Merkmale des Arbeitens mit Logo zu illustrieren. Im Schlußkapitel werden dann die typischen Eigenschaften von Logo zusammengestellt und kritisch betrachtet (u.a. im Vergleich zu anderen Programmiersprachen, wie BASIC und Pascal); ein besonderer Aspekt ist dabei der Einsatz von Logo im Unterricht.

Eine technische Vorbemerkung:

Das Logo-System muß, bevor man zu programmieren anfängt, von einer System-Diskette (bzw. von einem Steckmodul) in den Rechner geladen werden. Wie man das macht, steht ausführlich in dem Logo-Handbuch, das beim Kauf des Systems mitgeliefert wird. Als Erinnerungshilfe sind im Anhang A die wichtigsten Handgriffe zum Laden des Systems von einer Diskette zusammengestellt.

Einige Anmerkungen zum Schriftbild im folgenden Text:

- Die Logo-Schlüsselwörter werden, wenn sie zum erstenmal vorkommen,
  FETT
  gedruckt.
- Die Anweisungen, die man in den Rechner eintippt, werden
  NORMAL
  gedruckt, die Antworten des Rechners, die auf dem Bildschirm erscheinen, dagegen
  KURSIV ,
  beides jedoch in Großbuchstaben.
- Die Tastatur des Rechners enthält außer den Buchstaben und Zeichen noch einige spezielle Tasten; wenn diese im Text genannt sind, werden sie unterstrichen:
  <u>RETURN</u> , <u>ctrl-G</u> , <u>shift-M</u> usw.

Das ist alles, was einleitend zu sagen wäre, und es bleibt nur noch eine Frage offen:

Worauf warten wir noch?

Fangen wir an!

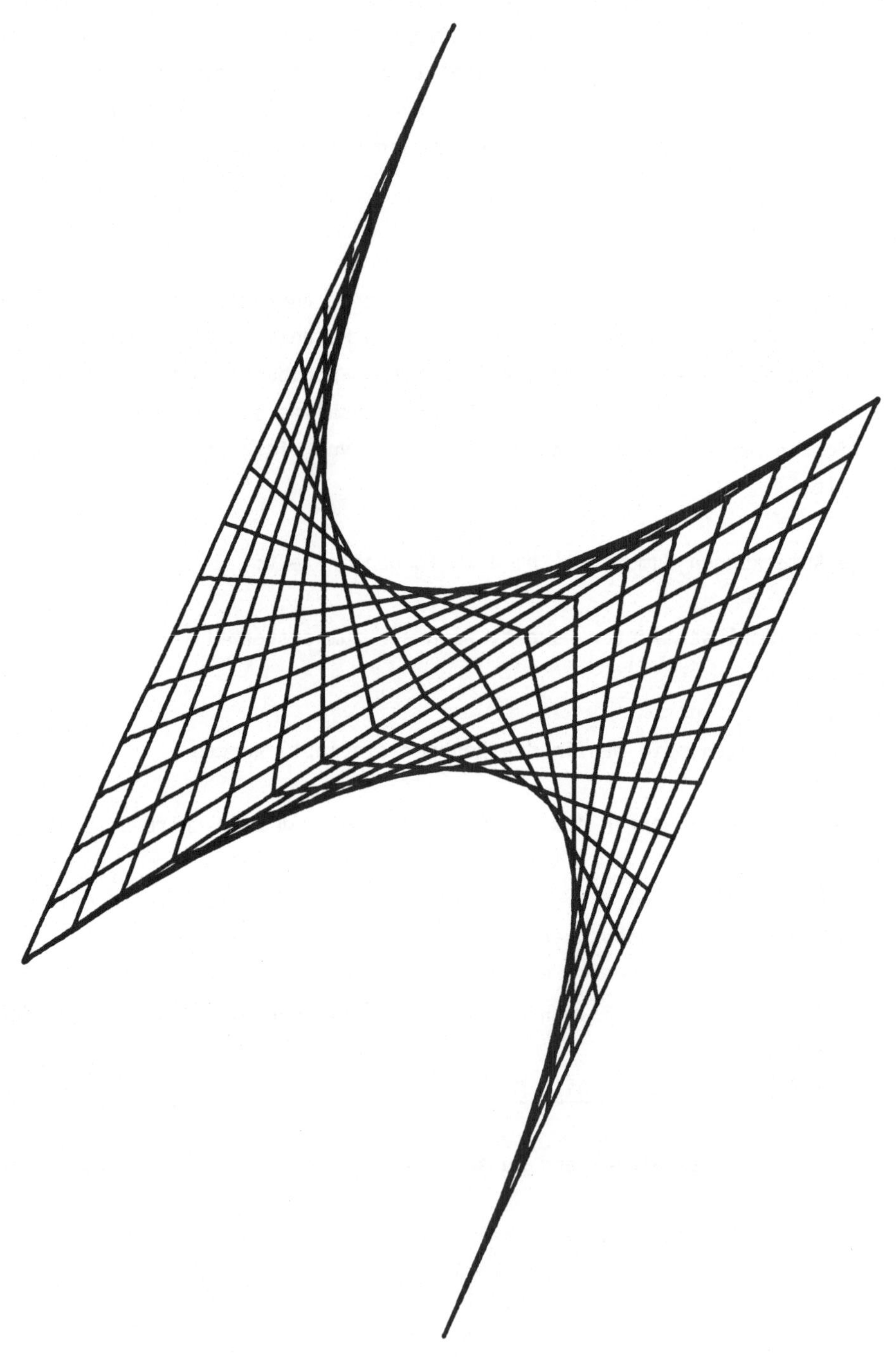

Teil I Logo-Grundkurs

1 Igel-Geometrie

WELCOME TO LOGO

Mit diesem Gruß auf dem Monitor meldet sich das Logo-System, wenn Sie es richtig geladen haben. Am linken Rand der folgenden Zeile erscheinen ein Fragezeichen (das Bereitzeichen) und ein blinkendes Quadrat (der Cursor). Logo ist bereit, Anweisungen entgegenzunehmen. Tippen Sie z. B.

DRAW

und drücken Sie die Taste RETURN. In der Mitte des Bildschirms erscheint ein kleines Dreieck; das ist der Logo-Igel. Der Bildschirm wird zur Zeichenfläche, nur am unteren Rand bleiben einige Zeilen für Text frei.

1.1 Die grundlegenden Zeichenbefehle

Der Igel bewegt sich vorwärts oder rückwärts mit den Anweisungen

FORWARD bzw. **BACK** ,

jeweils gefolgt von einer Zahl, die die Streckenlänge angibt; dabei hinterläßt er (im Normalfall) eine Spur auf dem Bildschirm. Seine "Nase" gibt die Richtung an. Er dreht sich nach rechts oder links mit

RIGHT bzw. **LEFT** ,

ebenfalls gefolgt von einer Zahl, dem Drehwinkel. Tippen Sie die folgenden Anweisungen, um ein L zu zeichnen (den ersten Buchstaben von LOGO) ; drücken Sie nach jeder Zeile die RETURN-Taste, erst dann wird jeweils die Anweisung ausgeführt:

```
FORWARD 1ØØ
BACK 1ØØ
RIGHT 9Ø
FORWARD 5Ø
```

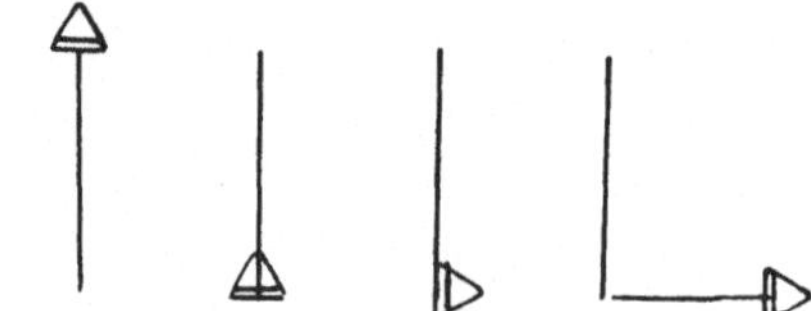

Die Zahlen müssen durch Zwischenräume (Leerzeichen) von den Wörtern getrennt werden. Eine Anmerkung zur Schreibweise: Um die Null vom Buchstaben O zu unterscheiden, markieren wir sie mit einem Schrägstrich.

Um den zweiten Buchstaben von LOGO etwas abzusetzen, müssen wir den Igel ein Stück bewegen, ohne zu zeichnen:

```
PENUP
FORWARD 20
```

(RETURN nicht vergessen!)

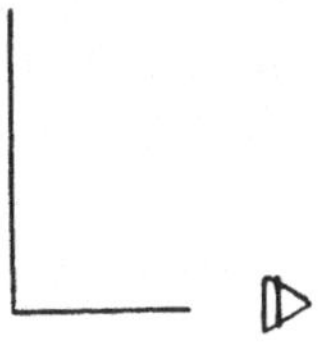

Die Anweisung

PENUP

hebt den imaginären Zeichenstift des Igels, er hinterläßt jetzt keine Spuren mehr, und zwar bis auf Widerruf: Mit

PENDOWN

können Sie den Zeichenstift wieder senken. PENUP und PENDOWN verändern weder die Lage noch die Richtung des Igels, nur seinen Zustand.

Die folgende Zeile zeichnet auf einen Schlag das halbe O :

```
FORWARD 50  LEFT 90  FORWARD 100  LEFT 90
```

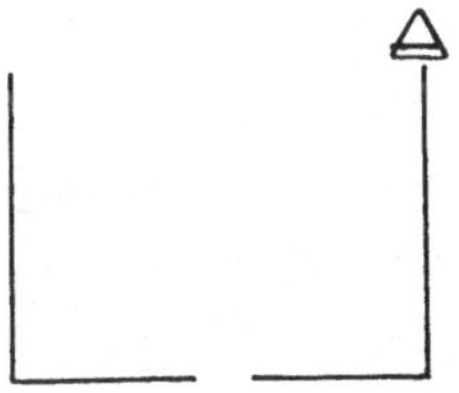

Man kann mehrere Anweisungen in eine einzige Zeile schreiben, durch Leerzeichen getrennt; drückt man RETURN, so werden sie nacheinander ausgeführt.

Für die zweite Hälfte des O's müßte man die gleiche Folge von Anweisungen noch einmal eintippen und ausführen. Wir können uns aber das Eintippen ersparen: Drückt man die Taste [↑] bzw. ctrl-P , so wird die zuletzt eingetippte Zeile auf den Bildschirm zurückgeholt, und auf RETURN wird sie erneut ausgeführt. (Beim Apple II gibt es hierfür nur ctrl-P . Merke: Previous line)

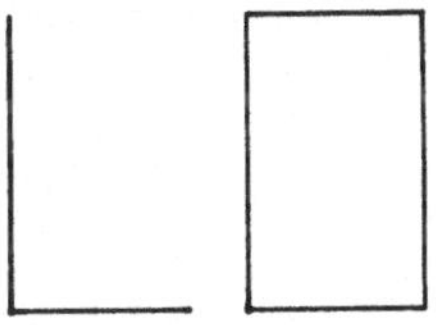

Versuchen Sie, die restlichen Buchstaben des Wortes LOGO zu zeichnen. Um des Eintippen zu erleichtern, gibt es Abkürzungen für häufig benutzte Anweisungen:

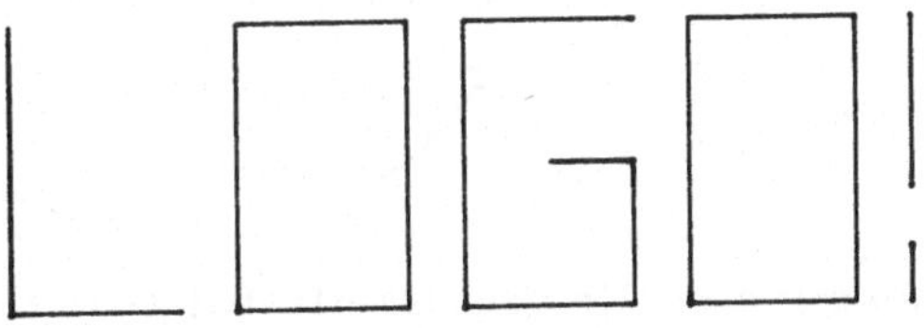

FORWARD	wird abgekürzt durch	FD
BACK		BK
RIGHT		RT
LEFT		LT
PENUP		PU
PENDOWN		PD

Beispielsweise könnte man die obige Zeile kurz schreiben als

```
FD 5Ø  LT 9Ø  FD 1ØØ  LT 9Ø
```

Der Text ist nicht mehr so leicht lesbar wie oben, man spart jedoch eine Menge Arbeit.

Um eine neue Zeichnung zu beginnen, setzt man die Zeichenfläche mit

DRAW

wieder in den Anfangszustand: DRAW beseitigt alle Igelspuren und setzt den Igel in die Mitte, Nase nach oben; der Zeichenstift wird gesenkt. (Leider ist es nicht ohne weiteres möglich, einzelne Igelspuren zu löschen, etwa um Zeichnungen zu korrigieren.)

Das Zurückholen von Zeilen ist sehr nützlich, um regelmäßige Figuren zu zeichnen. Tippen Sie z.B. die Zeile

```
FORWARD 5Ø RIGHT 6Ø
```

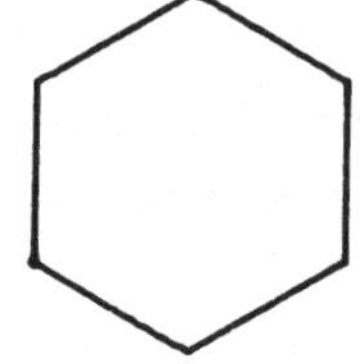

und drücken Sie RETURN, anschließend [↑] (bzw. ctrl-P) und nochmal RETURN, und das mehrmals hintereinander: Es entsteht ein regelmäßiges Sechseck. Variieren Sie die Eingabewerte: Wie erhält man ein Quadrat, ein Fünfeck, einen Stern usw.? Wählen Sie irgendeinen Winkel als Eingabe für RIGHT ; was passiert? (Wahrscheinlich sind die Figuren auf dem Bildschirm nicht ganz regelmäßig, sondern in senkrechter Richtung etwas gestaucht. Wir kommen gleich darauf zurück.)

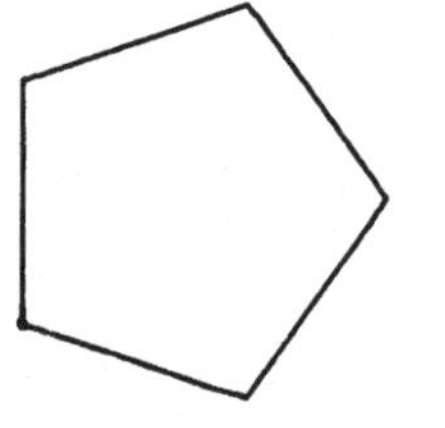

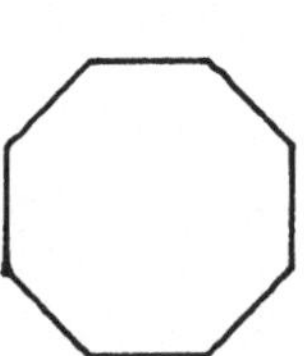

Wiederholen Sie genauso die folgende Zeile:

```
FORWARD 4Ø  RIGHT 15Ø  FORWARD 4Ø  LEFT 15Ø
```

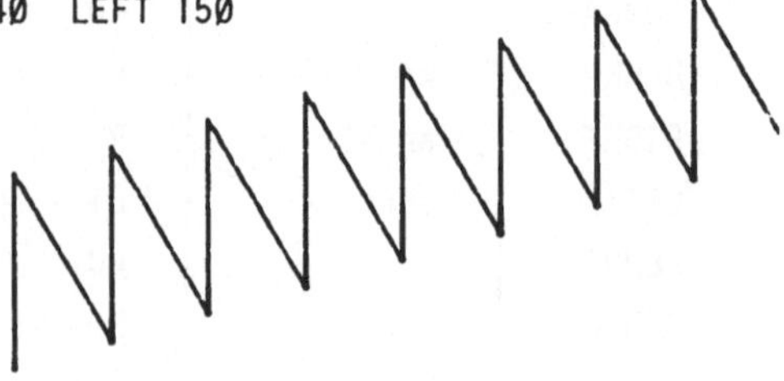

Warum entsteht hier kein geschlossenes Muster, sondern ein Bandmuster? Wie verhält sich der Igel, wenn er den Bildschirmrand überschreitet?

Versuchen Sie, ähnliche Bandmuster zu erzeugen, oder auch Zahnräder:

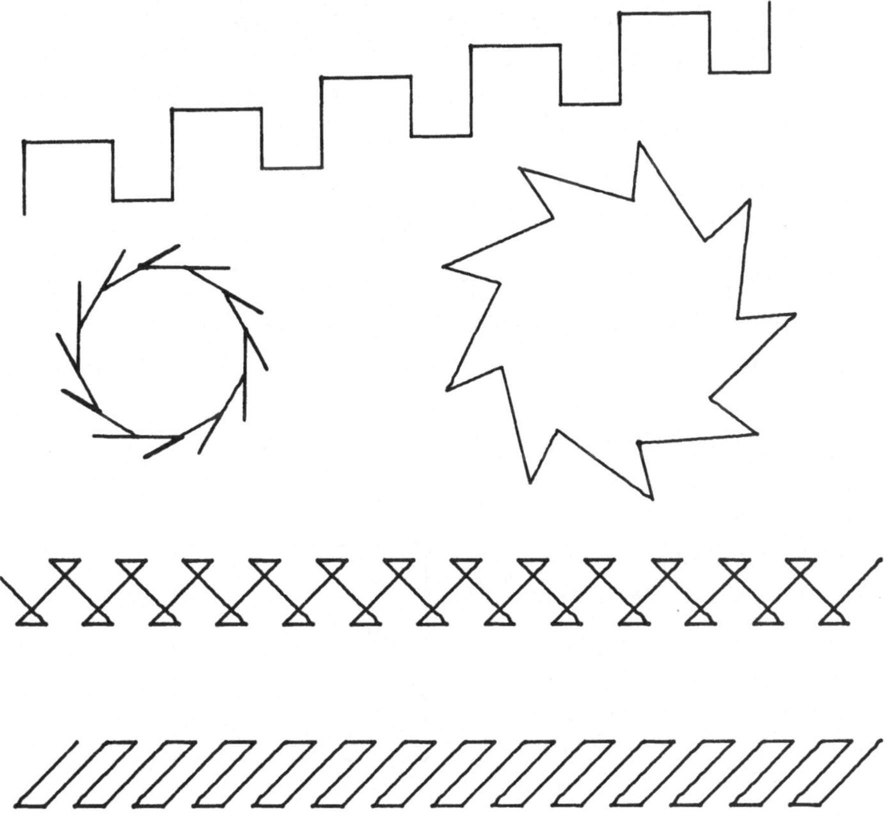

1.2 Maße des Bildschirms

Standardmäßig hat der Bildschirm die Maße

320 x 260	Einheiten	beim Commodore 64 ,
280 x 240	"	beim Apple II

(jeweils Breite x Höhe). Die Figuren werden allerdings etwas verzerrt, so daß ein Quadrat als Rechteck oder (je nach Lage) als Parallelogramm erscheint. Man kann den Bildschirm entzerren mit der Anweisung

.ASPECT 1

Der Eingabewert für .ASPECT muß eventuell leicht verändert werden, z.B. .ASPECT Ø.95 oder .ASPECT 1.Ø5 ; er hängt davon ab, welchen Monitor man benutzt. Durch die Entzerrung ändert sich das Ausmaß in der Senkrechten. Nach jedem Start des Logo-Systems muß man erneut entzerren.

Der untere Teil der Zeichenfläche wird normalerweise durch einige Textzeilen verdeckt; der Igel kann sich unter dem Text verstecken. Wir können jedoch auf Tastendruck jederzeit das volle Bild sichtbar machen, ebenso können wir zum Teilbild zurück- oder ganz auf Text umschalten. Folgende Tasten sind dafür zuständig:

	C. 64	Apple II	
Vollbild	f5	ctrl-F	(Fullscreen)
Teilbild	f3	ctrl-S	(Splitscreen)
Text	f1	ctrl-T	(Textscreen)

Sollte der Igel also verschwunden sein, schalten Sie auf Vollbild um, dann taucht er wieder auf.

Erreicht der Igel irgendeinen Randpunkt der Zeichenfläche, so setzt er den Weg am gegenüberliegenden Randpunkt mit unveränderter Richtung fort:

RIGHT 45 FORWARD 555

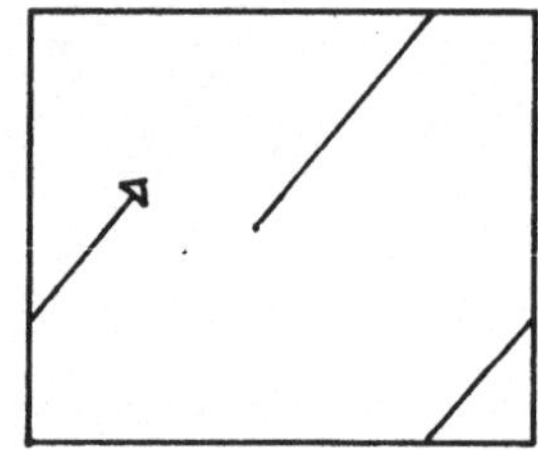

Er kann sich also niemals außerhalb des Bildschirms verirren, er bleibt immer in unserem Blickfeld (jedenfalls beim Vollbild). Diesen Effekt nennen wir den Randsprung. Testen Sie den Randsprung mit extremen Weglängen:

RIGHT 11 FORWARD 5555

Der Bildschirm wird von einem ganzen Streifenmuster überzogen. Variieren Sie den Drehwinkel in RIGHT (ohne diese Drehung hätten wir nur einen einzigen senkrechten Strich): Für welche Winkel ergibt sich ein dichtes Streifenmuster, für welche ein Muster mit wenigen breiten Streifen und großen Lücken? (Löschen Sie vor jedem Versuch den Bidschirm mit DRAW .)

1.3 Fehler, Korrektur

Tippfehler in der Eingabezeile können korrigiert werden, solange noch nicht RETURN gedrückt ist:

(a) Löschen von Zeichen: Die Taste

DEL (beim C. 64) bzw. ESC (beim Apple II)

löscht das Zeichen links vom Cursor. Man entferne so viele Zeichen wie nötig und tippe den richtigen Text neu ein.

(b) Bei Fehlern mitten in der Zeile bewege man den Cursor an die Stelle rechts von den falschen Zeichen, und zwar mit den Cursortasten:

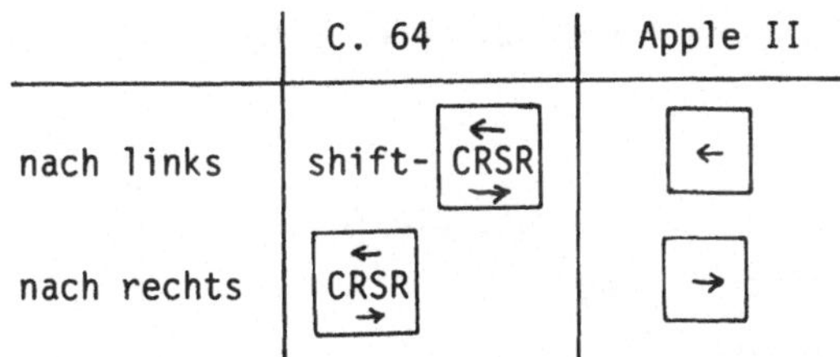

Anschließend lösche man wie oben mit DEL bzw. ESC (der Text rechts vom Cursor wird dabei nach links gerückt) und füge die neuen Zeichen ein (der Text rechts vom Cursor rückt wieder nach rechts).

Auch bei unbemerkten Fehlern kann nichts Böses passieren: Logo reagiert auf jede unverständliche oder unvollständige Anweisung mit einer Fehlermeldung. Einige Beispiele:

FORWAD 75
THERE IS NO PROCEDURE NAMED FORWAD
(Rechtschreibefehler. Logo sucht nach einer Anweisung dieses Namens, findet aber keine.)

RIGHT
RIGHT NEEDS MORE INPUTS
(Hier fehlt die Eingabe des Winkels.)

FD35 LT15
THERE IS NO PROCEDURE NAMED FD35
(Hier fehlt ein Leerzeichen zwischen FD und 35 . Die Zeile enthält zwar noch einen Fehler, die Ausführung bricht aber schon nach dem ersten Fehler ab.)

LEFT 7O
THERE IS NO PROCEDURE NAMED 7O
(Buchstabe O statt Ziffer Ø getippt.)

Das letzte Beispiel zeigt, daß man manchmal doch scharf hinsehen muß. Nach einer Fehlermeldung muß man nicht unbedingt die ganze Zeile neu eintippen: Holen Sie die Zeile zurück mit ↑ bzw. ctrl-P , korrigieren Sie wie oben und führen Sie erneut aus mit RETURN .

1.4 Wiederholen mit REPEAT

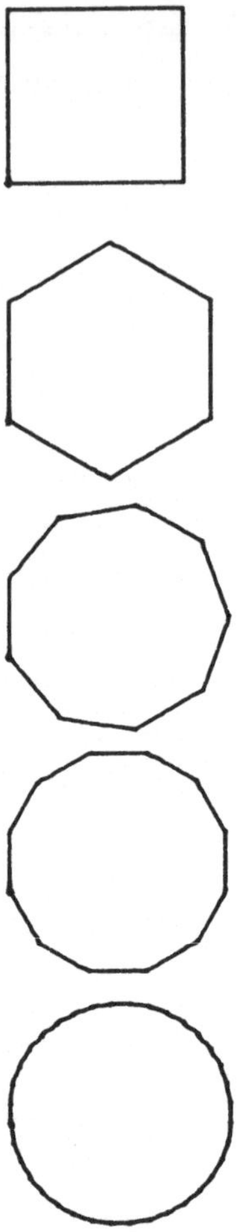

Manche regelmäßigen Figuren entstehen dadurch, daß man gewisse kurze Anweisungsfolgen mehrmals wiederholt (s. 1.1): Wenn man die Zeile

```
FORWARD 5Ø RIGHT 9Ø
```

viermal ausführt, ergibt sich ein Quadrat. Die folgende Anweisung tut das auf einen Schlag:

```
REPEAT 4 [FORWARD 5Ø RIGHT 9Ø]
```

Wichtige Anmerkung für Apple-Benutzer: Auf der Tastatur des Apple II sind die eckigen Klammern versteckt, nämlich als shift-N und shift-M .

Die Zeile

```
REPEAT 6 [FORWARD 5Ø RIGHT 6Ø]
```

zeichnet eine Bienenwabe. Versuchen Sie, andere regelmäßige n-Ecke zu erzeugen! Mit steigender Eckenzahl werden die Figuren immer kreisähnlicher:

```
REPEAT 36 [FORWARD 1Ø RIGHT 1Ø]
```

zeichnet einen "Kreis", die Ecken des 36-Ecks sind auf dem Raster des Bildschirms nicht mehr zu erkennen.

Allgemein hat die Wiederholungs-Anweisung

REPEAT Anzahl [Anweisungen]

zwei Eingaben, nämlich eine Zahl und eine (in eckige Klammern eingeschlossene) Liste von Anweisungen: Die Anweisungen werden so oft wiederholt, wie die Anzahl angibt. Die Liste kann im Prinzip beliebig lang sein.

Übrigens ist die Länge einer Anweisung nicht durch die Bildschirmbreite (40 Zeichen) begrenzt: Eine Eingabezeile darf bis zu 255 Zeichen enthalten, das sind mehr als 6 Bildschirmzeilen. Erreicht der Cursor den rechten Bildschirmrand, so springt er automatisch in die nächste Zeile, ohne daß man RETURN drückt, und man kann dort ganz normal weiterschreiben. Das Ende der Eingabezeile wird in jedem Falle durch die RETURN-Taste markiert.

Man kann REPEAT-Anweisungen ineinanderschachteln, d.h. auch die Liste der Anweisungen, die wiederholt werden sollen, darf ein REPEAT enthalten:

REPEAT 6 [RIGHT 6Ø REPEAT 6 [FORWARD 4Ø RIGHT 6Ø]]

Im Prinzip können beliebig viele REPEAT-Schleifen geschachtelt werden. Solche Schachtelungen sind aber unübersichtlich; Kap. 2 wird zeigen, wie man lange Befehlsfolgen wesentlich besser handhaben kann.

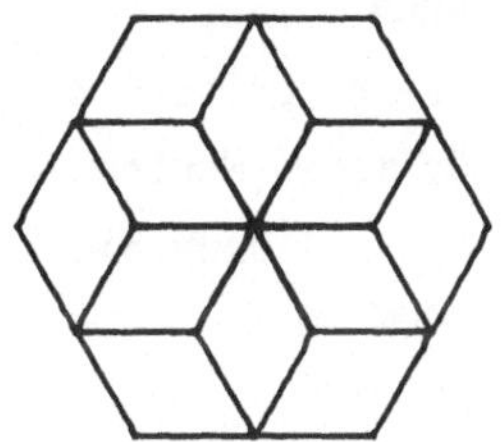

Es mag paradox klingen: Mit der REPEAT-Anweisung kann man nicht nur regelmäßige, sondern auch völlig unregelmäßige Figuren zeichnen. Des Rätsels Lösung: Es gibt einen eingebauten "Würfel", eine Funktion namens RANDOM , die Zufallszahlen erzeugt. Die Anweisung

LEFT RANDOM 36Ø

dreht den Igel um einen zufällig gewählten Winkel. Wir lassen nun den Igel torkeln: Er soll wiederholt einen Schritt vorwärtsgehen und sich um einen zufälligen Winkel drehen.

REPEAT 111 [FORWARD 11 LEFT RANDOM 36Ø]

Führen Sie diese Zeile mehrmals aus (löschen Sie zwischendurch den Bildschirm mit DRAW): Jedesmal ergibt sich ein anderes Bild. Der torkelnde Igel hat einen physikalischen Bezug: Er simuliert die "Brownsche Bewegung" eines Gasmoleküls in einer Gaswolke, das ständig mit anderen Molekülen zusammenstößt und dadurch völlig unregelmäßig seine Richtung ändert.

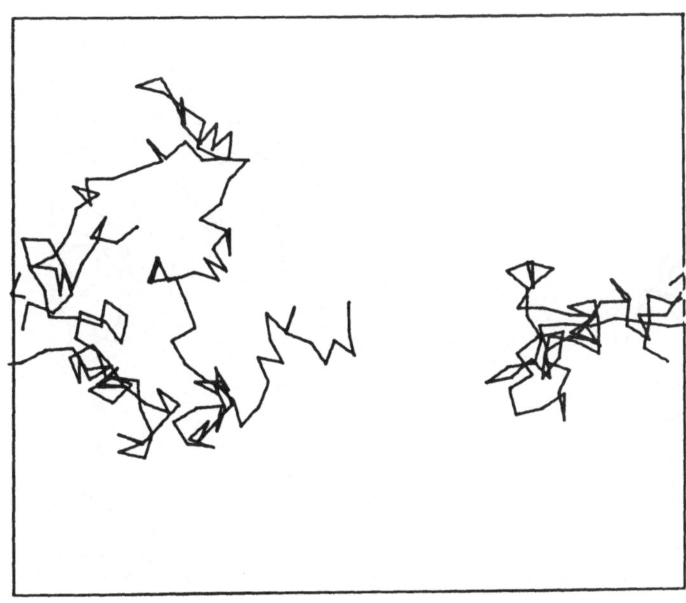

Die Zufallszahlen-Funktion

RANDOM Zahl

hat eine natürliche Zahl n als Eingabe und liefert als Ergebnis einen von n möglichen Werten, nämlich eine zufällig gewählte ganze Zahl z mit 0 <= z < n . Tippen Sie z. B. die Zeile

RANDOM 1Ø (Auch hier: RETURN drücken!)

RESULT: 7

Wiederholen Sie die gleiche Zeile: Es ergeben sich verschiedene Zahlen.

Das vorgestellte Wort RESULT: zeigt an, daß die eingetippte Zeile eigentlich keine Anweisung darstellt, sondern einen (Funktions-)Wert, eine Zahl. Dagegen ist

LEFT RANDOM 36Ø

eine Anweisung, nämlich "drehe dich nach links um einen zufällig gewählten Winkel": Das Ergebnis von RANDOM 36Ø wird als Eingabewert für LEFT benutzt.

Varianten der Zufallswege:

(a) Der Igel soll sich bei jedem Schritt um höchstens 45 Grad nach links drehen. Dazu ändern wir die Eingabe für RANDOM :

```
REPEAT 111 [FORWARD 11 LEFT RANDOM 45]
```

Der Weg erinnert an die Flugbahn einer Motte.

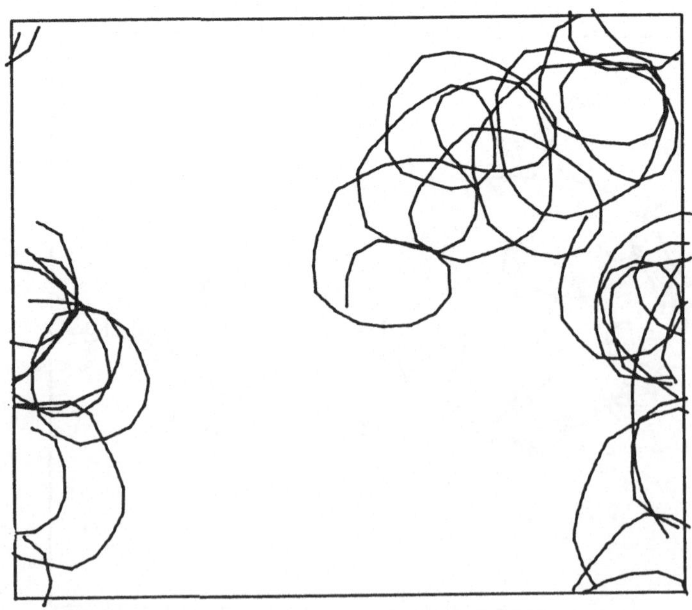

(b) Wie erreicht man, daß der Igel wie ein Betrunkener jeweils nur wenig nach links oder rechts abweicht?

```
REPEAT 111 [FORWARD 11 LEFT RANDOM 2Ø RIGHT RANDOM 2Ø]
```

Hier dreht sich der Igel erst links, dann rechts.

Eine andere Möglichkeit:

```
REPEAT 111 [FORWARD 11 LEFT (RANDOM 4Ø) - 2Ø]
```

Hier wird um einen zufälligen Winkel zwischen -20 und 20 gedreht. LEFT kann auch negative Eingaben haben, dabei ist z.B. LEFT -7 dasselbe wie RIGHT 7 .

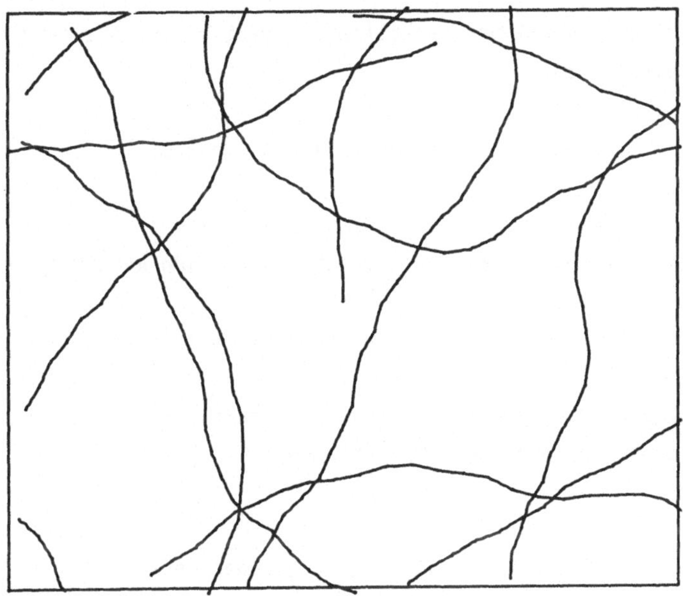

1.5 Rechnen

Wir haben gesehen, daß man als Eingabewerte für FORWARD, LEFT etc. auch Funktionswerte oder Ergebnisse arithmetischer Operationen verwenden kann. Man kann solche Terme auch direkt auswerten: Tippen Sie einfach einen Term ein und drücken Sie RETURN .

2+3*5	2/5
RESULT: 17	*RESULT: Ø.4*
(2+3)*5	2/7
RESULT: 25	*RESULT: Ø.285714*

Für arithmetische Operationen gibt es die vier Grundrechenarten (+ , - , * und /). Wenn bei einer Division das Ergebnis nicht ganzzahlig ist, werden insgesamt höchstens 6 Dezimalstellen ausgegeben.

Es gilt die Regel "Punktrechnung vor Strichrechnung"; falls notwendig, setze man runde Klammern.

Man braucht Zahlen, Operationszeichen und Klammern nicht durch Leerzeichen zu trennen (man darf es aber tun).

Terme können auch Funktionen enthalten. Es gibt einige Standardfunktionen, z.B. die Quadratwurzel

SQRT Zahl

mit einer beliebigen nichtnegativen Zahl als Eingabe:

SQRT 2	SQRT 3*3 + 4*4
RESULT: 1.41421	*RESULT: 5*

Ein weiteres Beispiel ist die Zufallszahlen-Funktion RANDOM (s.o.).

Für gemischte Terme aus Funktionen und Operationszeichen gilt die folgende Regel:

> Sind keine Klammern gesetzt, so werden
> zuerst arithmetische Operationen,
> dann Funktionen ausgewertet.

Ein Beispiel: In einem der Zufallswege ergab der Term

```
(RANDOM 40) - 20
```

eine Zahl zwischen -20 und 20. Lassen Sie die Klammern weg: Der Zufallsweg

```
REPEAT 111 [FORWARD 11 LEFT RANDOM 40 - 20]
```

sieht ganz anders aus als vorher. Logo wertet zuerst 40 - 20 aus und benutzt das Ergebnis, nämlich 20 , als Eingabe für RANDOM .

Oft sind die Unterschiede nicht so offensichtlich. Der Term

```
1 + RANDOM 6
```

liefert eine Würfelzahl, d.h. eine der Zahlen 1,...,6 . Aber

```
RANDOM 6 + 1
```

kann auch eine 0 ergeben! Denn der zweite Term ist gleichwertig mit:

```
RANDOM 7
```

Richtig ist wiederum:

```
(RANDOM 6) + 1
```

Man kann zwar einen Term direkt auswerten, er stellt aber im Grunde keine Anweisung dar. Wenn man etwa auf folgende Art 20 Würfelzahlen bestimmen möchte, dann gibt es eine Fehlermeldung:

```
REPEAT 2Ø [1 + RANDOM 6]
```

YOU DONT SAY WHAT TO DO WITH 2

Hier wird der Term 1 + RANDOM 6 nicht mehr direkt ausgewertet, sondern innerhalb der REPEAT-Anweisung. Die eckigen Klammern müssen jedoch eine komplette Anweisung enthalten, etwa:

```
REPEAT 2Ø [PRINT 1 + RANDOM 6]
```

Hier benutzt man den Term als Eingabe für die Anweisung PRINT (Ausdrucken auf dem Bildschirm; vgl. 3.2). Der Unterschied zwischen "Auswerten eines Terms" und "Ausführen einer Anweisung" zeigt sich deutlich, wenn man Logo's Reaktionen auf die folgenden Zeilen vergleicht:

2*2	PRINT 2*2
RESULT: 4	*4*

Mehr über Zahlen und Funktionen finden Sie in den Kapiteln 3, 4 und 13 .

Aufgaben

1) Das "Haus des Nikolaus" soll in einem Zug gezeichnet werden, ohne den Stift abzusetzen.

2) Hier ist der Anfang eines rechtwinkligen Dreiecks:

```
FORWARD 5Ø
RIGHT 9Ø
FORWARD 1ØØ
```

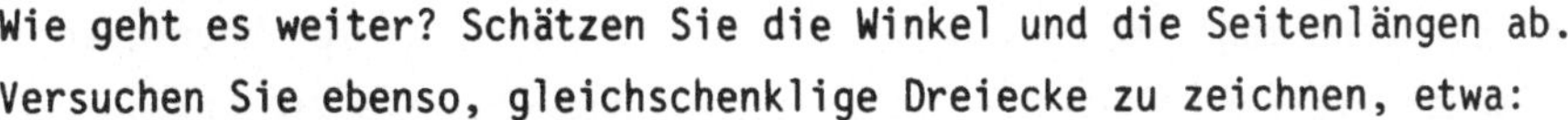

Wie geht es weiter? Schätzen Sie die Winkel und die Seitenlängen ab. Versuchen Sie ebenso, gleichschenklige Dreiecke zu zeichnen, etwa:

```
FORWARD 1ØØ  LEFT 15Ø
FORWARD 1ØØ  LEFT ?
FORWARD ?
```

Welche Zahlen sind für die Fragezeichen einzusetzen?

3) Logo-Billard: Markieren Sie einen Punkt des Bildschirms (z.B. mit einem Filzstift) und versuchen Sie, den Igel in einem einzigen Schritt

(d.h. mit einer Drehung und einer Bewegung) auf diesen Punkt zu setzen, und zwar

a) direkt (ohne Randsprung),

b) mit ein-, zwei- oder dreimaligem Randsprung. (Vgl. Skizze: Nach einem zweifachen Randsprung hat der Igel sein Ziel nur um Haaresbreite verfehlt.)

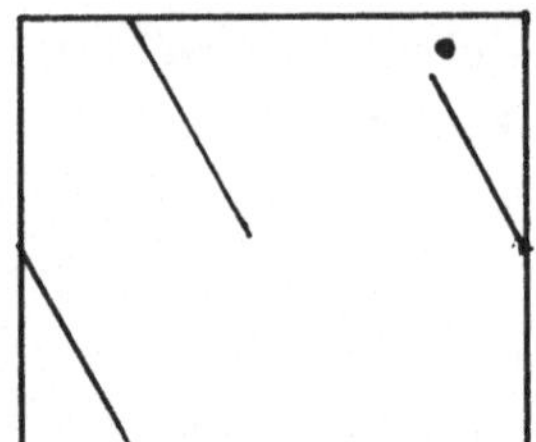

---

4) Man zeichne ein Fünfeck mit einbeschriebenem Pentagramm!

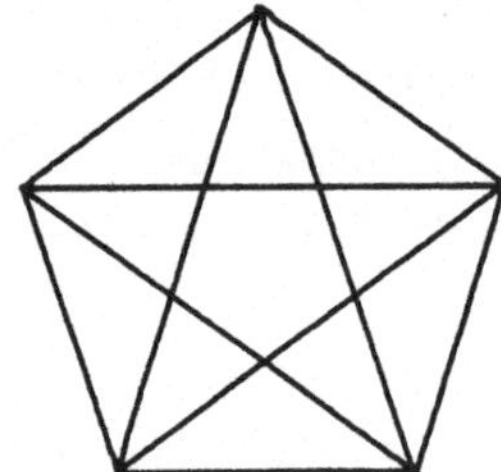

5) Warum beträgt der Drehwinkel beim regelmäßigen n-Eck

```
REPEAT n [FORWARD Seite RIGHT Winkel]
```

stets 360/n ?
Zeichnen Sie nach dem gleichen Schema verschiedene Sterne, indem Sie Winkel zwischen 90 und 180 Grad wählen (n und die Seitenlänge passend dazu). Kann man vorhersagen, wieviele Zacken der Stern haben wird? Wie groß muß n jeweils mindestens sein, damit sich die Figur schließt?

6) Beschreiben Sie Zufallswege auf einem Quadratgitter! Der Igel soll nur noch Schritte nach rechts, links, oben oder unten machen, jeweils mit konstanter Seitenlänge.

7) Der Term RANDOM 1Ø ergibt eine Zufallszahl zwischen 0 und 9 . Testen Sie, ob die zehn möglichen Werte im Durchschnitt etwa gleich häufig vorkommen: Machen Sie genügend viele Versuche und notieren Sie die Ergebnisse in einer Tabelle. Testen Sie auf die gleiche Art die folgenden Terme:

a) (RANDOM 1Ø) - (RANDOM 1Ø)

b) RANDOM 1Ø - RANDOM 1Ø

c) RANDOM RANDOM 1Ø

d) (RANDOM 1Ø) * (RANDOM 1Ø)

Welche Werte sind jeweils möglich? Welche Häufigkeitsverteilungen ergeben sich?

2 Prozeduren

Eine Prozedur ist eine Folge von Anweisungen, zusammengefaßt zu einem neuen Ganzen unter einem frei gewählten Namen. Definiert man eine Prozedur, so ist es, als ob Logo einen neuen Begriff gelernt hat: Jedesmal wenn der Name der Prozedur aufgerufen wird, führt Logo deren Anweisungen nacheinander aus. Man kann den neuen Begriff genauso benutzen wie die Grundwörter, die Logo von Anfang an beherrscht (FORWARD, REPEAT, RANDOM etc.). Die Anweisungen einer Prozedur bestehen aus Grundwörtern und Prozedurnamen, d.h. man bildet neue Begriffe aus den bereits bekannten. In diesem Sinne kann man jede Prozedurdefinition mit Recht als Erweiterung des Logo-Wortschatzes betrachten.

2.1 Definieren von Prozeduren

Die folgende Anweisung zeichnet einen fünfzackigen Stern (ein Pentagramm):

    REPEAT 5 [FORWARD 3Ø RIGHT 144]

Definieren Sie nun eine Prozedur STERN , die genau dasselbe tut. Tippen Sie

    TO STERN

und drücken Sie RETURN. Der Bildschirm wird gelöscht, in der obersten Zeile erscheint die eingetippte Titelzeile, und in der untersten Zeile steht in Negativschrift

    EDIT: CTRL-C TO DEFINE, CTRL-G TO ABORT

Das ist das Zeichen, daß Logo zum Editor umgeschaltet hat. Der Editor ist ein spezieller Teil des Logo-Systems, der für die Eingabe und die Änderung von Prozeduren zuständig ist.

Die Anweisung

TO Name

teilt dem System mit, daß man eine Prozedur definieren möchte, und schaltet zum Editor um. Der Name der Prozedur ist frei wählbar.

Der Cursor blinkt am Anfang der zweiten Zeile, das Bereitzeichen (Fragezeichen) erscheint nicht. Tippen Sie jetzt den Prozedurtext ein (nach jeder Zeile RETURN drücken!):

```
REPEAT 5  [FORWARD 3Ø RIGHT 144]
END
```

Schreibfehler kann man korrigieren wie üblich: Löschen mit DEL bzw. ESC, neu tippen. Die RETURN-Taste markiert jetzt nur noch das Zeilenende, der Cursor springt zum Anfang der nächsten Zeile.

Die Eingabe ist damit beendet. Drücken Sie jetzt die Taste RUN/STOP oder ctrl-C (beim Apple II gibt es hierfür nur ctrl-C): Logo quittiert mit

PLEASE WAIT ...

STERN DEFINED

Die folgende Zeile zeigt wieder das gewohnte Bereitzeichen und den Cursor, die letzte Zeile (EDIT: ...) ist verschwunden. Logo hat jetzt ein neues Wort gelernt: Die Anweisung

```
STERN
```

zeichnet einen Stern, wo immer sich der Igel befindet.

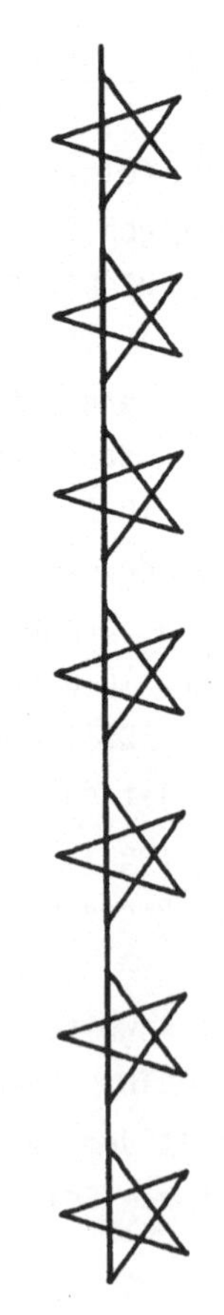

Das neue Wort ist genau wie ein Grundwort zu benutzen:

```
REPEAT 8  [STERN FORWARD 4Ø]
```

zeichnet eine ganze Kette von Sternen.

FORWARD 4Ø bringt störende Striche; um sie zu vermeiden, schreiben wir eine kleine Prozedur SPRING , die den Igel bewegt, ohne zu zeichnen. Gleichzeitig soll eine weitere Prozedur eingegeben werden. Tippen Sie folgenden Text (RETURN-Taste nach jeder Zeile):

```
TO SPRING
PENUP
FORWARD 4Ø
PENDOWN
END

TO KETTE
REPEAT 1Ø  [STERN SPRING]
END
```

Abschließend drücken Sie wieder RUN/STOP bzw. ctrl-C : SPRING und KETTE werden jetzt nacheinander definiert.

Testen Sie:

```
RIGHT 9Ø KETTE
```

Wegen des Randsprungs landet der Igel genau am Anfangspunkt eines der Sterne. Wir können deshalb die Ketten zu einem ganzen Flächenmuster zusammensetzen, indem wir mehrmals eine Kette zeichnen, jeweils seitlich versetzt:

```
TO MUSTER
RIGHT 9Ø
REPEAT 7  [KETTE LEFT 6Ø SPRING RIGHT 6Ø]
END
```

2.2 Ändern von Prozeduren, Fehlerkorrektur

Der Editor ist auch für das Ändern von Prozeduren zuständig: Mit der Anweisung

EDIT Name

wird der Text einer bereits definierten Prozedur in den Editor geholt. Um z. B. in MUSTER noch eine DRAW-Anweisung einzufügen, tippe man:

EDIT MUSTER

Cursorbewegungen: Man bewegt den Cursor nach rechts oder nach links mit den entsprechenden Cursortasten (C. 64: rechte CRSR-Taste, allein oder mit shift; Apple II: [→] oder [←]). Nach unten bewegt er sich mit ctrl-N (Next line), nach oben mit ctrl-P (Previous line), beim C. 64 auch mit der linken CRSR-Taste nach unten oder oben (allein oder mit shift).

Bringen Sie den Cursor an den Anfang der Zeile RIGHT 90 von MUSTER und drücken Sie ctrl-O (Open a line). Damit wird für eine neue Zeile Platz geschaffen, der Text unterhalb dieser Zeile rückt nach unten. Tippen Sie die neue Anweisung DRAW ein und drücken Sie ctrl-C (bzw. RUN/STOP): MUSTER wird jetzt in der neuen Form definiert, die alte wird vergessen.

Um dem Muster eine andere Grundfigur zu geben, etwa ein Sechseck, holen wir STERN in den Editor:

EDIT STERN

In der REPEAT-Anweisung sind zwei Zahlen zu ändern:

REPEAT 5 [FORWARD 30 RIGHT 144]

Bringen Sie den Cursor auf die 5 und drücken Sie ctrl-D (Delete), um das Zeichen zu löschen. Tippen Sie das neue Zeichen 6 ein. Bewegen Sie den Cursor nach rechts auf die 1 und tippen Sie dreimal ctrl-D , um 3 Zeichen zu löschen; tippen Sie die neue Zahl 60 ein (beim Löschen bzw. Einfügen wird der Rest der Zeile rechts des Cursors automatisch nach links bzw. rechts nachgerückt.) Mit ctrl-C wird STERN in der neuen Form definiert; der Name ist zwar unpassend, das macht Logo aber nichts aus. MUSTER erzeugt jetzt ein Parkett sich überschneidender Sechsecke (Bild auf der folgenden Seite).

Um STERN erneut zu ändern, tippen Sie einfach

EDIT

(ohne Namen). Damit wird die Prozedur in den Editor geholt, die als letzte

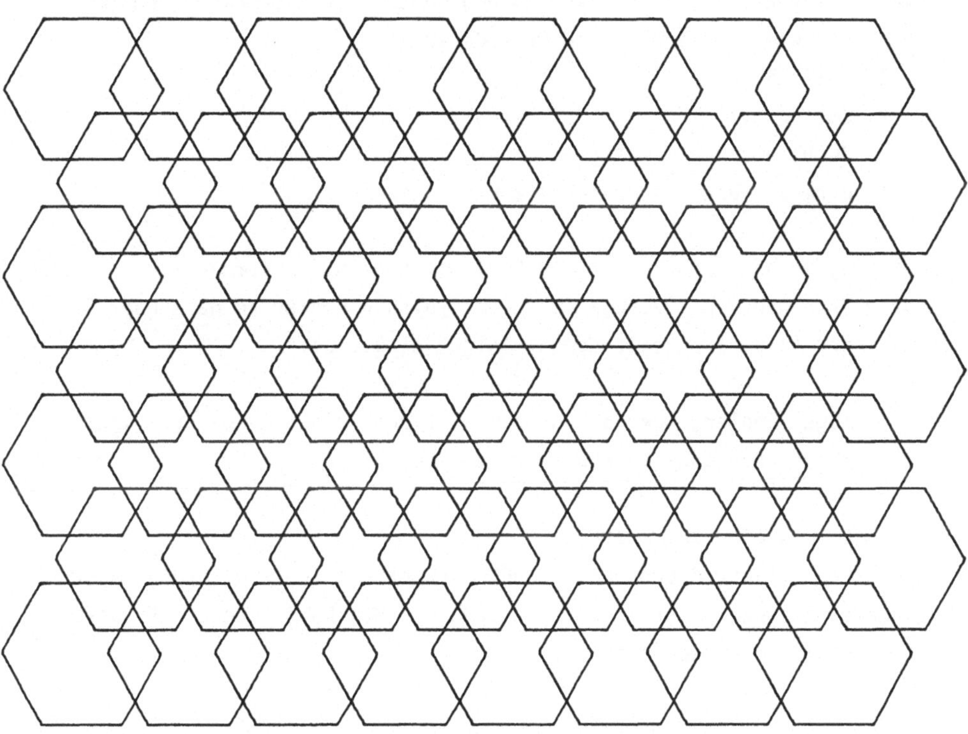

bearbeitet wurde. Zum Löschen der REPEAT-Anweisung bewege man den Cursor zum Zeilenanfang und drücke ctrl-K (Kill), damit wird die gesamte Zeile gelöscht, und man kann einen neuen Text eingeben. (Steht der Cursor nicht am Zeilenanfang, so löscht ctrl-K den Text rechts vom Cursor bis zum Zeilenende.) Tippen Sie etwa

```
FORWARD 40 RIGHT 145
FORWARD 28 RIGHT 145
FORWARD 40 LEFT 145
FORWARD 28 LEFT 145
```

und definieren Sie STERN mit ctrl-C . Welches Muster ergibt sich jetzt?

Auf Fehler im Prozedurtext reagiert Logo noch nicht beim Definieren, sondern erst beim Ausführen der Prozedur. Ein Beispiel: Bei der Ausführung von KETTE wird ein Tippfehler entdeckt.

THERE IS NO PROCEDURE NAMED REPET, IN LINE
REPET 10 [STERN SPRING]
AT LEVEL 1 OF KETTE.

Die Fehlermeldung enthält also außer der Diagnose die falsche Zeile, den

"Level" (davon später) und den Prozedurnamen. Zur Korrektur geht man im Prinzip vor wie beim Ändern von Prozeduren:

1. EDIT KETTE
2. Cursor zum "T" von REPET bewegen
3. Buchstabe A einfügen
4. ctrl-C (bzw. RUN/STOP) zum Definieren.

Der Anhang enthält eine Liste der Fehlerdiagnosen, zusammen mit den häufigsten Ursachen. Wir werden außerdem typische Fehler an passender Stelle diskutieren (Kap. 1 enthält schon einige Beispiele).

Der einzige Fehler, der schon beim Eintippen einer Prozedur angezeigt wird, ist ein unzulässiger Prozedurname. Beispiel:

TO HOME
HOME IS A LOGO PRIMITIVE

"primitive" heißt Grundwort. (HOME bewegt den Igel zum Anfangspunkt.) Logo geht hier gar nicht erst in den Editor. Man kann also die Grundwörter nicht irrtümlich "umdefinieren".

2.3 Der Editor (Überblick)

a) Definieren von Prozeduren:

Allgemein hat eine Prozedur die Gestalt

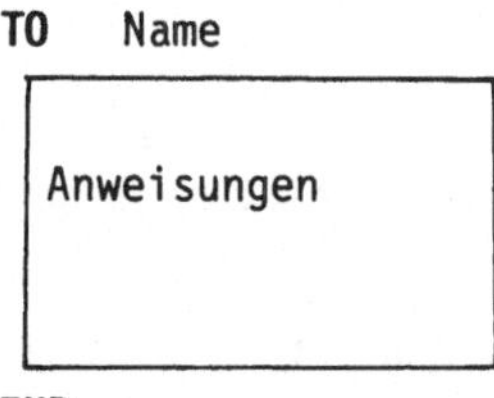

Der Name ist frei wählbar und kann im Prinzip beliebig lang sein, er kann auch Ziffern oder Sonderzeichen enthalten (mit einigen plausiblen Einschränkungen: Die Zeichen + , - , * , / , = , < , > sind nicht erlaubt, auch nicht Doppelpunkt, Semikolon und Klammern).

Der Block der Anweisungen ist in Zeilen gegliedert. Eine Zeile kann mehrere Anweisungen enthalten, durch Leerzeichen getrennt. Ihre Länge ist beliebig, sie darf also auch mehrere Bildschirmzeilen umfassen; in diesem Fall setzt der Editor ans Ende der Bildschirmzeile ein Ausrufezeichen, um anzudeuten, daß die Logo-Zeile noch weitergeht. Das Ende der Logo-Zeile wird durch RETURN markiert.

END ist eigentlich keine Anweisung, sondern bezeichnet nur das Ende einer Prozedur. Denn man darf auch mehrere Prozeduren hintereinander in den Editor schreiben, ohne jedesmal mit ctrl-C zu definieren.

Eine Anmerkung zur Schreibweise: Wir werden Prozeduren immer so aufschreiben, daß die Anweisungszeilen um ein Leerzeichen nach rechts eingerückt sind. (Genauso schreibt der Editor eine Prozedur auf den Bildschirm, wenn man sie mit EDIT aufruft.) Beim Eintippen eines Textes braucht man aber dieses Leerzeichen nicht zu setzen.

b) Editor:

EDIT wird abgekürzt ED . Die häufigste Form dieser Anweisung ist:

EDIT Name

Sie holt die Prozedur dieses Namens in den Editor.

EDIT ALL

holt alle existierenden Prozeduren in den Editor, und

EDIT

ohne weitere Angaben bringt den zuletzt bearbeiteten Text auf den Bildschirm zurück.

Die folgende Seite bringt einen Überblick über die Tastenfunktionen, die man im Editor braucht. (Es gibt noch einige mehr; mit den unten genannten Tasten kann man aber in jedem Fall auskommen.)

Anmerkung: Einige Tasten des Commodore 64 sind Auto-Repeat-Tasten, d.h. das entsprechende Zeichen wird wiederholt, solange man die Taste niederhält (z.B. die Leertaste, DEL und die Cursortasten). Beim Apple II geht das nicht, man erreicht aber die gleiche Wirkung, wenn man die betreffende Taste zusammen mit REPT niederhält.

	Commodore 64	Apple II
Bewegungen des Cursors:		
rechts	CRSR	→
links	shift- CRSR	←
unten	CRSR	ctrl-N
oben	shift- CRSR	ctrl-P
Löschen von Zeichen:		
Zeichen links vom Cursor	DEL	ESC
Zeichen unter dem Cursor	ctrl-D	ctrl-D
Alle Zeichen rechts vom Cursor	ctrl-K	ctrl-K

Einsetzen von Zeichen:

Bringen Sie einfach den Cursor an die entsprechende Stelle und tippen Sie die neuen Zeichen. Sie werden in die Zeile eingefügt, das Zeichen unter dem Cursor und alle Zeichen rechts von ihm rücken nach rechts.

Einfügen einer neuen Zeile:

Setzen Sie den Cursor an den Zeilenanfang; mit ctrl-O rückt diese Zeile mit allen Zeilen darunter nach unten, d.h. es wird fur eine neue Zeile Platz geschaffen.

Beenden:	Commodore 64	Apple II
Definieren von Prozeduren	RUN/STOP	ctrl-C
Stoppen	ctrl-G	ctrl-G

Es ist unbedingt empfehlenswert, sich mit dem Editor gründlich vertraut zu machen, bevor man längere Prozeduren schreibt. Tippen Sie irgendeinen Text in den Editor, der nichts mit Logo zu tun hat, etwa ein Gedicht oder eine Kritik zum Fernsehprogramm von morgen, und testen Sie alle Funktionen. Hier sind einige Dinge, auf die Sie besonders achten sollten:

- Das Ausrufezeichen am rechten Rand, das die Fortsetzung der Logo-Zeile über eine Bildschirmzeile hinaus signalisiert, kann nicht gelöscht werden.
- Das RETURN-Zeichen (Zeilenende) kann gelöscht und eingesetzt werden wie alle anderen Zeichen, es ist jedoch unsichtbar. Löschen fügt zwei Zeilen zusammen; Einsetzen trennt eine Zeile in zwei Stücke.
- Bei längeren Texten, die mehr als einen Bildschirm füllen, rollt der Text automatisch nach oben, sobald der Cursor den unteren Rand erreicht. Die oberen Zeilen verschwinden, tauchen aber wieder auf, wenn Sie den Cursor zum oberen Rand bewegen. Der Editor ist wie ein langer Papierstreifen, über den ein Fenster auf und ab geschoben wird.

Zum Ausstieg aus dem Editor gibt es zwei Möglichkeiten:
- ctrl-C zum Definieren einer Prozedur. (Beim Commodore 64 auch RUN/STOP.)
- ctrl-G zum Stoppen. Es wird keine Prozedur definiert; Logo quittiert mit

  STOPPED!

  und ist wieder für Anweisungen bereit.

  ctrl-G ist nützlich, wenn man eine Prozedur nur ansehen wollte oder wenn man den Editor ausprobiert hat.

c) Fehlermeldungen:

Wenn Logo bei der Ausführung einer Prozedur einen Fehler im Text entdeckt, wird der Lauf abgebrochen, und der Fehler wird nach folgendem Schema angezeigt:

Diagnose , IN LINE
fehlerhafte Zeile
AT LEVEL Zahl OF Name

Der "Level" ist die Stufe der Prozeduraufrufe: Bei jedem Aufruf wird sie um 1 erhöht, beim Beenden einer Prozedur um 1 erniedrigt.

Aufgaben

1) Schreiben Sie Prozeduren zum Zeichnen von Buchstaben! Ein Beispiel:

```
TO L
 FORWARD 5Ø BACK 5Ø
 RIGHT 9Ø FORWARD 3Ø
 PENUP FORWARD 1Ø PENDOWN
 LEFT 9Ø
END
```

Die Anweisung L zeichnet ein "L" und bringt den Igel in die Ausgangsposition für den nächsten Buchstaben, Nase nach oben.

2) Wie muß man die Buchstaben-Prozeduren ändern, um in Spiegelschrift zu zeichnen?

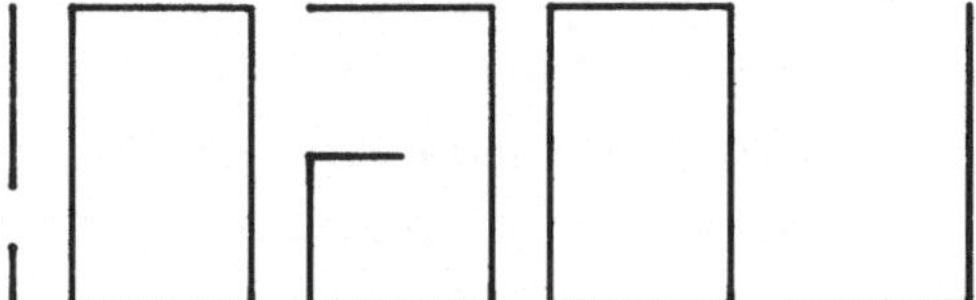

3) Parkette:

a) Setzen Sie regelmäßige Sechsecke zu einem Wabenmuster zusammen.

b) Aus Quadraten und Achtecken kann man ein Parkett legen (s. folgende Seite). Zeichnen Sie es! Gibt es ähnliche Parkette aus regelmäßigen Polygonen verschiedener Eckenzahlen (aber gleicher Seitenlänge) ?

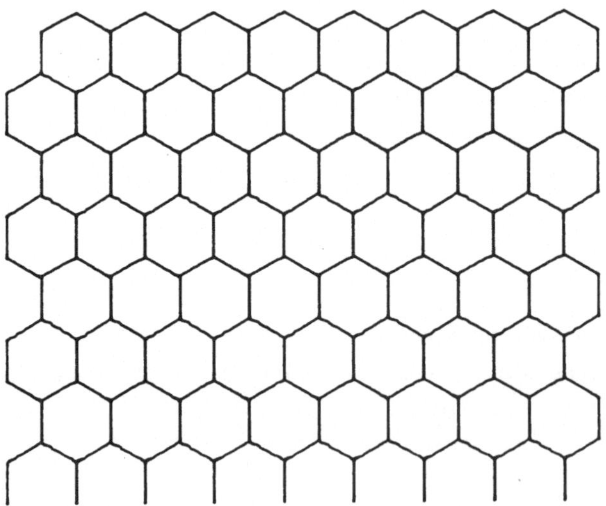

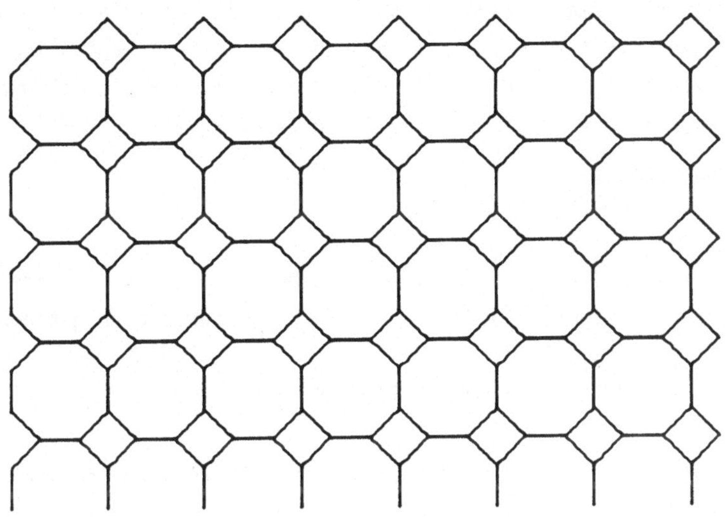

2.4 Prozeduren mit Eingaben: Variablen

Wie zeichnet man Sterne verschiedener Größe? Bisher mußten wir dazu die Prozedur STERN mit Hilfe des Editors ändern, d.h. eine andere Seitenlänge (Eingabewert für FORWARD) einsetzen. Wesentlich einfacher geht es, wenn wir für die Seitenlänge eine Variable vereinbaren. Ändern Sie STERN wie folgt:

```
TO STERN :SEITE
 REPEAT 5  [FORWARD :SEITE RIGHT 144]
END
```

Der Variablen :SEITE wird beim Aufruf der Prozedur ein Wert zugewiesen:

```
STERN 5Ø
STERN 333/7
STERN RANDOM 1ØØ
```

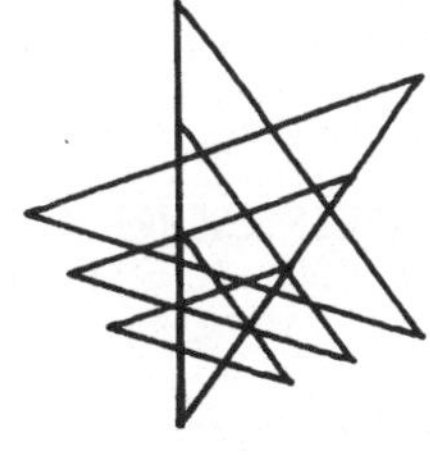

(im letzten Beispiel ist es eine Zufallszahl). Die Prozedur STERN verhält sich jetzt ähnlich wie die Grundwörter mit Eingaben (FORWARD , RIGHT , etc.): Wir haben sie zu einer Prozedur mit Eingabe gemacht.

Variablen werden mit einem vorgestellten Doppelpunkt gekennzeichnet (zur Unterscheidung von Prozedurnamen). Die Namen sind frei wählbar, sie können beliebig lang sein (es gelten die gleichen plausiblen Einschränkungen wie für Prozedurnamen). Die Eingabe-Variablen werden in der Titelzeile aufgeführt; im Prozedurtext kann man sie in jeder Hinsicht verwenden wie ihre Werte, etwa als Teile von arithmetischen Ausdrücken oder als Eingaben für Grundwörter oder andere Prozeduren. Noch einige Beispiele:

```
TO QUADRAT :SEITE
 REPEAT 4  [FORWARD :SEITE RIGHT 90]
END
```

Eine Prozedur kann beliebig viele Eingaben haben, d.h. in der Titelzeile können mehrere Variablen aufgeführt werden, durch Leerzeichen getrennt:

```
TO RECHTECK :A :B
 REPEAT 2  [FORWARD :A RIGHT 90 FORWARD :B RIGHT 90]
END
```

Beim Aufruf werden die Eingaben ebenfalls durch Leerzeichen getrennt:

```
RECHTECK 22 44
```

Zum Zeichnen beliebiger regelmäßiger Polygone können wir Seitenlänge und Eckenzahl als Eingaben vereinbaren:

```
TO POLYGON :SEITE :ECKENZAHL
 REPEAT :ECKENZAHL  [FORWARD :SEITE RIGHT 360/:ECKENZAHL]
END
```

Das Quadrat wäre jetzt als Spezialfall von POLYGON zu definieren:

```
TO QUAD1 :SEITE
 POLYGON :SEITE 4
END
```

Oder als Spezialfall des Rechtecks:

```
TO QUAD2 :SEITE
 RECHTECK :SEITE :SEITE
END
```

Ein Polygon mit großer Eckenzahl (etwa 60) können wir schon als Kreis ansehen:

```
TO KREIS :SCHRITT
 POLYGON :SCHRITT 60
END
```

Für manche Zwecke ist es besser, in einer Kreis-Prozedur den Radius R als Eingabe zu vereinbaren. Der Kreisumfang ist einerseits $2*\pi*R$, andererseits (annähernd) die Summe der Schritte, hier also die 60-fache Schrittlänge. Für den Kreis mit Radius R brauchen wir also die Schrittlänge

$$2*\pi*R/60 = \pi*R/30 .$$

Daraus ergibt sich:

```
TO KREIS1 :RADIUS
 POLYGON 3.14*:RADIUS/3Ø 6Ø
END
```

(π wird hier angenähert durch die Dezimalzahl 3.14 .)

An welcher Stelle des Bildschirms ein solcher Kreis gezeichnet wird, hängt ab von der Position und Richtung des Igels beim Aufruf von KREIS1 ; dabei ist der momentane Standpunkt des Igels ein Punkt der Kreislinie. Soll der Igel im Mittelpunkt stehen, muß man anders vorgehen:

```
TO KREIS2 :RADIUS
 PENUP  FORWARD :RADIUS  RIGHT 9Ø  PENDOWN
 KREIS1 :RADIUS
 PENUP  LEFT 9Ø BACK :RADIUS  PENDOWN
END
```

Die Lage des Kreises ist jetzt unabhängig von der momentanen Richtung des Igels!

Experimentieren Sie mit diesem "Geometrie-Baukasten" ! Setzen Sie Kreise, Rechtecke, Vielecke zu Figuren zusammen. (Die Eisenbahn ist meinem zweijährigen Sohn gewidmet. Er findet sie toll.) Der Baukasten läßt sich noch beliebig erweitern: Schreiben Sie Prozeduren für Rauten, Parallelogramme, Kreisbögen etc...

Noch einige Anmerkungen und Hinweise:

a) Logo sucht für jede Prozedur so viele Eingabwerte, wie Variablen in der Titelzeile angegeben sind. Funktionen oder Terme werden erst ausgewertet, das Ergebnis wird als Eingabe verwendet. Sind zuwenig Werte da, gibt es eine Fehlermeldung:

```
POLYGON 3Ø
POLYGON NEEDS MORE INPUTS
```

b) Sollten Sie vergessen haben, wieviele und welche Eingaben eine Prozedur hat, tippen Sie einfach

POTS (Abk. für PRINTOUT TITLES)

Damit druckt Logo die Titelzeilen sämtlicher Prozeduren auf dem Bildschirm aus (s. nebenstehendes Beispiel). Wählen Sie als Variablennamen möglichst kurze, aber passende Wörter, damit Sie schon an der Titelzeile die Bedeutung der Eingaben ablesen können.

```
TO KREIS2 :RADIUS
TO KREIS1 :RADIUS
TO KREIS :SCHRITT
TO POLYGON :SEITE :ECKENZAHL
TO QUADRAT :SEITE
TO RECHTECK :SEITE
TO STERN :SEITE
```

c) Auf Fehler im Variablennamen reagiert Logo ähnlich wie bei Prozedurnamen. Ein Beispiel: In der Titelzeile von QUADRAT steht :SEITE , im Text ist aber ein Tippfehler passiert.

THERE IS NO NAME SEIFE, IN LINE
REPEAT 4 [FORWARD :SEIFE RIGHT 90]
AT LEVEL 1 OF QUADRAT.

(Der falsche Name wird in der Diagnose ohne Doppelpunkt angegeben.)

d) Wichtiger Hinweis: Zwischen Doppelpunkt und Variablennamen darf kein Leerzeichen stehen. Tippt man etwa in QUADRAT die Zeile

REPEAT 4 [FORWARD : SEITE RIGHT 90] ,

so kommt eine Meldung, die etwas geheimnisvoll aussieht:

THERE IS NO NAME , IN LINE *(usw.)*

Das Leerzeichen bewirkt, daß Logo den Doppelpunkt und das nachfolgende Wort SEITE als zwei getrennte Wörter liest; daher deutet Logo den Doppelpunkt als Variable mit dem leeren Namen. (Das leere Wort, d.h. das Wort ohne irgendein Zeichen, ist ein zulässiger Variablenname!) Abhilfe: Löschen Sie das Leerzeichen, genau wie jedes andere Zeichen.

Aufgaben

4) Zeichnen Sie Ihr Lieblingstier!

5) Zeichnen Sie einen "Sternenhimmel" aus Sternen, deren Größe, Lage und Anzahl der Zacken zufällig ausgewählt werden!

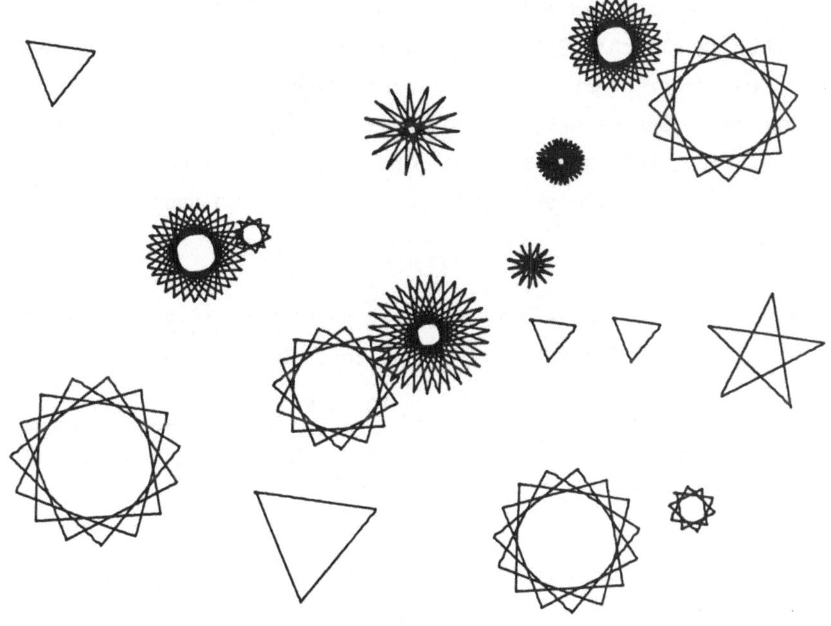

6) Setzen Sie Kreise zu Mustern zusammen:

- Kreise, die sich in einem Punkt schneiden,
- Ketten oder Ringe aus Kreisen,
- drei Kreise, die sich paarweise berühren, aber nicht schneiden (gleiche Radien, verschiedene Radien),
- Seifenblasen (ähnlich wie Aufg. 5),
- Olympische Ringe.

7) Archimedische Moleküle:
Man setze drei regelmäßige Polygone mit den Eckenzahlen m, n, k so zu einem "Molekül" zusammen, daß sie sich mit je zwei Seiten berühren, also eine Ecke gemeinsam haben. Für welche m, n, k ist das möglich? Mit welchen Molekülen kann man die Ebene pflastern (vgl. Aufg. 3)?

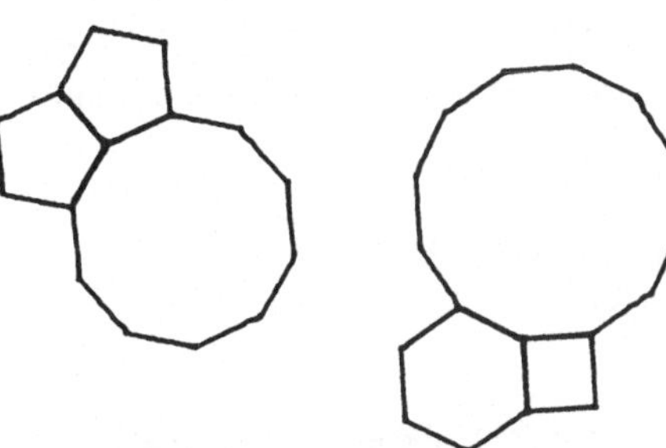

2.5 Selbstaufruf von Prozeduren

Wir wissen, daß Prozeduren alle bereits definierten "Begriffe" verwenden dürfen. Aber mehr noch: Sie dürfen auch Namen von Prozeduren enthalten, die erst später definiert werden; unter anderem kann eine Prozedur sich selbst aufrufen. Der Gedanke erscheint zunächst etwas seltsam, denn wenn man den Text einer Prozedur schreibt, "existiert" ihr Name noch gar nicht. Aber wichtig ist nur, daß er beim ersten Aufruf, also nach dem Definieren zum Logo-Wortschatz gehört.

Eine Prozedur, die sich selbst aufruft, heißt rekursiv; das Verfahren nennen wir Rekursion. Ein rekursiver Zaun entsteht etwa so:

Baue einen Zaun:	TO ZAUN
1. Stelle einen Pfahl auf	FORWARD 5Ø BACK 5Ø
2. Gehe ein Stück weiter	RIGHT 8Ø FORWARD 1Ø LEFT 8Ø
3. Baue einen Zaun	ZAUN
Fertig!	END

Der Selbstaufruf von ZAUN in der letzten Zeile bewirkt, daß die vorhergehenden Anweisungen endlos wiederholt werden. Einmal mit ZAUN gestartet, läuft die Prozedur so lange weiter, bis wir den Rechner abschalten oder (einfacher) die Ausführung mit

ctrl-G

stoppen. Logo reagiert mit

STOPPED! , IN LINE
FORWARD 5Ø BACK 5Ø
AT LEVEL 287 OF ZAUN.

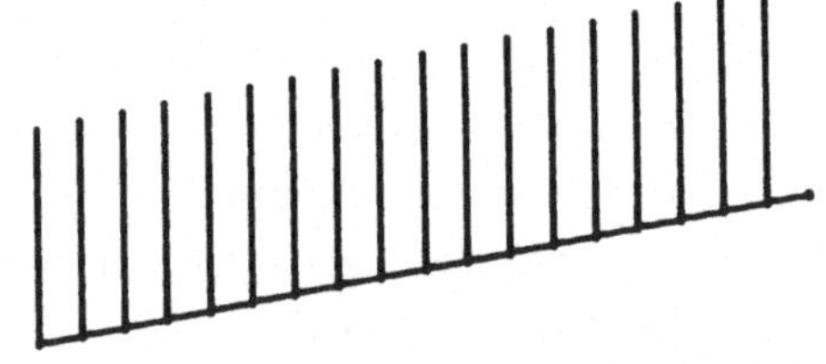

Wie gesagt, erhöht sich der Level bei jedem Prozeduraufruf um 1. Der Level würde sich endlos weiter erhöhen, wenn wir nicht unterbrächen.

Wir können so jede sich wiederholende Folge von Anweisungen in eine rekursive Prozedur fassen, z.B. unsere Zufallswege:

```
TO BROWN
 FORWARD 2Ø
 RIGHT RANDOM 36Ø
 BROWN
END
```

(Der Name rührt daher, daß diese Prozedur die "Brownsche Bewegung" eines Gasmoleküls simuliert.)

Oder die Polygone und Sterne:

```
TO POLY :SEITE :WINKEL
 FORWARD :SEITE
 RIGHT :WINKEL
 POLY :SEITE :WINKEL
END
```

Die Variablen haben wie vorher den Zweck, beim Start der Prozedur Werte einzugeben; obwohl sie sich hier nicht verändern, müssen sie beim rekursiven Aufruf wieder übergeben werden, denn POLY muß zwei Eingaben haben. POLY 7Ø 9Ø ergibt ein Quadrat, POLY 7Ø 144 einen Stern.

Wir könnten jedoch Figuren, die mit POLY gezeichnet werden, nicht als Bausteine in anderen Prozeduren verwenden, weil POLY endlos läuft. (Auf dieses Problem kommen wir gleich zurück.) Andererseits ist es manchmal ein Vorteil, die Anzahl der Schritte nicht angeben zu müssen, denn wir wissen nicht von vornherein, wieviele Zacken etwa der Stern POLY 7Ø 16Ø hat.

Eine reizvolle Variante von POLY ist, die Seitenlänge schrittweise zu erhöhen:

```
TO SPI :SEITE :WINKEL
 FORWARD :SEITE
 RIGHT :WINKEL
 SPI :SEITE+3 :WINKEL
END
```

Es ergeben sich spiralige Vielecke. Versuchen Sie etwa

```
SPI Ø 9Ø
SPI Ø 73
SPI 5Ø 144
```

oder ähnliche (eventuell müssen Sie die Erhöhung von :SEITE ändern). Graphisch besonders reizvoll sind die Muster, wenn der Winkel gleich oder fast gleich dem Außenwinkel eines regelmäßigen Polygons ist.

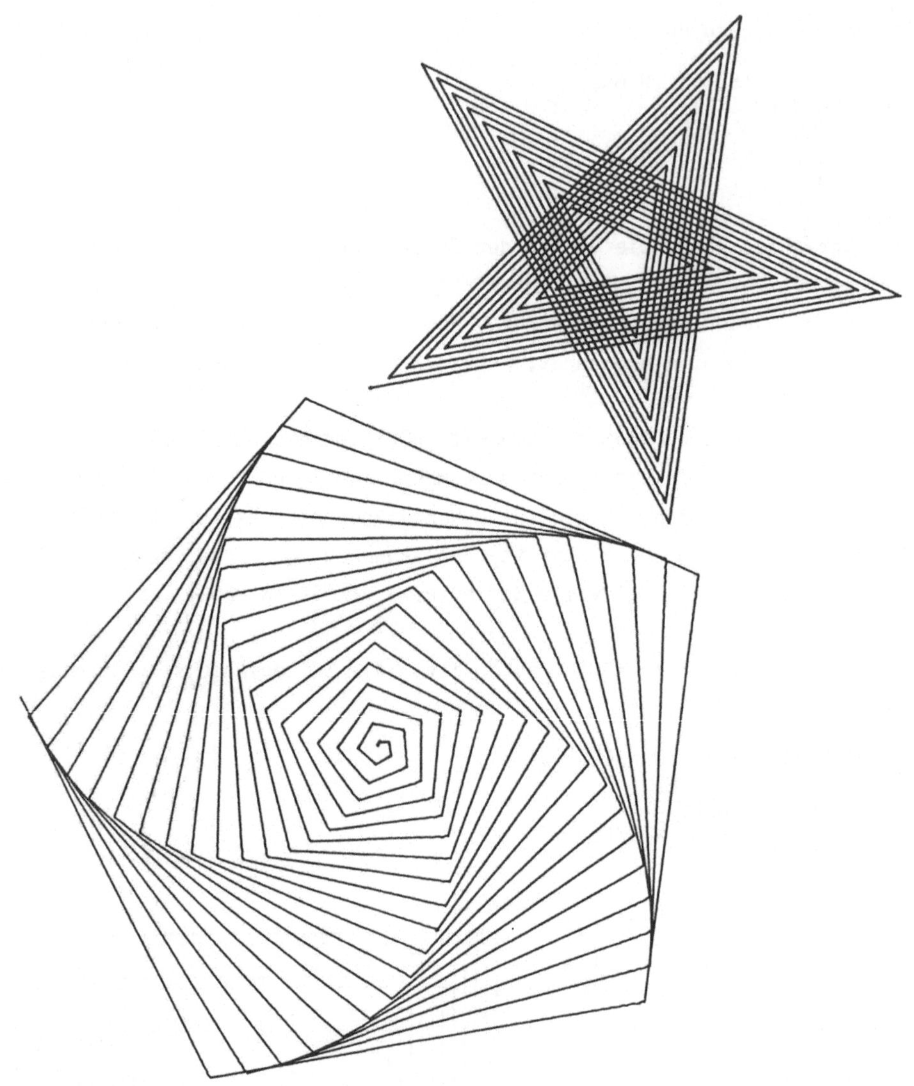

2.6 Stopp - Bedingungen

Bisher konnten wir die rekursiven Prozeduren nur mit ctrl-G , also von außen beenden. Oft genug ist das wenig zweckmäßig. Wir brauchen deshalb bedingte Anweisungen, die unter gewissen Umständen eine Prozedur beenden oder eine andere Prozedur aufrufen können. Um etwa einen Zufallsweg mit einer bestimmten Anzahl von Schritten zu zeichnen, gehen wir jetzt so vor:

Gehe einen Weg der Länge n :
1. Wenn n = 0 , dann stoppe.
2. Mache einen Schritt.
3. Drehe dich.
4. Gehe einen Weg der Länge n-1 .

```
TO BROWN :N
 IF :N=Ø THEN STOP
 FORWARD 2Ø
 RIGHT RANDOM 36Ø
 BROWN :N-1
END
```

Starten Sie etwa mit

```
BROWN 111
```

Die Variable :N zählt jetzt die Schritte, die noch zu tun sind; bei 0 endet die Ausführung.

In diesem Fall könnte man das gleiche mit einer REPEAT-Schleife erledigen, denn :N ist hier nichts anderes als ein Zähler. Man kann IF-Anweisungen aber wesentlich wirkungsvoller einsetzen. Beispielsweise kann man die obige Prozedur SPI stoppen, wenn die Seitenlänge zu groß wird:

```
TO SPI :SEITE :WINKEL
 IF :SEITE > 15Ø THEN STOP
 FORWARD :SEITE
 RIGHT :WINKEL
 SPI :SEITE + 3 :WINKEL
END
```

Hier wäre mit einer REPEAT-Anweisung wenig auszurichten; denn REPEAT kann nur einen festen Block von Anweisungen wiederholen, wir könnten nicht die Variable :SEITE schrittweise erhöhen.

Wie kann man POLY mit einer sinnvollen Stopp-Bedingung versehen? Ein Zähler tut's immer:

```
TO POLY1 :SEITE :WINKEL :N
 IF :N=Ø THEN STOP
 FORWARD :SEITE RIGHT :WINKEL
 POLY1 :SEITE :WINKEL
END
```

Es wäre allerdings besser, genau dann zu stoppen, wenn die Figur sich schließt: In diesem Fall hat der Igel die gleiche Richtung wie anfangs. Wir müßten also die Richtung des Igels feststellen. Dazu gibt es eine Funktion

HEADING ,

die wie ein Kompaß den Kurs des Igels angibt: Sie liefert eine Zahl zwischen 0 und 360 als Ergebnis, nämlich den Winkel von der Nullrichtung "Norden" (oben) zu seiner momentanen Richtung, im Uhrzeigersinn gezählt. Wenn also der Igel anfangs nach oben schaut (z.B. nach DRAW), können wir stoppen, sobald der Kurswinkel wieder 0 ist:

```
TO POLY2 :SEITE :WINKEL
 FORWARD :SEITE RIGHT :WINKEL
 IF HEADING = Ø THEN STOP
 POLY2 :SEITE :WINKEL
END
```

Wir können jetzt die einschränkende Bedingung "Anfangsrichtung 0" noch loswerden, indem wir beim Start der Prozedur die Anfangsrichtung auf einer Variablen :ANFR speichern; wir stoppen, wenn der Igel diese Richtung wieder erreicht:

```
TO POLY3 :SEITE :WINKEL :ANFR
 FORWARD :SEITE RIGHT :WINKEL
 IF HEADING =:ANFR THEN STOP
 POLY3 :SEITE :WINKEL :ANFR
END
```

Beim Aufruf von POLY3 muß der augenblickliche Wert von HEADING die dritte Eingabe sein, z.B.:

```
POLY3 7Ø 144 HEADING
```

Stoppbedingungen müssen in jedem Fall vor dem rekursiven Aufruf stehen, aber nicht unbedingt in der ersten Zeile einer Prozedur. (In POLY2 und POLY3 <u>darf</u> die IF-Anweisung nicht in der ersten Zeile stehen. Warum?)

Vorsicht: Man könnte den Eindruck erhalten, daß die Anweisung

STOP

den gesamten Programmablauf abbricht. Das ist aber nicht so, denn sonst könnte man Prozeduren, die STOP enthalten, niemals als Bausteine in anderen Prozeduren verwenden. STOP beendet nur die <u>laufende</u> Prozedur und gibt die Kontrolle an die <u>aufrufende</u> Prozedur zurück.

2.7 Bedingte Anweisungen

IF-Anweisungen eignen sich nicht nur zum Stoppen von Prozeduren, sondern allgemein für Verzweigungen (Fallunterscheidungen) jeder Art. Ein Beispiel: Der Igel soll einen Zufallsweg im Gitternetz beschreiben, und zwar so, daß für jeden Schritt eine der Richtungen "rechts" oder "oben" zufällig ausgewählt wird. Die zufällige Auswahl könnte mit einem Münzwurf erfolgen: Wenn "Wappen" fällt, gehe nach rechts, sonst nach oben. Wir simulieren den Münzwurf mit RANDOM 2 (mögliche Werte: 0 oder 1).

```
TO WEG
 IF ( RANDOM 2 ) = Ø THEN RECHTS ELSE OBEN
 WEG
END
```

Wir können davon ausgehen, daß der Igel im Laufe seines Weges nur die Richtungen "oben" und "rechts" annimmt. In der Anweisung RECHTS müssen wir vor dem Schritt eventuell den Igel in die richtige Richtung drehen, ebenso in OBEN :

```
TO RECHTS
 IF HEADING = Ø THEN RIGHT 9Ø
 FORWARD 2Ø
END

TO OBEN
 IF HEADING = 9Ø THEN LEFT 9Ø
 FORWARD 2Ø
END
```

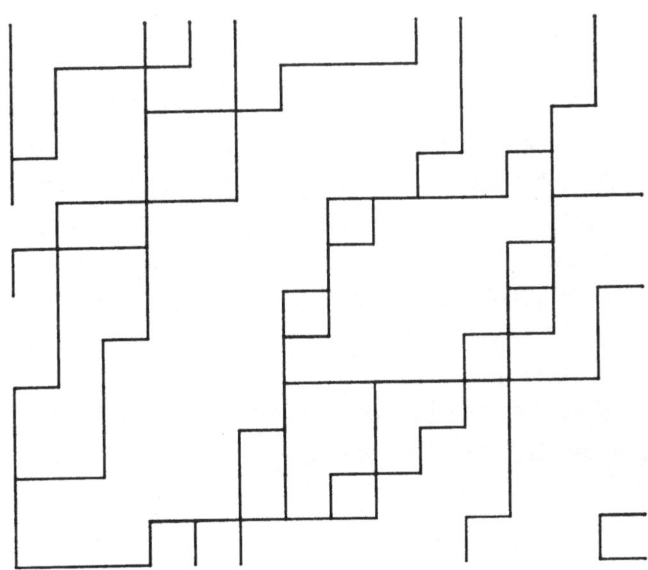

Varianten:

a) Beschränken Sie die Anzahl der Schritte, etwa auf 10. Machen Sie einige Versuche: Wie oft bleibt der Igel in der rechten oberen Ecke des Bildschirms, wie oft überschreitet er den rechten bzw. den oberen Rand?

b) Versuchen Sie, gleichwertige Prozeduren zu schreiben, ohne HEADING zu benutzen!

c) Ändern Sie die Bedingung in WEG ; was passiert etwa bei

```
IF (RANDOM 3) = Ø THEN ... ?
```

Allgemein haben bedingte Anweisungen die folgende Gestalt:

IF Bedingung **THEN** Anweisungen **ELSE** Anweisungen

Die Bedingung ist ein logischer Ausdruck, etwa ein Vergleich von Zahlen (arithmetischen Ausdrücken). Das Wort THEN kann man weglassen, es ist im Grunde nur eine Lesehilfe. ELSE und der zweite Block von Anweisungen können fehlen. Wenn die Bedingung erfüllt ist, werden die Anweisungen bis zum ELSE ausgeführt (falls kein ELSE da ist, bis zum Zeilenende); wenn nicht, werden die Anweisungen nach ELSE bis zum Zeilenende ausgeführt (falls kein ELSE da ist, passiert nichts). In beiden Blöcken sind mehrere Befehle erlaubt. Die gesamte IF-Anweisung darf sich jedoch nicht über mehrere Logo-Zeilen erstrecken.

Logische Ausdrücke sind in mancher Hinsicht den arithmetischen Ausdrücken ähnlich. Man kann sie direkt auswerten:

```
2 * 2 = 4                    1 < 1
RESULT: TRUE                 RESULT: FALSE
( RANDOM 2 ) = Ø
RESULT: TRUE          (oder FALSE , je nachdem)
```

Als Vergleichsoperationen stehen die Zeichen = , < , > zur Verfügung. "Kleiner gleich" muß als "nicht größer" umschrieben werden ("größer gleich" analog):

```
NOT HEADING > 9Ø
```

bedeutet z.B. "Igel-Richtung <= 90".

NOT Bedingung

ist eine logische Funktion, mit einer Bedingung (TRUE oder FALSE) als Eingabe und dem Gegenteil als Rückgabe:

```
NOT 2*2 = 5
RESULT: TRUE            (Na also.)
```

Die Wahrheitswerte TRUE oder FALSE können also auch Eingaben für Funktionen sein, deshalb muß man die Klammer-Regeln beachten:

RANDOM 2 = Ø

RANDOM DOESN'T LIKE FALSE AS INPUT

Erst wird der logische Ausdruck 2 = Ø ausgewertet, das Ergebnis FALSE wird als Eingabe für RANDOM aufgefaßt. Das geht natürlich schief.

REGEL:

Logo führt
(i) zuerst die arithmetischen Operationen + , - , * , / ,
(ii) dann die logischen Operationen < , = , > ,
(iii) dann die Grundwörter und Prozeduren aus;
notfalls muß man runde Klammern setzen.

2.8 Speichern und Lesen

Man kann Prozeduren auf einer Diskette speichern und bei Bedarf wieder in den Rechner einlesen; hierzu gibt es die Befehle SAVE und READ.

Man nehme eine vorbereitete ("formatierte") Diskette und lege sie in das Laufwerk ein. Verwenden Sie zum Speichern von Prozeduren niemals die Logo System-Diskette! (Wie man Disketten formatiert, steht in 10.3 .) Alsdann tippe man:

SAVE Name

Der Name ist frei wählbar (bis zu 10 Zeichen) und wird mit Anführungszeichen vorne versehen.

Beispiele:

SAVE "MONTAG

SAVE "SPIRALEN

Unter diesem Namen wird der gesamte Block von Prozeduren, der sich momentan im Rechner befindet, auf der Diskette gespeichert.

Auf der Diskette wird dabei eine Datei mit diesem Namen angelegt. Die Anweisung

CATALOG

druckt die Namen aller Dateien auf den Bildschirm, die auf der Diskette existieren. Der Dateiname ist völlig unabhängig von den Prozedurnamen: Mit POTS erhalten wir bekanntlich die Titel aller Prozeduren, die momentan verfügbar sind; die Namen der Prozeduren, die in einer Datei abgelegt sind, sind aber nicht direkt zugänglich. Deswegen sollte man sinnvolle Dateinamen wählen. Vorsicht: Wenn eine Datei gleichen Namens auf der Diskette schon existiert, wird mit der SAVE-Anweisung die alte Datei gelöscht und eine neue angelegt.

Zum Einlesen einer Datei tippen Sie:

READ Name

Beispiel:

READ "MONTAG

Alle in der Datei enthaltenen Prozeduren werden definiert, genauso als hätte man sie soeben in den Editor geschrieben.

Aufgaben

8) Eine verblüffende Variante von SPI :

Lassen Sie die Seitenlänge konstant, erhöhen Sie den Drehwinkel!

Variieren Sie den Start-Winkel und die Erhöhung. (Es empfiehlt sich, für die Erhöhung eine weitere Variable zu vereinbaren, damit man deren Wert leicht verändern kann.) Können Sie die Gestalt der Figuren vorhersagen?

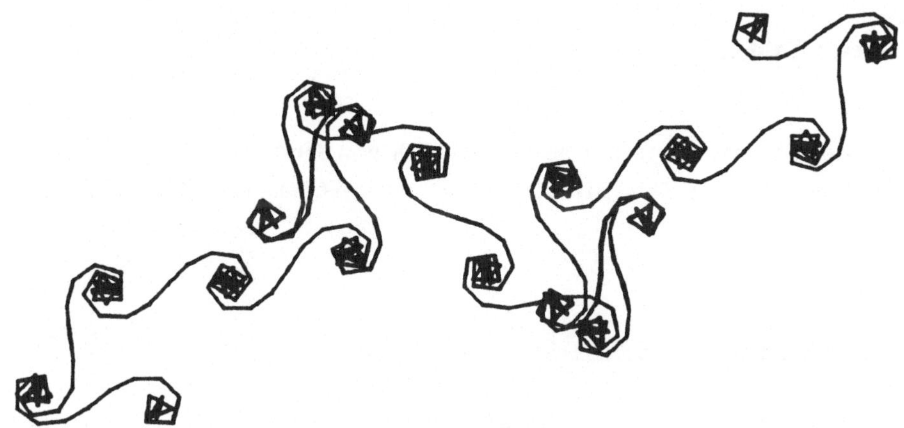

9) Der Zaun (vgl. 2.5) ist ein einfaches Bandornament. Zeichnen Sie andere Bandmuster nach dem Schema der Prozedur BAND (die darin enthaltene Prozedur FIGUR soll das Grundmuster erzeugen.) Vorschläge:

```
TO BAND
 FIGUR
 BAND
END
```

3 Ganze Zahlen

Logo unterscheidet ganze und gebrochene Zahlen. Merkmal: Gebrochene Zahlen haben einen Dezimalpunkt. Wir werden uns zunächst hauptsächlich mit ganzen Zahlen befassen.

3.1 Ganzzahl - Operationen

Die Operationen + , - , * ergeben immer eine ganze Zahl, wenn alle beteiligten Zahlen ganz sind. Bei der Division mit / erhält man im allgemeinen eine gebrochene Zahl:

```
5/7
RESULT: Ø.714285
```

Deshalb gibt es für die ganzzahlige Division mit Rest die Funktionen

QUOTIENT Zahl Zahl ,

REMAINDER Zahl Zahl .

Sie haben jeweils zwei ganze Zahlen a , b als Eingaben und liefern als Ergebnis den Quotienten q bzw. den Rest r (a = q*b + r):

```
QUOTIENT 25 3                REMAINDER 25 3
RESULT: 8                    RESULT: 1
```

Vorsicht bei negativen Dividenden: Hier wird nicht mit dem kleinsten positiven Rest gerechnet, sondern mit dem kleinsten negativen Rest.

```
QUOTIENT (-25) 3             REMAINDER (-25) 3
RESULT: -8                   RESULT: -1
```

Noch einige Hinweise und Vorsichtsmaßregeln:

a) Das Minuszeichen spielt auch die Rolle des Vorzeichens:

```
2 * (-6)
RESULT: -12
```

Man braucht hier die Klammern nicht zu setzen, sollte es aber tun, um Mißdeutungen des Minuszeichens zu vermeiden. Man darf auch das Pluszeichen als Vorzeichen verwenden, das ist aber überflüssig. Positive Zahlen werden vom Rechner ohne Vorzeichen geschrieben.

b) Für die Operationen + , - , * , / gilt die Regel "Punktrechnung vor Strichrechnung"; gleichrangige Zeichen werden der Reihe nach von links nach rechts ausgewertet. Für QUOTIENT und REMAINDER gilt diese Regel nicht. Beispiel:

45/3 + 2	QUOTIENT 45 3 + 2
RESULT: 17	*RESULT: 9*

Logo wertet im zweiten Fall zuerst den Term 3 + 2 aus und benutzt das Ergebnis 5 als zweite Eingabe für QUOTIENT . (Dieser Fehler ist besonders hinterlistig, weil er nicht angezeigt wird; eventuell wird mit dem falschen Ergebnis weitergerechnet.) Richtig ist:

(QUOTIENT 45 3) + 2	oder	2 + QUOTIENT 45 3
RESULT: 17		*RESULT: 17*

c) Die Größe ganzer Zahlen ist nicht unbegrenzt; sie können bis zu 10 Stellen haben. Genauer: Der Bereich, in dem man ganzzahlig ohne Rundung rechnen kann, liegt zwischen -2^{31} und 2^{21} . (Es ist 2^{31} = 2 147 483 648 .)

3.2 Ausdrucken von Daten

Wir lassen jetzt die ersten 100 Quadratzahlen ausdrucken, mit einer rekursiven Prozedur QZ :

```
TO QZ :N
 IF :N > 100 THEN STOP
 PRINT :N * :N
 QZ :N + 1
END
```

Starten Sie mit QZ 1 . Es wird eine Kolonne von Quadratzahlen gedruckt, jede Zahl am Zeilenanfang. Der Bildschirm hat aber nur 24 Zeilen, so daß die Kolonne ziemlich schnell nach oben rollt, die ersten 76 Zahlen verschwinden im Nichts.

```
1
4
9
16
25
36
49
64
81
100
121
144
169
196
225
256
289
..
..
..
```

Das Grundwort

PRINT (Abk.: PR)

druckt einen Wert auf dem Bildschirm aus und setzt den Cursor an den Anfang der nächsten Zeile. Die Anweisung

PRINT :N * :N

in der Prozedur QZ berechnet also jeweils den Wert :N * :N , druckt ihn und bewirkt einen Zeilenvorschub, so daß der nächste Wert darunter geschrieben wird. Wir können unsere Prozedur verbessern, indem wir anstatt PRINT das Grundwort

PRINT1 (ohne Abk.)

verwenden. Dadurch wird der Zeilenvorschub unterdrückt: Mit der Anweisung

PRINT1 :N * :N

wird der Wert wie vorher ausgedruckt, aber der Cursor springt anschließend nicht in die nächste Zeile; die nächste Zahl erscheint also unmittelbar dahinter.

Ergebnis der geänderten Prozedur:

149162549648110012 1144 (usw.)

Das ist noch schlechter. Wir müssen zwischen die Zahlen noch ein Trennzeichen einfügen, etwa ein Komma.

Man kann mit PRINT und PRINT1 auch Zeichen, Wörter oder ganze Sätze ausdrucken: Ist ein Text auszudrucken, so wird er in eckige Klammern eingeschlossen:

```
PRINT [HALLO FREUNDE]
HALLO FREUNDE
```

Wir ändern die gleiche Zeile der Prozedur noch einmal:

PRINT1 :N * :N [,]

Nach jeder Zahl soll also ein Text ausgedruckt werden, bestehend aus einem einzigen Zeichen, dem Komma. Ein neuer Start mit QZ 1 ergibt:

```
1YOU DON'T SAY WHAT TO DO WITH [,], IN LINE
PRINT1 :N * :N [,]
AT LEVEL 1 OF QZ.
```

Also wieder ein Fehlstart.

PRINT und PRINT1 haben normalerweise nur eine einzige Eingabe, d.h. eine Zahl oder einen Text. Wenn man mehrere Dinge mit einer einzigen Anweisung ausdrucken möchte, muß man die gesamte Anweisung in runde Klammern einschließen:

```
( PRINT 2 * 2 3 * 3 4 * 4 )
4 9 16
( PRINT [2 * 2 IST] RANDOM 7 )
2 * 2 IST 5
```

(Beachten Sie: Im zweiten Beispiel gehört der Term 2 * 2 zum Text!)

PRINT SQRT 2

RESULT: 1.41421

Hier braucht man nicht zu klammern, denn der Term SQRT 2 zählt als einzelne Eingabe.

(PRINT)

(ohne Eingabe) druckt eine Leerzeile.

PRINT1 verhält sich entsprechend, mit einem kleinen Unterschied:

(PRINT1 2 * 2 3 * 3 4 * 4)

4916

Die Daten werden ohne trennende Leerzeichen ausgedruckt.

Zurück zur Prozedur QZ . Ergänzen Sie die runden Klammern:

(PRINT1 :N * :N [,])

Wir wollen nun noch eine Überschrift ausdrucken; das können wir jedoch nicht in QZ tun, weil QZ sich selbst aufruft. Wir brauchen noch eine Prozedur, die die Überschrift druckt und dann QZ startet:

```
TO QUADRATE
 PRINT [DIE ERSTEN HUNDERT QUADRATZAHLEN]
 (PRINT)
 QZ 1
END
```

Der Aufruf QUADRATE bringt (endlich!) das Ergebnis:

```
DIE ERSTEN HUNDERT QUADRATZAHLEN

1,4,9,16,25,36,49,64,81,100,121,144,169,196,225,256,289
,324,361,400,441,484,529,576,625,676,729,784,841,900,96
1,1024,1089,1156,1225,1296,1369,1444,1521,1600,1681,176
4,1849,1936,2025,2116,2209,2304,2401,2500,2601,2704,280
9,2916,3025,3136,3249,3364,3481,3600,3721,3844,3969,409
6,4225,4356,4489,4624,4761,4900,5041,5184,5329,5476,562
5,5776,5929,6084,6241,6400,6561,6724,6889,7056,7225,739
6,7569,7744,7921,8100,8281,8464,8649,8836,9025,9216,940
9,9604,9801,10000,
```

Falls ein Drucker an Ihr Gerät angeschlossen ist, können Sie die Daten auch auf Papier drucken (vgl. 10.1).

3.3 Teiler

Sind a und b zwei natürliche Zahlen (größer als 0), so ist a ein Teiler von b , wenn b bei Division durch a den Rest 0 läßt:

```
REMAINDER 1111 11
RESULT: Ø                    d.h. 11 teilt 1111.
```

Aufgabe: Zu einer natürlichen Zahl n >= 2 suche den kleinsten Teiler größer als 1 !

Dazu testen wir von 2 aufwärts alle Zahlen, ob sie n teilen: Wenn ja, drucken wir den Teiler aus und stoppen; wenn nein, prüfen wir die nächste Zahl. Weil es mindestens einen Teiler gibt (nämlich n selbst), kommt das Verfahren immer zum Ende. Wir brauchen zwei Variablen: :N für die zu testende Zahl, :K für den möglichen Teiler.

```
TO TEMIN :N :K
 IF ( REMAINDER :N :K ) = Ø THEN PRINT :K STOP
 TEMIN :N :K + 1
END
```

Ein Test: TEMIN 1111 2 druckt 11 als kleinsten Teiler aus.

Es ist lästig, daß man bei jedem Aufruf von TEMIN den Startwert 2 für die Variable :K eingeben muß. Wir teilen deshalb die Prozedur auf:

```
TO TEMIN :N
 TESTE 2
END

TO TESTE :K
 IF ( REMAINDER :N :K ) = Ø THEN PRINT :K STOP
 TESTE :K + 1
END
```

TEMIN hat jetzt nur noch eine Eingabe, nämlich die Zahl n , deren kleinster Teiler gesucht ist; die andere Variable :K wird beim Aufruf der Prozedur TESTE, die die Rekursion ausführt, mit dem Startwert 2 belegt. Beachten Sie, daß die Variable :N von TEMIN auch in TESTE benutzt werden kann; aber:

```
TESTE 11
THERE IS NO NAME N, IN LINE
 IF ( REMAINDER :N :K ) = Ø THEN PRINT :K STOP
AT LEVEL 2 OF TESTE.
```

Deswegen darf TESTE nicht unabhängig von TEMIN aufgerufen werden.

Testen Sie einige Zahlen:

```
TEMIN 5083                    TEMIN 1733
13                            1733
```

Entweder bekommt man eine kleine Primzahl als kleinsten Teiler (dann geht es sehr schnell) oder die Zahl n selbst (dann dauert es lange). Wie kann man im zweiten Fall die Suche beschleunigen? Wir können bei $\sqrt{n}$ abbrechen, denn wenn es einen echten Teiler $t > \sqrt{n}$ gibt, dann hätten wir schon vorher den Teiler $n/t < \sqrt{n}$ gefunden. Fügen Sie als erste Zeile in TESTE ein:

```
IF :K * :K > :N THEN PRINT :N STOP
```

Damit wird TEMIN erheblich schneller. (Wir könnten auch die Bedingung :K > SQRT :N verwenden, müßten dann aber jedesmal die Quadratwurzel berechnen; das kostet Zeit.)

Wenn die Zahl gleich ihrem minimalen Teiler ist, so ist sie eine Primzahl. Wir können also mit TEMIN auch Primzahlen entdecken:

- Stoppt TESTE bei der ersten (neu eingefügten) IF-Anweisung, so ist n prim.
- Stoppt TESTE beim zweiten IF , so gibt es einen echten Teiler, d.h. n ist nicht prim.

Für einen Primzahltest brauchen wir also nur ein paar kosmetische Änderungen:

```
TO PRIM :N
 TESTE1 2
END

TO TESTE1 :K
 IF :K * :K >:N THEN ( PRINT :N [IST PRIM] ) STOP
 IF ( REMAINDER :N :K ) = Ø THEN (PRINT :N [IST NICHT PRIM] ) STOP
 TESTE1 :K + 1
END
```

Beispiele:

```
PRIM 1733                     PRIM 1234567
1733 IST PRIM                 1234567 IST NICHT PRIM
```

Wie bestimmt man nun die Primfaktorzerlegung einer Zahl n ? Man sucht den kleinsten Teiler p von n (der ja schon ein Primfaktor ist), dividiert n durch p und zerlegt den Quotienten weiter, solange bis dieser selbst eine Primzahl ist:

111111 = 3 * 37037
= 3 * 7 * 5291
= 3 * 7 * 11 * 481
= 3 * 7 * 11 * 13 * 37

Dahinter steckt also nichts anderes als eine Rekursion: Wenn man dieses Verfahren in Logo übersetzt, braucht man eine Zerlegungs-Prozedur, die sich selbst aufruft, und zwar dann, wenn der kleinste Teiler der Eingabezahl nicht gleich der Zahl selbst ist.

Die folgenden Prozeduren basieren auf TEMIN und TESTE ; außer dem o.g. rekursiven Aufruf ist noch eine kosmetische Änderung vorgenommen worden.

```
TO ZERLEGE :N
 TEST2 2
END

TO TEST2 :K
 IF :K * :K > :N THEN PRINT :N STOP
 IF  (REMAINDER :N :K)=Ø THEN (PRINT1 :K  [*] )
                             ZERLEGE QUOTIENT :N :K  STOP
 TEST2 :K + 1
END
```

(Die zweite IF-Anweisung muß bis zum STOP in eine einzige Logo-Zeile geschrieben werden, also ohne Unterbrechung durch RETURN . Im Schriftbild wird das kenntlich gemacht dadurch, daß der "Überhang" in der Zeilenmitte beginnt.) Beispiele:

```
ZERLEGE 36Ø                    ZERLEGE 11111111
2*2*2*3*3*5                    11*73*1Ø1*137
```

Noch ein Problem: Bestimme die Folge der kleinsten Teiler q(n) von n , wobei n die natürlichen Zahlen durchläuft.

```
TO TEMIN.FOLGE :N
 (PRINT1 :N [,] )
 TEMIN :N
 TEMIN.FOLGE :N + 1
END
```

Starten Sie etwa mit:

```
TEMIN.FOLGE 1ØØ
```

Es zeigt sich, daß jedes zweite q(n) eine 2 ist (vgl. die linke Spalte der nebenstehenden Tabelle): Für alle geraden Zahlen n ist q(n) = 2 . Wir können also die geraden Zahlen weglassen: Ändern Sie in der letzten Zeile :N + 1 in :N + 2 und starten Sie erneut, aber mit einem ungeraden Startwert:

TEMIN.FOLGE 1Ø1

Nun erhalten wir als jede dritte Zahl eine 3 (rechte Spalte der Tabelle). Können wir jetzt genauso einfach alle Zahlen n mit q(n) = 3 entfernen? Was passiert, wenn wir es tun: Ist dann jede fünfte Zahl eine 5 ?

```
100,2      101,101
101,101    103,103
102,2      105,3
103,103    107,107
104,2      109,109
105,3      111,3
106,2      113,113
107,107    115,5
108,2      117,3
109,109    119,7
110,2      121,11
111,3      123,3
112,2      125,5
113,113    127,127
114,2      129,3
115,5      131,131
116,2      133,7
117,3      135,3
118,2      137,137
119,7      139,139
120,2      141,3
121,11     143,11
122,2      145,5
```

3.4 Folgen

Ähnlich wie die Folge der Quadratzahlen (Prozedur QZ , vgl. 3.2) kann man jede Folge berechnen, deren Glieder a(n) durch einen Term gegeben sind, in dem der Index n vorkommt, etwa:

a(n) = n*n - n + 41

Man ändert einfach den Term in der PRINT-Anweisung. Wir lassen jetzt die Stop-Bedingung weg und drucken zusätzlich den Index n aus.

```
TO FOLGE :N
 ( PRINT :N :N*:N-:N+41 )
 FOLGE :N + 1
END
```

Starten Sie mit FOLGE Ø . Übrigens sollen die ersten 41 Glieder dieser Folge Primzahlen sein. Prüfen Sie das mit Hilfe der Prozedur PRIM !

Auch die arithmetischen Folgen

a(n) = a(0) + n * d

sind von diesem Typ. Man würde sie aber niemals in der obigen Form berechnen, denn es ist viel einfacher, von einem Startwert a(0) auszugehen und dann jeweils das nächste Folgenglied aus dem vorigen zu berechnen durch Addition der Konstanten d :

a(n+1) = a(n) + d

Wenn eine Folge in dieser Form gegeben ist, nämlich mit einem Startwert a(0) und einer Vorschrift zur Berechnung von a(n+1) aus a(n) , nennen wir sie rekursiv. Prozeduren, die rekursive Folgen ausdrucken, sehen etwas anders aus als FOLGE . Hier ist ein Beispiel für arithmetische Folgen:

```
TO RFOLGE :N :A :D
 ( PRINT :N :A )
 RFOLGE :N+1 :A+:D :D
END
```

Beim Aufruf muß man den Start-Index 0 , den Startwert a(0) und die Konstante d eingeben, etwa:

```
RFOLGE Ø 13 7
```

Beachten Sie: Die Berechnung des nächsten Folgengliedes steckt im rekursiven Aufruf der Prozedur, als Term :A + :D . Der Folgenindex :N dient hier nur noch als Zähler, für die Berechnung der Folgenglieder ist er überflüssig.

Eine Variante der rekursiven Folgen ist die Fibonacci-Folge:

1, 1, 2, 3, 5, 8, 13, 21, 34, 55, 89, ...

Jedes Folgenglied ist die Summe der beiden vorhergehenden; es sind also auch zwei Startwerte erforderlich:

a(0) = 1 , a(1) = 1 , a(n+1) = a(n) + a(n-1) für n > 0 .

Eine Prozedur hierfür braucht also zwei Variablen, die jeweils zwei aufeinanderfolgende Glieder der Fibonacci-Folge enthalten (den Folgenindex n lassen wir jetzt weg).

```
TO FIBO :A1 :A2
 (PRINT1 :A1 [,] )
 FIBO :A2 :A1 + :A2
END
```

Beim Aufruf sind beide Startwerte einzugeben; beim rekursiven Aufruf von FIBO rückt dann der letzte Wert auf den Platz des vorletzten, und das neue Folgenglied nimmt den Platz des letzten ein.

```
FIBO 1 1
```

```
1,1,2,3,5,8,13,21,34,55,89,144,233,377,610,987,1597,258
4,4181,6765,10946,17711,28657,46368,75025,121393,196418
,317811,514229,832040,1346269,2178309,3524578,5702887,9
227465,14930352,24157817,39088169,63245986,102334155,16
5580141,267914296,433494437,701408733,1134903170,183631
1903,
```

Und nun ein Legespiel: Kann man 10 Quadrate mit den Seitenlängen 1,2,...10 so zusammenlegen, daß ein großes Quadrat entsteht? Wenn das möglich ist, muß die Summe der Flächen der 10 Quadrate wieder eine Quadratzahl sein:

1 + 2 + ... + 10 = 385 (keine Quadratzahl)

Also ist die Aufgabe unlösbar. (Man überlegt sich leicht, daß man noch nicht einmal ein Rechteck legen kann.) Gibt es überhaupt eine Zahl n > 1 , für die eine Chance besteht, die Aufgabe "Lege ein großes Quadrat aus n Quadraten mit den Seitenlängen 1,2,...,n " zu lösen? Dazu müssen wir prüfen, ob die Glieder der Folge

s(n) = 1*1 + 2*2 + ... + n*n

Quadratzahlen sind. Zunächst suchen wir eine rekursive Darstellung dieser Folge:

s(1) = 1 , s(n+1) = s(n) + (n+1)*(n+1)

Zur Berechnung brauchen wir eine Prozedur ähnlich wie RFOLGE . Zusätzlich zu n und s(n) lassen wir die Wurzel aus s(n) ausdrucken: Wenn sie ganzzahlig ist, so ist s(n) eine Quadratzahl.

```
TO SFOLGE :N :S
 ( PRINT :N :S SQRT :S )
 SFOLGE :N + 1  :S + ( :N + 1 ) * ( :N + 1 )
END
```

```
1 1 1
2 5 2.23606
3 14 3.74165
4 30 5.47722
5 55 7.41619
6 91 9.53939
7 140 11.8321
8 204 14.2828
9 285 16.8819
10 385 19.6214
11 506 22.4944
12 650 25.4951
13 819 28.6181
14 1015 31.859
15 1240 35.2136
16 1496 38.6781
17 1785 42.2492
18 2109 45.9238
19 2470 49.6991
20 2870 53.5723
21 3311 57.5412
22 3795 61.6035
23 4324 65.7571
24 4900 70
```

Es zeigt sich, daß bis n = 100 nur eine einzige Zahl n > 1 auftaucht, für die $\sqrt{s(n)}$ ganzzahlig ist: Für n = 24 ist s(n) = 4900 . (Die Frage, ob man tatsächlich die 24 Quadrate zu einem großen Quadrat der Seitenlänge 70 zusammenlegen kann, ist damit natürlich noch nicht beantwortet. Versuchen Sie es!)

Gibt es bis n = 1000 weitere solche Zahlen? (Vorsicht: SQRT :N wird manchmal durch Rundung ganzzahlig.) Wenn kein Quadrat möglich ist, kann man dann wenigstens ein Rechteck legen? Zerlegen Sie s(n) in Primfaktoren und versuchen Sie, daraus Informationen zu gewinnen!

Aufgaben

1) Suchen Sie arithmetische Folgen a(n) = a(0) + n * d, die unter den ersten 20 Gliedern möglichst viele Primzahlen enthalten!

2) Nehmen wir an, Sie wollen einen Brief frankieren, der DM 2.20 Porto kostet, und Sie haben nur Briefmarken zu 80 Pf und 50 Pf zur Verfügung. Gleichgültig welche Marken Sie wählen, es klappt nicht; den genauen Betrag können Sie nicht zusammenstellen.

a) Schreiben Sie ein Programm, mit dem man prüfen kann, ob man einen bestimmten Portobetrag mit 80-Pf- und 50-Pf-Briefmarken frankieren kann (von beiden Sorten sollen beliebig viele Marken zur Verfügung stehen); wenn ja, soll der Computer ausdrucken, wieviele Marken von jeder Sorte man braucht.

b) Welche Beträge kann man nicht zusammenstellen? Überlegen Sie: Man kann jeden Brief, der DM 2.80 oder mehr kostet, mit den genannten Sorten frankieren. (Sie wissen, daß alle Portobeträge Vielfache von 10 Pf sind.)

c) Wie ist die Situation bei Briefmarken zu 90 Pf und 130 Pf , oder bei einer ähnlichen Kombination zweier Sorten?

d) Ein ähnliches Problem: Wenn es nur Geldscheine zu 8 DM und 13 DM gäbe, könnte man damit jeden vollen DM-Betrag bezahlen, vorausgesetzt daß man Wechselgeld herausbekommen kann? (Beispiel: Um 83 DM zu bezahlen, gibt man 7 Dreizehnmarkscheine und bekommt einen Achtmarkschein zurück,)

3) Syracuse-Algorithmus:
Wähle eine beliebige natürliche Zahl als Startwert a(0) für die folgende Rekursion:

Für n >= 0 setze

$$a(n+1) = \begin{cases} 3 * a(n) + 1, & \text{wenn } a(n) \text{ ungerade,} \\ a(n) / 2, & \text{wenn } a(n) \text{ gerade.} \end{cases}$$

Stoppe, wenn die Folge 1 erreicht.

Beispiel:

17 52 26 13 40 20 10 5 16 8 4 2 1

Enden diese rekursiven Folgen in jedem Fall (d.h. für alle Startwerte) auf der 1 ?
Man vermutet, daß das richtig ist, konnte es aber bisher noch nicht beweisen!

Testen Sie diese Vermutung! (Beachten Sie, daß der Index n in der Rekursionsvorschrift nicht gebraucht wird, man kann ihn aber als Zähler für die Anzahl der Schritte bis zur 1 benutzen.)
Was passiert, wenn man in der Rekursionsvorschrift 3 * a(n) + 1 ersetzt durch 3 * a(n) - 1 ?

4) Dezimalbruchentwicklung:
Schreiben Sie ein Programm, das einen Bruch 1/n , wenn n teilerfremd zu 10 ist, in einen Dezimalbruch entwickelt!
Bekanntlich ist in diesem Fall die Dezimalbruchentwicklung von 1/n reinperiodisch. Lassen Sie jeweils eine volle Periode ausdrucken!
Vergleichen Sie die Periodenlängen für verschiedene Nenner. Was ergibt sich bei Primzahlen?

5) Multipliziert man vier aufeinanderfolgende Zahlen miteinander und addiert 1 , so ergibt sich eine Quadratzahl. Beispiel:

4 * 5 * 6 * 7 + 1 = 841 = 29 * 29

Ist das allgemein richtig? Testen Sie diese Behauptung!

6) Aus zwei Quadraten der Seitenlänge 6 kann man ein flächengleiches fast quadratisches Rechteck bilden (mit ganzen Zahlen als Seitenlängen):

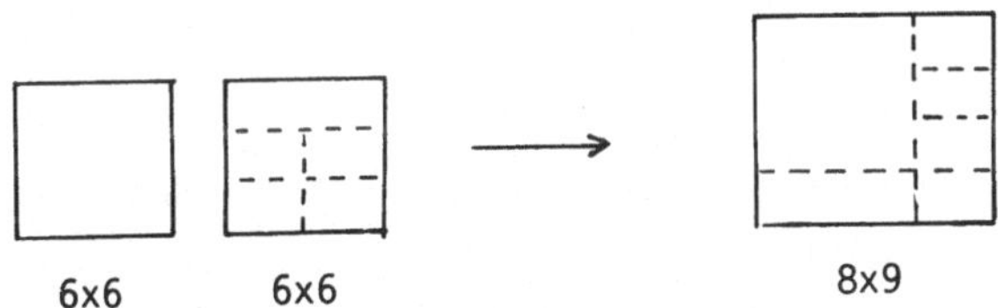

Gibt es noch mehr Paare ganzer Zahlen m, n mit $2n^2 = m(m + 1)$?

4 Variablen und Funktionen

4.1 Wertzuweisung für Variablen

Ehe wir mit dem eingebauten Würfel Spiele machen, sollten wir testen, ob er fair ist: Bekanntlich ergibt der Term

1 + RANDOM 6

eine Würfelzahl, eine zufällig gewählte Zahl zwischen 1 und 6. Wir wollen prüfen, ob bei einer großen Zahl von "Würfen" alle möglichen Ergebnisse etwa gleich häufig vorkommen. Zur Vereinfachung zählen wir nur die Sechsen. Unser Würfeltest-Programm soll folgendermaßen ablaufen:

a) Setze einen Zähler auf 0 .

b) Würfle 300-mal. Jedesmal, wenn eine 6 gewürfelt wird, erhöhe den Zähler um 1 .

c) Drucke das Ergebnis, d.h. den Inhalt des Zählers.

Dazu brauchen wir eine Variable als Zähler.

Bisher haben wir nur Variablen kennengelernt, denen beim Aufruf einer Prozedur Werte zugewiesen werden (Eingabe-Variablen). Man kann solche Wertzuweisungen auch unabhängig von einem Prozeduraufruf vornehmen, nämlich mit der MAKE-Anweisung. Tippen Sie:

```
MAKE "ZAEHLER Ø
```

Damit wird eine neue Variable ZAEHLER definiert und mit dem Wert 0 belegt. Der Name wird mit vorgestellten Anführungszeichen gekennzeichnet.

Wir können jetzt wie gewohnt über den Variablenwert verfügen:

```
PRINT :ZAEHLER
Ø
```

Hier steht wieder ein Doppelpunkt anstelle des Anführungszeichens. Es wird streng unterschieden zwischen dem Namen einer Variablen ("ZAEHLER) und ihrem Wert (:ZAEHLER).

Mit einer erneuten MAKE-Anweisung kann man den Wert verändern, z.B. um 1 erhöhen:

```
MAKE "ZAEHLER :ZAEHLER + 1
```

Zunächst wird der Term :ZAEHLER + 1 ausgewertet, d.h. zum momentanen

Wert der Variablen wird 1 addiert; das Ergebnis wird der gleichen Variablen als neuer Wert zugewiesen. Hier wird der Unterschied zwischen dem Namen und dem Wert besonders deutlich.

Ein Programm zum Würfeltest:

```
TO WUERFELTEST
 MAKE "ZAEHLER Ø
 REPEAT 3ØØ  [WUERFELN]
 ( PRINT  [ANZAHL DER SECHSEN:]  :ZAEHLER )
END
```

Eine Prozedur WUERFELN soll eine Würfelzahl bestimmen und, wenn es eine 6 ist, den Zähler erhöhen. Zur Kontrolle wollen wir die Würfelzahl noch ausdrucken lassen.

```
TO WUERFELN
 PRINT1 1 + RANDOM 6
 IF (1 + RANDOM 6) = 6 THEN MAKE "ZAEHLER :ZAEHLER + 1
END
```

Diese Prozedur hat nur einen Fehler: Die RANDOM-Funktion liefert bei jedem Aufruf einen neuen Wert, also ist die Zufallszahl in der ersten Zeile eine andere als in der zweiten. Wir müssen die Zahl also auf einer Hilfsvariablen zwischenspeichern:

```
TO WUERFELN
 MAKE "HILF 1 + RANDOM 6
 PRINT1 :HILF
 IF :HILF = 6 THEN MAKE "ZAEHLER :ZAEHLER + 1
END
```

Machen Sie einige Tests mit WUERFELTEST ; wenn die Anzahl der Sechsen nicht zwischen 45 und 55 liegt, besteht die große Gefahr, daß der Computer mogelt.
Ein anderer Würfeltest wäre, von 300 Würfen die Augenzahlen zu addieren und anschließend den Durchschnitt zu bilden. Schreiben Sie ein entsprechendes Programm! Wie groß sollte der Durchschnitt annähernd sein?

Die Wertzuweisung für Variablen hat allgemein folgende Gestalt:

MAKE Name Wert

Der Name (mit vorgestellten Anführungszeichen) ist frei wählbar. Der Wert kann ein beliebiger Term sein (Konstante, arithmetischer Ausdruck, Funktionswert). Beispiele:

```
MAKE "PI 3.14159
MAKE "FAK 180/:PI
MAKE "ZWEI 3
```

Der Wert einer solchen Variablen wird (genau wie bei den Eingabevariablen) mit einem vorgestellten Doppelpunkt abgerufen:

:PI	PRINT :ZWEI + 2
RESULT : 3.14159	*5*

Bei falschem Namen gibt es eine Fehlermeldung:

:PIG

THERE IS NO NAME PIG

Der Doppelpunkt darf nicht durch ein Leerzeichen abgetrennt werden (ebensowenig das Anführungszeichen).

: PI

THERE IS NO NAME

Soviel zur MAKE-Anweisung. Wir programmieren nun ein kleines Ratespiel, das sehr einfach, aber trotzdem reizvoll ist:

> Spieler A denkt sich eine höchstens zweistellige Zahl, Spieler B soll sie erraten. B nennt eine Zahl, A antwortet "Zu groß", "Zu klein" oder "Richtig"; B fragt und A antwortet weiter, so lange, bis B die richtige Zahl gefunden hat.

Der Computer soll die Rolle von A übernehmen. Um den Dialog von A und B zu programmieren, brauchen wir eine Anweisung, mit der man während des Programmablaufs Zahlen eingeben kann (nämlich die Fragen von B). Schreiben Sie dazu eine kleine Prozedur:

```
TO INPUT :VAR
 MAKE :VAR FIRST REQUEST
END
```

INPUT hat einen beliebigen Variablennamen als Eingabe, z.B.

INPUT "ZAHL

Bei dieser Anweisung wartet der Rechner mit blinkendem Cursor (ohne das gewohnte Fragezeichen) darauf, daß der Benutzer eine Zahl eintippt und RETURN drückt. Anschließend wird diese Zahl auf der angegebenen Variablen (hier "ZAHL) gespeichert, und es geht weiter.

Anmerkung: Die Prozedur INPUT benutzt Dinge, die erst später verständlich werden. Bitte denken Sie jetzt nicht weiter darüber nach.

Beim "Zahlenraten" muß der Rechner zunächst eine Zufallszahl auf einer Variablen speichern; danach wird das Frage- und Antwortspiel gestartet:

```
TO ZAHLENRATEN
 MAKE "A RANDOM 1ØØ
 RATE
END

TO RATE
 PRINT [GIB EINE ZAHL EIN]
 INPUT "B
 IF :A = :B THEN PRINT [RICHTIG!] STOP
 IF :A < :B THEN PRINT [ZU KLEIN] ELSE PRINT [ZU GROSS]
 RATE
END
```

Ein Probelauf:

ZAHLENRATEN

GIB EINE ZAHL EIN

55 (Zahl eintippen und RETURN drücken)

ZU GROSS

GIB EINE ZAHL EIN

33 " " " " " "

ZU KLEIN

(usw.)

Dieses Spielchen hat eine ganze Reihe von reizvollen Varianten. Gestalten Sie z.B. das Programm so, daß der Computer ab und zu lügt! (Wenn B die richtige Zahl nennt, soll er natürlich die Wahrheit sagen.) Man kann die Entscheidung "Wahrheit oder Lüge" dem Zufall überlassen. Oder wenn Sie Strategiespiele mögen, versuchen Sie folgende Version: A lügt genau dann, wenn B's Zahl um weniger als 10 von A's Zahl abweicht.

4.2 Funktionen: Die Anweisung OUTPUT

Ein verblüffendes Zahlenspiel:

Schreibe vier beliebige natürliche Zahlen nebeneinander. Bilde daraus eine neue Viererkette: Nimm je zwei benachbarte Zahlen und ziehe die kleinere von der größeren ab, dabei sei die letzte Zahl zur ersten benachbart. Wiederhole das Verfahren mit der neuen Viererkette.

Beispiel:

```
14    27     6    18
   13    21    12     4
      8     9     8     9
         1     1     1     1
            0     0     0     0
```

Gleichgültig mit welchen Zahlen man startet: Nach einigen Schritten ergibt sich immer eine Kette von 4 Nullen!

Stimmt das wirklich? Der Computer soll diese Behauptung an einigen Beispielen überprüfen.

Im Prinzip läuft das Verfahren nach dem Schema der rekursiven Folgen ab (vgl. 3.4). Hier sind jedoch vier Zahlen beteiligt, und die Rekursionsvorschrift enthält Fallunterscheidungen: Bei jedem Schritt muß man viermal die Operation "größere Zahl minus kleinere Zahl" ausführen, d.h. man nuß die absolute Differenz zweier Zahlen bilden:

$$\text{absdif}(x,y) = |x - y| = \begin{cases} x - y, & \text{wenn } x > y \\ y - x, & \text{wenn } x <= y \end{cases}$$

Eine solche Funktion ist in Logo unbekannt, ja es gibt nicht einmal eine Logo-Funktion ABS , die den Absolutbetrag einer Zahl ausrechnet. Man kann jedoch Funktionen selbst definieren, nämlich als Prozeduren mit Rückgabe (engl. output). Zum Beispiel läßt sich die obige Definition von absdif fast wörtlich in Logo übersetzen:

```
TO ABSDIF :X :Y
 IF :X > :Y THEN OUTPUT :X-:Y ELSE OUTPUT :Y-:X
END
```

Die Anweisung

OUTPUT Wert (Abk.: OP)

macht eine Prozedur zur Funktion: Sie gibt den Wert als Funktionswert an die aufrufende Prozedur zurück. Im obigen Beispiel der Prozedur ABSDIF bewirkt die Anweisung

OUTPUT :X-:Y (bzw. OUTPUT :Y-:X) ,

daß der Wert des Terms :X-:Y (bzw. :Y-:X) als Funktionswert zurückgegeben wird; damit verhält sich ABSDIF genau wie die "eingebauten" Funktionen SQRT , QUOTIENT etc.: Bei direkter Ausführung wird das Ergebnis ausgedruckt, mit dem vorgestellten Wort RESULT: ; ebensogut kann man den Funktionsaufruf in einen Term einbauen:

```
ABSDIF  23 37                  2 * ( ABSDIF 77 55 ) + 3
RESULT: 14                     RESULT: 47
```

Oder man kann den Wert als Eingabe für eine andere Prozedur benutzen. (Siehe unten.)

Die IF-Anweisung in ABSDIF sichert, daß in jedem Fall genau eine der beiden OUTPUT-Anweisungen ausgeführt wird. Aber auch die folgende Version ist zulässig:

```
TO ABSDIF :X :Y
 IF :X > :Y THEN OUTPUT :X-:Y
 OUTPUT :Y-:X
END
```

Denn eine Funktion kann ohne weiteres mehrere OUTPUT-Anweisungen enthalten. Dann bestimmt die erste unter ihnen, die ausgeführt wird, den Funktionswert, und damit endet die Ausführung der Funktion; in diesem Sinne wirkt OUTPUT wie STOP .

Um jetzt die Aufgabe mit den Viererketten zu programmieren, brauchen wir eine Prozedur, die die vier Startwerte als Eingaben hat. Mit der Funktion ABSDIF können wir jetzt die Berechnung der nächsten Viererkette recht einfach durchführen, nämlich im rekursiven Aufruf der Prozedur:

```
TO VIERERKETTE :A :B :C :D
 ( PRINT :A :B :C :D )
 VIERERKETTE  ABSDIF :A :B  ABSDIF :B :C  ABSDIF :C :D  ABSDIF :D :A
END
```

In dieser Form ist die Prozedur natürlich noch nicht perfekt.
Verbesserungen und Varianten:

a) Sie muß von Hand gestoppt werden. Fügen Sie als zweite Zeile eine IF-Anweisung ein, die die Rekursion stoppt, wenn alle Zahlen gleich 0 sind:

   ```
   IF :A + :B + :C + :D = Ø THEN STOP
   ```

b) Die Startwerte sollen zufällig gewählt werden, im Bereich kleiner als 1000. Um nicht viermal den Term RANDOM 1ØØØ eintippen zu müssen, definieren wir eine kleine <u>Hilfsfunktion</u>:

   ```
   TO ZZ
    OUTPUT RANDOM 1ØØØ
   END
   ```

ZZ hat eine höchstens vierstellige Zufallszahl als Funktionswert. Starten Sie jetzt die Prozedur mit:

VIERERKETTE ZZ ZZ ZZ ZZ

Die nebenstehende Tabelle zeigt ein Beispiel.

```
577 96 981 847
481 885 134 270
404 751 136 211
347 615 75 193
268 540 118 154
272 422 36 114
150 386 78 158
236 308 80 8
72 228 72 228
156 156 156 156
0 0 0 0
```

c) Bauen Sie einen Zähler ein, der die Anzahl der Schritte bestimmt. Ermitteln Sie für 20 Durchläufe (mit zufälligen Startwerten) die durchschnittliche und die maximale Anzahl der Schritte!

d) Wenden Sie das gleiche Verfahren an auf Dreier-, Fünfer- oder Sechserketten von natürlichen Zahlen!

Weitere Beispiele für Funktionen:

(1) Der Absolutbetrag einer Zahl:

```
TO ABS :X
 IF :X > Ø THEN OUTPUT :X ELSE OUTPUT -:X
END
```

Es wäre falsch, die Funktion in der Form

```
TO ABS :X
 IF :X > Ø THEN :X ELSE -:X
END
```

zu definieren. Denn :X (bzw. -:X) ist keine Anweisung, sondern ein Term; auf THEN und ELSE müssen aber Anweisungen folgen.

(2) Das Maximum zweier Zahlen:

```
TO MAX :A :B
 IF :A > :B THEN OUTPUT :A ELSE OUTPUT :B
END
```

(3) Das Vorzeichen (Signum) einer Zahl ist definiert durch:

$$\operatorname{sgn}(x) = \begin{cases} 1 , & \text{wenn } x > 0 \\ 0 , & \text{wenn } x = 0 \\ -1 , & \text{wenn } x < 0 \end{cases}$$

```
TO SGN :X
 IF :X > Ø THEN OUTPUT  1
 IF :X = Ø THEN OUTPUT  Ø
 OUTPUT -1
END
```

Die letzte Zeile wird tatsächlich nur dann erreicht, wenn :X kleiner als 0 ist, deswegen braucht hier keine IF-Anweisung zu stehen.

(4) Man kann das Schema der rekursiven Folgen (vgl. 3.4) in die folgende Prozedur übersetzen:

```
TO RFOLGE :A
 PRINT :A
 RFOLGE NEXT :A
END
```

Die Funktion NEXT soll die Rekursionsvorschrift darstellen, die jeweils das nächste Folgenglied liefert, etwa

```
TO NEXT :X
 OUTPUT 2 * :X + 1
END
```

Man kann jetzt jede beliebige Rekursionsvorschrift ganz einfach dadurch realisieren, daß man NEXT neu definiert; die Prozedur RFOLGE bleibt davon unberührt. (Der Startwert wird nach wie vor beim Aufruf von RFOLGE eingegeben.) Bei komplexeren rekursiven Folgen ist dieses Verfahren besonders nützlich (vgl. Aufg. 3 und 4).

Wenn man Funktionen in Termen verwendet, zusammen mit arithmetischen oder logischen Zeichen, so muß man die Reihenfolge der Auswertung beachten. Die Klammer-Regeln sind in Logo etwas ungewohnt, deshalb sei hier noch einmal daran erinnert:

Sind keine Klammern gesetzt, so werden
- zuerst die arithmetischen Operationen + , - , * , / ,
- dann die Vergleichsoperationen = , < , > ,
- dann Funktionen

ausgewertet.

Man kann beliebig viele (runde) Klammern setzen. Manchmal erhöhen Klammern die Lesbarkeit eines Terms, auch wenn sie im Prinzip überflüssig sind. Allerdings sollte man zu lange Terme möglichst vermeiden; schreiben Sie notfalls kleine Hilfsfunktionen.

4.3 Rekursive Funktionen

Funktionen sind in der Mathematik nicht selten rekursiv definiert. Ein klassisches Beispiel ist die Potenz x^n für n >= 0 :

$$x^n = \begin{cases} 1 & \text{, wenn } n = 0 \\ x * x^{n-1} & \text{, wenn } n > 0 \end{cases}$$

Eine Logo-Funktion kann sich selbst aufrufen, wie jede andere Prozedur auch. Deshalb kann man diese Definition unmittelbar in Logo übersetzen:

```
TO POTENZ :X :N
 IF :N = Ø THEN OUTPUT 1
 OUTPUT :X * POTENZ :X :N - 1
END
```

Es ist schon verblüffend, daß es funktioniert:

```
POTENZ 5 4
RESULT: 625
```

Aber wie macht der Rechner das? Logo bietet eine Hilfe an, mit der man jeden Schritt genau verfolgen kann, nämlich ein Ablaufprotokoll: Geben Sie die Anweisung:

TRACE

Logo antwortet mit:

TRACING ON

Ab jetzt wird jeder Prozeduraufruf angezeigt mit

EXECUTING *Titelzeile*

dabei werden alle Eingabe-Variablen durch ihre Werte ersetzt. Im weiteren Verlauf druckt Logo jede Prozedurzeile auf den Bildschirm und führt sie erst dann aus, wenn irgendeine Taste gedrückt wird, etwa die Leertaste. Tippen Sie jetzt noch einmal

POTENZ 5 4 RETURN

und drücken Sie mehrmals die Leertaste. (Die Tabelle auf der folgenden Seite zeigt das Ergebnis.) Zur Berechnung von POTENZ 5 4 muß also erst POTENZ 5 3 ausgewertet werden, usw. bis herunter zu POTENZ 5 Ø . Hier ist das Ergebnis endlich bekannt, nämlich 1 ; und nun steigt man wieder hinauf und multipliziert bei jedem Schritt das Zwischenergebnis mit 5 . Machen Sie sich den Ablauf an einigen Beispielen gründlich klar. Wenn Sie anschließend das Ablaufprotokoll nicht mehr brauchen, schalten Sie es wieder ab:

NOTRACE

TRACING OFF

```
TRACING ON
EXECUTING POTENZ  5 4
  IF :N = 0 THEN OUTPUT 1
  OUTPUT :X * POTENZ :X :N - 1
 EXECUTING POTENZ  5 3
   IF :N = 0 THEN OUTPUT 1
   OUTPUT :X * POTENZ :X :N - 1
  EXECUTING POTENZ  5 2
    IF :N = 0 THEN OUTPUT 1
    OUTPUT :X * POTENZ :X :N - 1
   EXECUTING POTENZ  5 1
     IF :N = 0 THEN OUTPUT 1
     OUTPUT :X * POTENZ :X :N - 1
    EXECUTING POTENZ  5 0
      IF :N = 0 THEN OUTPUT 1
     OUTPUT: 1
    ENDING POTENZ
    OUTPUT: 5
   ENDING POTENZ
   OUTPUT: 25
  ENDING POTENZ
  OUTPUT: 125
 ENDING POTENZ
 OUTPUT: 625
ENDING POTENZ
RESULT: 625
```

Rekursive Funktionen sind in Logo leicht zu programmieren. Es lohnt sich, nach solchen Darstellungsformen Ausschau zu halten, auch (und besonders) wenn mehrere Möglichkeiten zur Auswahl stehen. Eines der schönsten Beispiele hierfür ist die Berechnung des größten gemeinsamen Teilers. Zwei ganze Zahlen a , b >= 0 seien gegeben; wie kann man ggT(a,b) berechnen? Beispiel: a = 1463 , b = 990 .

(i) Primfaktorzerlegung:

a = 1463 = 7 * 11 * 19 ggT(a,b) = 11

b = 990 = 2 * 3 * 3 * 5 * 11

Die Zerlegung ist mühsam, besonders wenn die Zahlen große Primteiler enthalten.

(ii) Kettendivision (Euklidischer Algorithmus):

Dividiere a durch b und schreibe den Rest r auf.

Dividiere b durch r usw., solange bis der Rest 0 erscheint:

1463 990 473 44 33 11 0

Die letzte Zahl ungleich 0 (hier 11) ist der ggT.

Das Verfahren (ii) ist rekursiv, man kann sich schrittweise auf kleinere Zahlen zurückziehen:

$$ggt(a,b) = \begin{cases} ggT(b,Rest(a,b)) & , \text{ wenn } b > 0 , \\ a & , \text{ wenn } b = 0 . \end{cases}$$

Hieraus ergibt sich eine zweizeilige Logo-Funktion:

```
TO GGT :A :B
 IF :B = Ø THEN OUTPUT :A
 OUTPUT GGT :B (REMAINDER :A :B)
END
```

Vergleichen Sie diese Funktion mit der Prozedur, die die Primfaktorzerlegung einer einzigen Zahl berechnet (s. 3.3)! Verfolgen Sie auch bei GGT den Ablauf mit TRACE ; es lohnt sich.

4.4 Anweisungen und Funktionen
oder: Der kleine Unterschied

Prozedurzeilen sind mit Sätzen in Befehlsform vergleichbar:

FORWARD 99	Gehe vorwärts um 99 Schritte
PRINT SQRT 2	Drucke die Wurzel aus 2

Solche Logo-Sätze bestehen grammatisch im wesentlichen aus Verben und Objekten. Nun sind unter den Grundwörtern die Rollen streng verteilt: Ein Grundwort ist entweder eine <u>Anweisung</u> (dem Verb entsprechend) oder eine <u>Funktion</u> (ein Objekt). Genau die gleiche Einteilung können wir jetzt für Prozeduren vornehmen:

	Anweisungen (Verben)	Funktionen (Objekte)
Grundwörter	FORWARD RIGHT PENUP PRINT	HEADING RANDOM QUOTIENT SQRT
Prozeduren	KREIS POLY PRIM ZERLEGE	ABSDIF SGN POTENZ GGT

(Das sind nur einige Beispiele. Ergänzen Sie die Tabelle!)

Logo besteht darauf, daß die grammatischen Regeln streng eingehalten werden:

- Unvollständige Sätze (Prozedurzeilen, die nur ein Objekt enthalten) ergeben die Fehlermeldung

  YOU DON'T SAY WHAT TO DO WITH ...

- Verwendet man eine Anweisung an der Stelle eines Objekts, so meldet Logo

  ... DIDN'T OUTPUT

Beispiele:

```
TO FEHLER1
 SQRT 2
END

TO FEHLER2
 PRINT FORWARD 99
END
```

Außerhalb von Prozeduren kann man zwar Funktionen direkt auswerten, d.h. man darf unvollständige Sätze eintippen; Logo macht aber in diesem Fall den Unterschied deutlich durch das vorgestellte Wort RESULT:

SQRT 2	PRINT SQRT 2
RESULT: 1.41421	*1.41421*
(Auswerten einer Funktion)	(Ausführen einer Anweisung)

Wozu das Ganze? Oberflächlich sehen alle Prozeduren gleich aus, man kann auf den ersten Blick nicht unterscheiden, ob es sich um ein "Verb" oder um ein "Objekt" handelt. Der einzige Unterschied: Prozeduren, die OUTPUT-Anweisungen enthalten, sind Funktionen, alle anderen nicht. Eine falsche Anwendung von Prozedurnamen kann aber zu Fehlern führen (s.o.), deshalb sollte man diese Fehlerquelle von Anfang an verstopfen:

- Legen Sie schon bei der Planung einer Prozedur eindeutig fest: Soll sie eine Anweisung sein oder eine Funktion?
- Wählen Sie soweit wie möglich passende Namen: Verben für Anweisungen, Substantive für Funktionen.
- Beachten Sie den Unterschied zwischen PRINT und OUTPUT:

  PRINT druckt einen Wert auf dem Bildschirm aus.

  OUTPUT gibt einen Funktionswert an die aufrufende Prozedur zurück.
- Wenn eine Funktion Fallunterscheidungen enthält, muß sie in <u>jedem</u> Fall einen Funktionswert zurückgeben:

  Einmal OUTPUT , immer OUTPUT !

  Das gilt insbesondere für rekursive Funktionen.

Die folgenden "Funktionen" enthalten Fehler. Wo stecken sie? Testen Sie, wie Logo darauf reagiert!

```
TO GGT1 :A :B
 IF :B = Ø THEN OUTPUT :A
 GGT1 :B ( REMAINDER :A :B )
END

TO GGT2 :A :B
 IF :B = Ø THEN STOP
 OUTPUT GGT2 :B ( REMAINDER :A :B )
END

TO GGT3 :A :B
 IF :B = Ø THEN PRINT :A STOP
 PRINT GGT3 :B ( REMAINDER :A :B )
END
```

Aufgaben

1) Beim "Mensch-ärgere-dich-nicht" dauert es manchmal sehr lange, bis man eine 6 wirft, so daß man einsetzen darf. Testen Sie mit dem Computer: Wie oft muß man im Durchschnitt würfeln, bis eine 6 fällt?

2) Das Restespiel:
Der Computer denkt sich eine zweistellige Zahl; Sie sollen diese Zahl herausfinden, und zwar nach der folgenden Spielregel:

1. Der Computer fordert Sie auf, eine Zahl kleiner als 100 einzugeben.
2. Wenn Sie eine einstellige Zahl eingeben, so dividiert er seine Zahl durch Ihre, druckt aber nur den Rest aus, und fragt erneut nach einer Zahl.
3. Geben Sie eine zweistellige Zahl ein, so vergleicht er diese mit seiner; wenn Sie die richtige Zahl gefunden haben, so haben Sie gewonnen.

Programmieren Sie dieses Spiel! Versuchen Sie, die versteckte Zahl in möglichst wenig Spielzügen zu entdecken.

3) Schreiben Sie eine Funktion, die eine natürliche Zahl als Eingabe hat und die Anzahl ihrer Teiler zurückgibt.
Welche Zahlen haben die meisten Teiler, in dem Sinne, daß keine kleinere Zahl mehr Teiler hat?

4) Schreiben Sie eine ähnliche Funktion für die Teilersumme s(a) einer Zahl a (gemeint ist die Summe der echten Teiler, bis auf a selbst); z.B.

s(12) = 1 + 2 + 3 + 4 + 6 = 16 .

a) Eine Zahl heißt vollkommen, wenn sie mit ihrer Teilersumme übereinstimmt. Beispiel:

s(6) = 1 + 2 + 3 = 6

Suchen Sie vollkommene Zahlen!

b) Iterierte Teilersummen: Wählen Sie eine beliebige Zahl als Startwert, berechnen Sie ihre Teilersumme, von dieser wieder die Teilersumme, usw. solange bis diese Folge die 1 erreicht. Beispiel:

12 16 15 9 4 3 1

Wie verhalten sich diese rekursiven Folgen? Gibt es welche, die nicht bei 1 enden? (Vorsicht: Starten Sie nicht mit 138 .)

5) Ein Glücksspiel:

Der Spieler zahlt einen Einsatz von 10 DM an die Bank. Er würfelt nun mit einem Würfel, und zwar mehrmals hintereinander:

- Wenn eine 6 fällt, hat er verloren, das Spiel ist beendet.
- Wenn keine 6 fällt, kann er entweder weiterwürfeln oder das Spiel von sich aus beenden; im zweiten Fall hat er gewonnen und erhält die Summe aller geworfenen Augenzahlen in DM ausgezahlt.

a) Programmieren Sie dieses Spiel! Nach wieviel Würfen sollte man, falls keine 6 gefallen ist, das Spiel beenden und den Gewinn einstreichen?

b) Kann man bei diesem Spiel auf lange Sicht einen Gewinn erzielen?

c) Eine verschärfte Version: Einsatz 30 DM; gewinnt der Spieler, so zahlt die Bank für den ersten Wurf die Augenzahl, für den zweiten das Doppelte der Augenzahl, für den dritten das Dreifache usw..

5 Wörter

Wörter sind Zeichenketten beliebiger Länge. Merkmal eines Wortes ist ein vorgestelltes Anführungszeichen, das Ende wird durch ein Leerzeichen markiert.

PRINT "HALLO	PRINT HALLO
HALLO	*THERE IS NO PROCEDURE NAMED HALLO*

Man braucht also die Anführungszeichen, um Wörter von Prozeduren zu unterscheiden.
Wir haben solche Wörter schon kennengelernt, nämlich als Variablennamen (in MAKE) und als Dateinamen (in READ und SAVE).

5.1 Operationen auf Wörtern

Es gibt eine Reihe von Operationen, mit denen man Wörter verändern kann:

FIRST "PAUL	LAST "PAUL
RESULT: P	*RESULT: L*

Die Funktionen

FIRST Wort
LAST Wort

haben jeweils ein Wort als Eingabe und das erste bzw. letzte Zeichen als Rückgabe.

BUTFIRST "PAUL	BUTLAST "PAUL
RESULT: AUL	*RESULT PAU*

Die Funktionen

BUTFIRST Wort (Abk.: BF)
BUTLAST Wort (Abk.: BL)

verkürzen das eingegebene Wort, sie schneiden das erste bzw. letzte Zeichen ab.

WORD "PAUL "INE
RESULT: PAULINE

Die Funktion

WORD Wort 1 Wort 2

fügt die eingegeben Wörter zu einem einzigen zusammen. WORD hat normalerweise zwei Eingaben, man kann jedoch beliebig viele Wörter eingeben, wenn man ähnlich wie bei der PRINT-Anweisung runde Klammern setzt:

```
( WORD "PAUL "INE "KEN )
RESULT: PAULINEKEN
```

Vorsicht, hier versteckt sich eine Fehlerquelle:

```
( WORD "PAUL "INE "KEN)
WORD NEEDS MORE INPUTS
```

Wenn das Leerzeichen vor der rechten Klammer fehlt, wird die Klammer zum letzten Wort gerechnet, Logo findet also die rechte Klammer nicht.

Man kann also auf den ersten und letzten Buchstaben eines Wortes zurückgreifen; wie findet man aber den zweiten oder den dritten?

```
FIRST BF "PAUL          FIRST BF BF "PAUL
RESULT: A               RESULT: U
```

Man kann also ein Wort fortlaufend verkürzen. Wie weit geht das?

```
BF BF BF BF "PAUL       BF BF BF BF BF "PAUL
RESULT:                 BF DOESNT LIKE  AS INPUT
```

Im ersten Fall ist der Funktionswert das <u>leere</u> <u>Wort</u>, das Wort ohne irgendein Zeichen, im zweiten Fall ist dieses leere Wort die Eingabe für BF, aber ein Wort ohne Zeichen kann man nicht mehr verkürzen. Es hat auch kein erstes oder letztes Zeichen; die Grundwörter FIRST , LAST , BUTFIRST , BUTLAST melden einen Fehler, wenn man das leere Wort eingibt:

```
FIRST "
FIRST DOESN'T LIKE  AS INPUT
```

Hier ist das leere Wort explizit ausgeschrieben als Anführungszeichen-Leerzeichen.

Wörter können mit PRINT oder PRINT1 ausgedruckt werden, es gelten genau dieselben Regeln wie für Zahlen. Man beachte nur, daß die Anführungszeichen nicht mitgedruckt werden (ebenso wie oben bei der Auswertung der Funktionen FIRST usw.):

```
(PRINT "H "UND "E )          PRINT ( WORD "H "UND "E )
H UND E                      HUNDE
(PRINT1 "H "UND "E )
HUNDE
PRINT BUTFIRST "BARSCH
PRINT DOESNT LIKE THIS WORD
```

5.2 Prozeduren mit Wörtern

Wörter können Werte von Variablen, Eingaben für Prozeduren oder Rückgaben von Funktionen sein; in dieser Hinsicht verhalten sie sich im Grunde genauso wie Zahlen.

Die Wertzuweisung

```
MAKE "HUND "DOG
```

definiert eine Variable mit dem Namen HUND und dem Wert DOG:

```
(PRINT :HUND "HUND )                PRINT FIRST :HUND
DOG HUND                            D
PRINT WORD :HUND "GE
DOGGE
```

Hier wird noch einmal der Unterschied zwischen Namen und Wert einer Variablen ganz besonders deutlich.

Ebenso sind Variablen als Eingaben von Prozeduren zu definieren:

```
TO ECHO :W
 PRINT WORD :W (BUTFIRST :W)
END

ECHO "HALLO
HALLOALLO
```

Ein Echo mit Nachhall:

```
TO ECHO1 :W
 IF :W = "  THEN STOP
 PRINT1 :W
 ECHO1 BF :W
END

ECHO1 "HALLO
HALLOALLOLLOLOO
```

Das eingegebene Wort wird fortlaufend verkürzt, bis das leere Wort erreicht ist. Zum Stoppen der Rekursion vergleichen wir die Eingabe mit dem leeren Wort. Man kann beliebige Wörter miteinander vergleichen:

```
:HUND = "DOG
RESULT: TRUE
```

Hier ist eine Funktion mit einem Wort als Rückgabe:

```
TO DOPPEL :W
 OUTPUT WORD :W :W
END
```

DOPPEL "KORN

RESULT: KORNKORN

Testen Sie, wie lang ein Wort werden kann!

MAKE "GEBELL "WAU

MAKE "GEBELL DOPPEL :GEBELL

Wiederholen Sie die letzte Zeile so oft wie möglich, bis die folgende Meldung erscheint:

NO STORAGE LEFT!, IN LINE

OUTPUT WORD :W :W

AT LEVEL 1 OF DOPPEL.

Die Wortlänge ist nur durch den Speicherplatz begrenzt. Wieviele Buchstaben hat unser Wort?

:GEBELL

RESULT: WAUWAUWAUWAUWAUWAUWAUWAUWAUWAUWAUWAU...

Übrigens hat der Bildschirm 24 Zeilen mit je 40 Zeichen.

Noch einige rekursive Prozeduren mit Wörtern:

(a) Länge eines Wortes: Die Funktion

COUNT Wort

hat ein Wort als Eingabe und berechnet die Anzahl der Zeichen:

COUNT "VIERUNDZWANZIG

RESULT 14

Falls COUNT in Ihrer Logo-Version kein Grundwort ist, können Sie die Funktion selber definieren:

```
TO COUNT :W
 IF :W = " THEN OUTPUT Ø
 OUTPUT 1 + COUNT BUTFIRST :W
END
```

(b) Das n-te Zeichen eines Wortes: Die Funktion

ITEM n Wort

hat zwei Eingaben, eine ganze Zahl n > 0 und ein Wort, und gibt das n-te Zeichen zurück:

ITEM 3 "DREI

RESULT: E

Falls ITEM kein Grundwort ist, können Sie wie oben eine entsprechende Funktion selbst definieren:

```
TO ITEM :N :WORT
 IF :N = 1 THEN OUTPUT FIRST :WORT
 OUTPUT ITEM :N-1 BUTFIRST :WORT
END
```

(c) Spiegeln eines Wortes:

Die folgende Prozedur soll ein Wort spiegeln, d.h. von hinten nach vorn ausdrucken. Dazu drucken wir zunächst das letzte Zeichen und spiegeln dann das verbleibende Wort solange, bis kein Zeichen mehr da ist:

```
TO SPIEGELN :WORT
 IF :WORT = " THEN STOP
 PRINT1 LAST :WORT
 SPIEGELN BUTLAST :WORT
END

SPIEGELN "LEPORELLO
OLLEROPEL
```

(d) Palindrome:

Das sind Wörter, die von hinten gelesen genauso aussehen wie von vorn (z.B. RADAR oder RELIEFPFEILER). Eine Prozedur, die testet, ob ein Wort ein Palindrom ist, muß also das Wort mit seinem Spiegelwort vergleichen, etwa so:

```
TO PAL? :WORT
 IF :WORT = SPIEGEL :WORT THEN PRINT "JA ELSE PRINT "NEIN
END
```

Die Prozedur SPIEGELN tut aber nichts anderes, als das gespiegelte Wort auf dem Bildschirm auszudrucken; wir brauchen hier eine Funktion SPIEGEL mit dem Spiegelwort als Rückgabe:

```
TO SPIEGEL :W
 IF :W = "  THEN OUTPUT "
 OUTPUT WORD (LAST :W) (SPIEGEL BL :W)
END
```

Der letzte Buchstabe des Wortes wird also vorangestellt und mit dem gespiegelten verbleibenden Wort verbunden.

```
SPIEGEL "REGAL
RESULT: LAGER
```

Verfolgen Sie mit TRACE, wie die Prozedur abläuft. Eine gute Hilfe ist auch folgendes: Lassen Sie bei jedem Schritt das Wort ausdrukken; ergänzen Sie als zweite Zeile

```
(PRINT (LAST :W) (BUTLAST :W))
```

und rufen Sie SPIEGEL "REGAL erneut auf.

```
SPIEGEL "REGAL

L REGA
A REG
G RE
E R
R
RESULT: LAGER
```

Bevor Sie jetzt PAL? testen, löschen Sie die PRINT-Zeile wieder.

(e) Übersetzung Deutsch-Chinesisch:

Ersetze alle Buchstaben R durch L!

```
TO CHIN :W
 IF :W = " THEN STOP
 IF (FIRST :W) = "R THEN PRINT1 "L ELSE PRINT1 FIRST :W
 CHIN BUTFIRST :W
END

CHIN "FRUEHLINGSROLLE
FLUEHLINGSLOLLE
```

Ein Schönheitsfehler: Nach dem Beenden der Prozedur bleibt der Cursor hinter dem Wort stehen. Ändern Sie die erste Zeile:

```
IF :W = "  THEN (PRINT) STOP
```

5.3 Zahlen als Wörter

Zahlen sind für Logo nichts anderes als Wörter, bestehend aus den Ziffern 0,...,9 und (bei negativen Zahlen) aus dem Vorzeichen:

```
FIRST 1234
RESULT: 1
BUTLAST 17 * 17                    FIRST 2 * 5 - 11
RESULT: 28                         RESULT: -
```

Die Wort-Operationen nehmen also auch ganz normale Zahlen als Eingabe, ohne Anführungszeichen, sogar als Ergebnisse von Termen. Man kann auch mit den Rückgaben von FIRST usw. rechnen (solange sie Zahlen sind):

```
(FIRST 123) + (BUTFIRST 123)
RESULT: 24
```

Für manche Aufgaben, bei denen die Zifferndarstellung von Zahlen eine Rolle spielt, ergeben sich daraus verblüffende Lösungswege. Beispielsweise kann man die Quersumme einer Zahl mit einer einfachen rekursiven Funktion berechnen:

```
TO QUERSUMME :ZAHL
 IF :ZAHL < 1Ø THEN OUTPUT :ZAHL
 OUTPUT (FIRST :ZAHL) + QUERSUMME BUTFIRST :ZAHL
END
```

Hier stoppt die Rekursion, wenn die Zahl einstellig ist, denn dann ist sie gleich ihrer Quersumme. Auch die folgende Stopp-Bedingung ist möglich:

```
IF :ZAHL = "  THEN OUTPUT Ø
```

Hier wird der "Zahl ohne Ziffern" (das ist nicht etwa die Zahl 0 , sondern das leere Wort) die Quersumme 0 zugeordnet.

Es gibt eine Reihe von Teilbarkeitsproben, die die Zifferndarstellung einer Zahl benutzen, etwa der folgende Siebenertest:

Schreibe eine Zahl a auf (im Zehnersystem).

Streiche die letzte Ziffer und subtrahiere ihr Doppeltes von der verbleibenden Zahl.

Wiederhole das Verfahren solange, bis eine genügend kleine Zahl erreicht ist.

a ist genau dann durch 7 teilbar, wenn die letzte Zahl dieser Folge durch 7 teilbar ist.

Beispiele:

```
 17254                          45836
-    8                         -   12
 -----                          -----
 1717                           4571
-  14                          -    2
 -----                          -----
 157                            455
-14                            -10
 ---                            ---
  1  ist nicht durch 7 teilbar  35  ist durch 7 teilbar
 17254 = 7 * 2464 + 6           45863 = 7 * 6548
```

Wir können die Teilbarkeit durch 7 mit REMAINDER viel einfacher überprüfen, trotzdem bleibt die Frage, ob dieser Test wirklich funktioniert. Das Verfahren läuft nach dem Schema der rekursiven Folgen ab, wobei der Term

(BUTLAST :ZAHL) - 2 * LAST :ZAHL

jeweils aus einem Folgenglied das nächste berechnet. Wir müssen die Folge spätestens abbrechen, wenn :ZAHL einstellig ist, denn dann ist BUTLAST :ZAHL das leere Wort, und mit dem leeren Wort kann man nicht rechnen. Zur Kontrolle lassen wir zu jeder Zahl den Rest bei Division durch 7 ausdrucken.

```
TO SIEBEN :ZAHL
 (PRINT :ZAHL REMAINDER :ZAHL 7)
 IF :ZAHL < 10 THEN STOP
 SIEBEN (BUTLAST :ZAHL) - 2 * LAST :ZAHL
END
```

Ein Probelauf:

```
SIEBEN 123456

123456 4
12333 6
1227 2
108 3
-6 -6
```

Der letzte Wert kann also negativ sein, aber das stört im Grunde nicht. Weitere Versuche zeigen, daß der Test offenbar wirkt: Entweder sind alle Zahlen der Folge durch 7 teilbar (dann endet sie bei 7, 0, -7 oder -14), oder keine von ihnen. Eine überraschende Beobachtung: Sind die Reste nicht 0, so sind sie verschieden; sie wiederholen sich sogar in einem festen Zyklus 1, 5, 4, 6, 2, 3.

5.4 ISBN - Prüfziffern

Jedes Buch trägt eine Kennzahl, die "International Standard Book Number", kurz ISBN . Sie ist zehnstellig und hat an der letzten Stelle manchmal statt einer Ziffer den Buchstaben X. Ein Beispiel:

3 - 203 - 50799 - 4

Die letzte Ziffer ist eine Prüfziffer, um Übermittlungsfehler möglichst auszuschalten. Diese Prüfziffer wird wie folgt berechnet:

> Multipliziere die erste Ziffer mit 1, die zweite mit 2, ... , die neunte mit 9. Addiere die Produkte und teile das Ergebnis durch 11. Der Rest bei dieser Division ist die Prüfziffer; falls sich der Rest 10 ergibt, steht ein X an der letzten Stelle. (Die Bindestriche haben hierbei keine Bedeutung.)

Für das obige Beispiel ergibt sich:

```
   3    2    0    3    5    0    7    9    9
  *1   *2   *3   *4   *5   *6   *7   *8   *9
 ------------------------------------------------
   3 +  4 +  0 + 12 + 25 +  0 + 49 + 72 + 81 = 246
```

246 = 11*22 + 4

Aufgabe: Man schreibe eine Programm zur Überprüfung von ISBN-Nummern!

Der zentrale Teil ist zweifellos die Bestimmung der Produktsumme. Es seien a_1 , a_2 , ... a_9 die ersten 9 Ziffern der ISBN-Zahl. Wir versuchen, die Produktsumme nach einem rekursiven Schema zu berechnen:

$$1*a_1 + \underbrace{(2*a_2 + 3*a_3 + \ldots + 9*a_9)}$$

Produktsumme von $a_2,\ldots,a_9$, startend mit dem Multiplikator 2

Man berechne den ersten Summanden und addiere dazu die restliche Produktsumme; diese wird genauso berechnet, und weil sich jedesmal die Zahl der

Summanden um 1 vermindert, kommt das Verfahren zum Ende, nämlich dann, wenn keine Ziffern mehr da sind; in diesem Fall ist die Produktsumme 0 . Eine rekursive Funktion PSUM wird also die Ziffernfolge und den ersten Multiplikator als Eingabe haben:

```
TO PSUM :ZAHL :M
 IF :ZAHL = " THEN OUTPUT Ø
 OUTPUT :M * (FIRST :ZAHL) + PSUM BUTFIRST :ZAHL :M+1
END
```

Beim Aufruf von PSUM startet man also die Rekursion mit der ISBN-Zahl ohne die Prüfziffer und mit M = 1:

```
PSUM 32Ø35Ø799 1
RESULT: 246
```

Man könnte jetzt einfach das Ergebnis durch 11 dividieren und den Rest mit der letzten ISBN-Ziffer vergleichen - wenn der Rest 10 nicht wäre.

Wir erledigen zuerst einmal die leichtere Aufgabe, die Ein- und Ausgabe zu regeln:

```
TO PRUEFE :ISBN
 IF PRUEFZIFFER = LAST :ISBN THEN PR [KORREKT] ELSE PR [FALSCH]
END
```

Wir haben hier eine Funktion verwendet, die die Prüfziffer berechnet, ohne sie vorher definiert zu haben. Das ist kein Problem, solange man sicher ist, daß man sie definieren kann. Hier ist sie:

```
TO PRUEFZIFFER
 MAKE "R REMAINDER (PSUM BUTLAST :ISBN 1) 11
 IF :R = 1Ø THEN OUPUT "X
 OUTPUT :R
END
```

Beim Start des Programms muß man die ISBN-Zahl als Wort eingeben, d.h. mit Anführungszeichen davor, denn die meisten zehnstelligen Zahlen liegen außerhalb des Bereiches der ganzen Zahlen, und außerdem kann ein X als "Ziffer" auftreten. (Was passiert, wenn man das nicht tut?)

```
PRUEFE "32Ø35Ø7994              PRUEFE "32Ø357Ø994
KORREKT                          FALSCH
```

Die meisten Codezahlen (Kontonummern etc.) enthalten solche Prüfziffern, manchmal nach einem anderen System berechnet. Nicht alle Fehler werden dadurch erkannt, aber doch die häufigsten, etwa Vertauschen zweier benachbarter Ziffern oder Erhöhen (Vermindern) einer Ziffer um 1.

Aufgaben:

1) Wähle eine dreistellige Zahl. Bilde die Spiegelzahl. Ziehe von der größeren Zahl die kleinere ab. Zu dem Ergebnis addiere dessen Spiegelzahl. Das Ergebnis ist fast immer 1089 . Prüfen Sie diese Behauptung! Was ergibt sich für Zahlen mit mehr als drei Stellen?

```
  721
- 127
  594
+ 495
 1089
```

2) Happy Numbers:
Wähle eine natürliche Zahl, bilde die Summe der Ziffernquadrate, von dem Ergebnis wiederum die Summe der Ziffernquadrate usw.; Beispiel:

19 → 1*1 + 9*8 = 82 → 8*8 + 2*2 = 68 → 6*6 + 8*8 = 100 →....

Wie verhalten sich diese rekursiven Folgen? (Die Startwerte, deren Folge die 1 erreicht, heißen "glückliche Zahlen".)

3) Palindrome sind Zahlen, die mit ihrer Spiegelzahl übereinstimmen. Welche Palindrome sind Quadratzahlen (z.B. 121)? Welche sind Primzahlen (z.B. 101)?

4) Palindrom-Erzeugung durch wiederholte Spiegel-Addition:

Wähle eine Zahl und addiere die Spiegelzahl. Mit der Summe verfahre genauso. Wiederhole den Vorgang, bis ein Palindrom erreicht ist.

Dieses rekursive Verfahren führt (fast) immer zu einem Palindrom.
(Vorsicht: Starten Sie nicht mit der Zahl 196 .)

```
    96
+   69
   165
+  561
   726
+  627
  1453
+ 3541
  4994
```

5) Schreiben Sie ein Programm, das eine Zahl in Worten ausschreibt! Etwa:

SCHREIBE 24
VIERUNDZWANZIG

Am schwierigsten sind offenbar die zweistelligen Zahlen.

6) Kryptogramme:

A B C	Ersetze jeden Buchstaben durch eine Ziffer,
+ B D F	so daß die Rechnung aufgeht.
E G A C	Zu verschiedenen Buchstaben gehören verschiedene Ziffern.

Schreiben Sie ein Programm, das solche Rätsel stellt!

7) Hangman (ein Spiel mit Wörtern):
Der Spielleiter wählt eine Wort aus. Er schreibt zunächst eine Reihe von Punkten auf, so viele wie das Wort Buchstaben hat. Die anderen Spieler nennen abwechselnd je einen Buchstaben; wenn dieser in dem Wort vorkommt, setzt ihn der Spielleiter an den richtigen Stellen ein. Wer zuerst das Wort errät, gewinnt.
Lassen Sie den Computer Spielleiter machen!.

Anmerkung: Mit der Prozedur INPUT aus 4.1 kann man auch Wörter im Dialog eingeben, genauso wie Zahlen. Beispiel: Im Prozedurtext steht

```
...
PRINT [ GIB EIN WORT EIN ]
INPUT "WORT
...
```

Bei der Ausführung der Prozedur geschieht folgendes:

GIB EIN WORT EIN

Der Cursor blinkt. Tippen Sie z.B.

ABRAKADABRA

(Wort ohne Anführungszeichen vorn!) und drücken Sie RETURN . Das Wort wird nun auf der Variablen namens "WORT gespeichert.

Teil II Grundideen des Programmierens in Logo

6 Bedingte Anweisungen

6.1 Eine andere Form: TEST

Wir haben die IF-Anweisung in zwei Rollen kennengelernt, einmal als Stopp-Bedingung für Rekursionen, zum anderen als Fallunterscheidung (Verzweigung). Ein gutes Beispiel, das beide Typen enthält, ist der Syracuse-Algorithmus (vgl. Kap. 3, Aufg. 3):

Berechne die rekursive Folge natürlicher Zahlen

$$a(n+1) = \begin{cases} 3*a(n) + 1 & \text{, wenn } a(n) \text{ ungerade} \\ a(n)/2 & \text{, wenn } a(n) \text{ gerade} \end{cases}$$

mit beliebigem Startwert a(0) ; wenn a(n) = 1 , stoppe.

```
TO SY :A
 PRINT :A
 IF :A = 1 THEN STOP
 IF (REMAINDER :A 2) = 1 THEN SY 3*:A+1 ELSE SY QUOTIENT :A 2
END
```

Formal besteht jedoch kein Unterschied. Es handelt sich nur um inhaltlich verschiedene Verwendungsformen der gleichen Anweisung; die Grenzen sind außerdem fließend.

Es gibt noch eine andere Form der bedingten Anweisung, mit der man komplexe Verzweigungen durchsichtiger machen kann:

```
TO SY1 :A
 PRINT :A
 IF :A = 1 THEN STOP
 TEST (REMAINDER :A :2) = 1
 IFTRUE SY1 3 * :A + 1
 IFFALSE SY1 QUOTIENT :A 2
END
```

Die Anweisung TEST wertet die nachfolgende Bedingung aus, mehr nicht. Logo merkt sich das Ergebnis; die Anweisung nach IFTRUE wird ausgeführt, wenn die Bedingung erfüllt ist; entsprechend wird die Bedingung nach IFFALSE ausgeführt, wenn sie falsch ist. Der entscheidende Vorteil ist, daß man die Bedingung und die beiden Alternativen auf drei Zeilen verteilen kann, während die gesamte IF-Anweisung in einer einzigen Zeile stehen muß. (Allerdings ist in SY1 eine Falle versteckt. Siehe 8.1 .)

Im einzelnen:

TEST	Bedingung	
IFTRUE	Anweisung	(kurz: IFT)
IFFALSE	Anweisung	(kurz: IFF)

Das Grundwort TEST hat eine Bedingung als Eingabe. IFTRUE bzw. IFFALSE (als ein Wort geschrieben, nicht etwa IF TRUE) bewirken, daß die nachfolgenden Anweisungen bis zum Zeilenende nur dann ausgeführt werden, wenn beim letzten TEST die Bedingung wahr bzw. falsch gewesen ist. IFTRUE oder IFFALSE brauchen nicht unmittelbar auf TEST zu folgen; sie können auch mehrmals vorkommen. Wenn TEST in einer Prozedur mehrmals aufgerufen wird, gilt immer die (zeitlich) zuletzt geprüfte Bedingung.

6.2 Logische Verknüpfungen und Variablen

Bisher kennen wir Vergleiche von Zahlen (mit < , = oder >) und von Wörtern (mit =), und die Verneinung NOT. Es gibt auch die Verknüpfungen "und", "oder" (nur heißen sie in Logo etwas anders):

```
MAKE "N RANDOM 1ØØ
ALLOF :N < 5Ø :N > 5Ø            ANYOF :N < 5Ø :N > 5Ø
RESULT: FALSE                    RESULT: TRUE
```

Die logische Funktion

ALLOF Bedingung 1 Bedingung 2

ergibt genau dann "wahr", wenn jede der folgenden Bedingungen wahr ist,

ANYOF Bedingung 1 Bedingung 2

genau dann, wenn mindestens eine wahr ist.

Beide Funktionen haben im Normalfall zwei Bedingungen als Eingaben; man kann auch beliebig viele Bedingungen miteinander verknüpfen, in diesem Fall muß man den gesamten Ausdruck klammern, ähnlich wie bei PRINT oder WORD:

```
(ANYOF :B = "A :B = "E :B = "I :B = "O :B = "U )
```

ergibt TRUE, wenn :B ein Vokal ist. (Beachten Sie das Leerzeichen vor der "Klammer zu"; es ist wichtig.)

Man kann die Ergebnisse von Vergleichen ausdrucken, als wären es Wörter:

```
PRINT Ø < 1
TRUE
```

Die Wörter "TRUE und "FALSE verhalten sich tatsächlich wie Wahrheitswerte:

```
ANYOF "TRUE "FALSE
RESULT: TRUE
NOT "TRUE
RESULT: FALSE                (Logisch!)
```

Das ist mehr als nur eine Spielerei. Denn die IF-Anweisung (oder auch TEST) nimmt als Bedingung eines der Wörter "TRUE oder "FALSE, gleichgültig in welcher Form, ob als Ergebnis eines Vergleiches, als Wert einer Variablen oder als Funktionswert.

```
MAKE "LV Ø < 1
IF :LV THEN PRINT "HURRA ELSE PRINT "MIST
HURRA
```

Variablen mit dem Wert "TRUE oder "FALSE bezeichnet man als logische (Boolesche) Variablen. Auch NOT, ANYOF, ALLOF akzeptieren sie als Eingabe.

6.3 Logische Funktionen

Wichtiger noch als logische Variablen sind die Funktionen, die entweder "TRUE oder "FALSE als Ergebnis haben; sie können wesentlich zur Strukturierung von Programmen beitragen. Einfache Beispiele:

- Eine Funktion, die angibt, ob der Igel aufwärts zeigt:

```
TO AUFWAERTS?
 OUTPUT ANYOF HEADING < 9Ø HEADING > 27Ø
END
```

- Für Zufallsexperimente: Die Funktion

```
TO WAPPEN?
 OUTPUT (RANDOM 2) = Ø
END
```

  ergibt "TRUE , wenn beim simulierten Münzwurf die Münze "Wappen" zeigt.
- Eine ähnliche Funktion zeigt einen Treffer an, wenn man ein Zufallsexperiment mit der Trefferwahrscheinlichkeit p simulieren möchte:

```
TO TREFFER? :P
 OUTPUT (RANDOM 1ØØØØ) < :P * 1ØØØØ
END
```

- Test, ob ein Buchstabe ein Vokal ist:

```
TO VOKAL? :B
 OUTPUT (ANYOF :B="A :B="E :B="I :B="O :B="U )
END
```

Es ist eine gute Sitte, die Namen logischer Funktionen mit einem Fragezeichen zu beenden, damit sie eindeutig als solche zu erkennen sind.

Die obigen Funktionen werten jeweils einen logischen Term aus und geben das Resultat zurück; im Grunde genommem sind es nur Abkürzungen für diese Terme. Die wirkliche Tragweite zeigt sich erst, wenn man logische Funktionen rekursiv definieren kann. Ein Beispiel: Eine Funktion soll überprüfen, ob ein Buchstabe in einem Wort vorkommt.

```
TO IN? :BUCHST :WORT
 IF :WORT = " THEN OUTPUT "FALSE
 IF :BUCHST = FIRST :WORT THEN OUTPUT "TRUE
 OUTPUT IN? :BUCHST BUTFIRST :WORT
END
```

Hier sind als Output explizit die Worte "TRUE und "FALSE angegeben. (Prüfen Sie mit dem Ablaufprotokoll, wie es funktioniert.)
Die Funktion VOKAL? läßt sich jetzt noch eleganter formulieren:

```
TO VOKAL? :B
 OUTPUT IN? :B "AEIOU
END
```

Für manche zahlentheoretische Probleme wäre eine logische Funktion PRIM? nützlich, die aussagt, ob eine Zahl prim ist oder nicht. Die Prozedur PRIM aus 3.3 kann nur ausdrucken: "...ist prim" oder "...ist nicht prim" . Um etwa systematisch nach Primzahlzwillingen zu suchen, könnte man mit der geplanten Funktion so vorgehen:

```
IF ALLOF PRIM? :N PRIM? :N+2 THEN (PRINT :N :N+2)
```

(Man füge diese Zeile in eine komplette Prozedur ein!) Die Struktur von PRIM? wird allerdings ähnlich sein: Man teste von 2 an aufwärts alle Zahlen, ob sie die gegebene Zahl n teilen; dabei sei das Testergebnis negativ (d.h, "FALSE), wenn ein Teiler gefunden ist, und positiv ("TRUE), wenn die zu testende Zahl die Wurzel aus n überschreitet.

```
TO PRIM? :N
 OUTPUT TEST? 2
END

TO TEST? :K
 IF :K * :K > :N THEN OUTPUT "TRUE
 IF (REMAINDER :N :K) = Ø THEN OUTPUT "FALSE
 OUTPUT TEST? :K + 1
END
```

Die Funktion bewährt sich:

```
PRIM? 1Ø1                        PRIM? 111
RESULT: TRUE                     RESULT: FALSE
PRIM? 1111111
NO STORAGE LEFT! , IN LINE
 OUTPUT TEST? :K + 1
AT LEVEL 66 OF TEST?
```

Das ist allerdings eine böse Überraschung, denn die Anweisung PRIM druckte hier das richtige Ergebnis aus:

```
PRIM 1111111
1111111 IST PRIM
```

Es wäre ein schlechter Tausch, wenn man zwar schönere Prozeduren formulieren, aber dafür keine größeren Zahlen mehr untersuchen könnte. Wir werden jedoch in 8.2 untersuchen, wo der Fehler liegt und wie man ihn behebt.

Aufgaben

1) Ersetzen Sie in einem Wort alle Vokale durch den Buchstaben O , oder einen anderen Vokal (wie in dem Kinderlied "Drei Chinesen mit dem Kontrabaß"). Tip: Benutzen Sie die Funktion VOKAL? .

```
LOGO.OST.SPOTZO
WOS.HOST.GSOGT?
LIGI.IST.SPITZI
ALBARNAR.KARL!
LAGA.AST.WARKLACH.SPATZA
SPRUCH.NUCHT.SU.DUMM!
```

2) Eine leichte Aufgabe (?): Eine Prozedur soll ein Datum als Eingabe haben (Tag, Monat, Jahr) und das Datum des nächsten Tages ausdrucken. (Tip: Schreiben Sie logische Funktionen MONATSENDE? und SCHALTJAHR? .)

3) Primzahlaufgaben: (Verwenden Sie zur Lösung die Funktion PRIM? .)

a) Testen Sie die "Goldbachsche Vermutung":

Jede gerade Zahl größer als 2 ist zerlegbar in eine Summe von zwei Primzahlen.

Ist die Zerlegung eindeutig?

b) Die Hälfte aller natürlichen Zahlen ist durch 2 teilbar, ein Drittel ist durch 3 teilbar, also sind mindestens 5/6 aller Zahlen nicht prim. Stimmt das?

(i) Machen Sie eine statistische Untersuchung zur Primzahlhäufigkeit: Wählen Sie 100 Zufallszahlen kleiner als 2000 und zählen Sie, wieviele Primzahlen darunter sind.

(ii) Wieviele Primzahlen gibt es zwischen 1 und 100, zwischen 101 und 200 etc.? Legen Sie eine Tabelle an; stellen Sie das Ergebnis graphisch dar!

c) Die Zahlen 24, 25, 26, 27, 28 bilden die erste Primzahllücke der Länge 5 (d.h. unter diesen 5 aufeinanderfogenden Zahlen ist keine Primzahl). Wann tritt zum erstenmal eine Primzahllücke der Länge 7, 9, 11, ... auf?

7 Variablen

Es gibt zwei verschiedene Typen von Variablen:
Einerseits solche, die nur innerhalb einer Prozedur (lokal) existieren, zum anderen solche, die jederzeit und für alle Prozeduren (global) zur Verfügung stehen.

7.1 Lokale Variablen

Variablen, die in der Titelzeile einer Prozedur stehen (Eingabevariablen), sind lokal: Sie erhalten ihren Wert beim Aufruf der Prozedur, beim Beenden werden sie vergessen. Nehmen Sie zum Beispiel die folgende Version der Spiralen-Prozedur (vgl. 2.5):

```
TO SPI :SEITE
 IF :SEITE > 1ØØ THEN STOP
 FORWARD :SEITE RIGHT 9Ø
 SPI :SEITE + 3
END
```

Starten Sie etwa mit SPI Ø , und versuchen Sie, nach Beenden der Prozedur den Wert :SEITE abzurufen:

:SEITE

THERE IS NO NAME SEITE

Das gleiche ist der Fall, wenn man zwischendurch mit ctrl-G stoppt. Starten Sie jetzt noch einmal, und drücken Sie rechtzeitig (vor Beenden):

ctrl-Z

Damit wird der Lauf nicht gestoppt, sondern nur unterbrochen, etwa mit der folgenden Meldung:

PAUSE, IN LINE

FORWARD :SEITE RIGHT 9Ø

AT LEVEL 26 OF SPI.

Die folgende Zeile beginnt jetzt mit den Zeichen L26? und dem blinkendem Cursor. Damit zeigt Logo an, daß das System in einem anderen Zustand ist, nämlich mitten im Lauf, auf "Level 26" der Prozedurausführung. Man kann jetzt wie üblich Anweisungen geben, z.B. Variablen-Werte abfragen:

:SEITE

RESULT: 75

Wir befinden uns "innerhalb der Prozedur", also ist der Wert :SEITE vorhanden.

Nach einer Pause mit ctrl-Z kann man die Ausführung mit der Anweisung

CONTINUE (Abk.: CO)

dort fortsetzen, wo sie unterbrochen wurde. Nach Beenden der Prozedur ist der Wert :SEITE wieder vergessen.

Die lokalen Variablen einer Prozedur stehen nicht nur für sie selbst zur Verfügung, sondern auch für alle Prozeduren, die von ihr aufgerufen werden:

```
TO SPI :SEITE
 IF :SEITE > 100 THEN STOP
 SCHRITT
 SPI :SEITE + 3
END
```

```
TO SCHRITT
 FORWARD :SEITE RIGHT 90
END
```

Die Prozedur SCHRITT holt sich den Wert :SEITE von SPI . Umgekehrt geht das nicht:

```
TO START
 DRAW
 SPI 0
 PRINT :SEITE
END
```

Hier gibt es einen Fehler, denn SPI ist an dieser Stelle beendet, also ist :SEITE vergessen.

Hier gilt wiederum die Regel, daß nach Beenden einer Prozedur deren lokale Variable nicht mehr existiert.

Es gibt noch eine andere Art lokaler Variablen:
Man kann Hilfsvariablen, die nicht in der Titelzeile auftauchen sollen, mit der Anweisung

LOCAL Name

zu lokalen Größen erklären. Beispiel: Beim Würfeltest (vgl. 4.1) wurde in der Prozedur WUERFLE eine Variable namens "HILF zum Zwischenspeichern einer Würfelzahl benutzt. Fügt man vor der Wertzuweisung eine LOCAL-Anweisung ein, so wird die Hilfsvariable nach Beenden der Prozedur vergessen:

```
TO WUERFLE
 LOCAL "HILF
 MAKE "HILF 1 + RANDOM 6
 PRINT1 :HILF
 IF :HILF = 6 THEN MAKE "ZAEHLER :ZAEHLER + 1
END
```

Der einzige Unterschied zu einer Eingabevariablen ist, daß sie ihren Wert immer durch eine MAKE-Anweisung erhält.

Achtung Apple-Benutzer: In manchen Versionen des Terrapin Logo für den Apple II ist die Anweisung LOCAL nicht definiert.

Auch bei Eingabe-Variablen kann man den Wert durch MAKE verändern; z.B. könnte man in SPI den rekursiven Aufruf SPI :SEITE + 3 ersetzen durch

```
MAKE "SEITE :SEITE + 3
SPI :SEITE
```

Diese Möglichkeit wird allerdings im allgemeinen selten benutzt.

7.2 Globale Variablen

Eine Variable, die weder in der Titelzeile einer Prozedur noch in einer LOCAL-Anweisung vorkommt, heißt global. Sie erhält ihren Wert immer durch eine MAKE-Anweisung:

```
MAKE "U LAST "MAX
MAKE "PI 3.14159
```

Der Wert ist für alle Prozeduren verfügbar; er kann jederzeit durch eine erneute MAKE-Anweisung geändert werden. Auf diese Art können Prozeduren Daten untereinander austauschen, oder man kann häufig benutzte Konstanten als globale Variablen definieren.

Die Anweisung

PRINTOUT NAMES (kurz: PO NAMES)

druckt alle vorhandenen globalen Variablen auf dem Bildschirm aus:

"PI IS 3.14159

"U IS "X

Zum Definieren oder Ändern globaler Variablen kann man auch den Editor benutzen: Tippen Sie

```
EDIT NAMES
```

Im Editor erscheinen die Wertzuweisungen:

```
MAKE "PI 3.14159
MAKE "U "X
```

Man kann jetzt die Werte verändern oder neue MAKE-Anweisungen hinzufügen. Mit ctrl-C (bzw. RUN/STOP) werden die Wertzuweisungen ausgeführt.

Man sollte globale Variablen nur dann verwenden, wenn es wirklich sinnvoll ist, denn sie verbrauchen Speicherplatz. Sie bleiben solange gespeichert, bis sie duch eine entsprechende Anweisung "ausradiert" werden (vgl. dazu 10.2).

7.3 Variablen mit gleichen Namen

Es ist ohne weiteres möglich, daß verschiedene Prozeduren lokale Variablen mit gleichen Namen verwenden. Denn für jede Prozedur wird beim Start ein eigenes Verzeichnis lokaler Variablen angelegt, das nach ihrem Beenden wieder gelöscht wird; dadurch wird jede Verwechselung ausgeschlossen. Auch lokale und globale Variablen können sich gegenseitig nicht stören.

Im folgenden Beispiel soll die Variable :X von einer Prozedur INC um 1 erhöht werden.

```
TO VARTEST :X
 INC :X                      TO INC :X
 PRINT :X                     MAKE "X :X + 1
END                          END
```

Sie tut es aber anscheinend nicht:

```
VARTEST 11
11
```

Was ist passiert? Die Anweisung INC :X in VARTEST übergibt den Wert :X von VARTEST (nämlich 11) an die lokale Variable :X von INC; diese wird um 1 erhöht, anschließend aber sofort vergessen, da INC beendet wird. Was dann mit PRINT :X ausgedruckt wird, ist der Wert der Variablen :X von VARTEST und der ist unverändert gleich 11. Es handelt sich also nicht um eine einzige Variable :X, die verschiedene Werte annimmt, sondern es sind tatsächlich zwei verschiedene Variablen in VARTEST und INC, mit dem gleichen Namen. (Hier war eigentlich eine gegenseitige "Störung" der beiden

Variablen beabsichtigt, fand aber nicht statt. Welchen kapitalen Fehler wir gemacht haben und wie man ihn behebt, finden Sie in 7.4 .)

Wie verhält es sich aber bei Rekursionen, wo nicht nur die Variablen, sondern auch die Prozeduren gleiche Namen haben? Bei SPI könnte der Eindruck entstehen, daß "die" Variable :SEITE bei jedem Schritt um 3 erhöht wird. Eine Variante zeigt, daß es nicht so ist.

```
TO SPIPS :SEITE
 IF :SEITE > 1ØØ THEN STOP
 FORWARD :SEITE RIGHT 9Ø
 SPIPS :SEITE + 3
 LEFT 9Ø BACK :SEITE
END
```

Die letzte Zeile soll den Vorwärts-Schritt rückgängig machen, nach dem rekursiven Aufruf. Starten Sie mit

```
SPIPS Ø
```

Der Igel zeichnet die bekannte Spirale, läuft dann tatsächlich zurück bis zur Ausgangsposition. Für jede Stufe ist also eine eigene Variable :SEITE gespeichert, die auch <u>nach</u> dem rekursiven Aufruf noch zur Verfügung steht, solange bis die Prozedur auf dieser Stufe beendet ist. Die verschiedenen Variablen gleichen Namens werden nach dem <u>Level</u> unterschieden. (Noch deutlicher wird es, wenn Sie :SEITE vor und nach dem rekursiven Aufruf ausdrucken lassen.) Wie gesagt: Beim Aufruf einer Prozedur legt Logo ein Verzeichnis von Variablennamen an, mit allen Variablen aus der Titelzeile (es kann auch leer sein!), eventuell wird es später durch LOCAL-Anweisungen ergänzt. Wenn nun im Text der Prozedur (Level n) eine Variable :X vorkommt, sucht Logo folgendermaßen nach ihrem Wert:

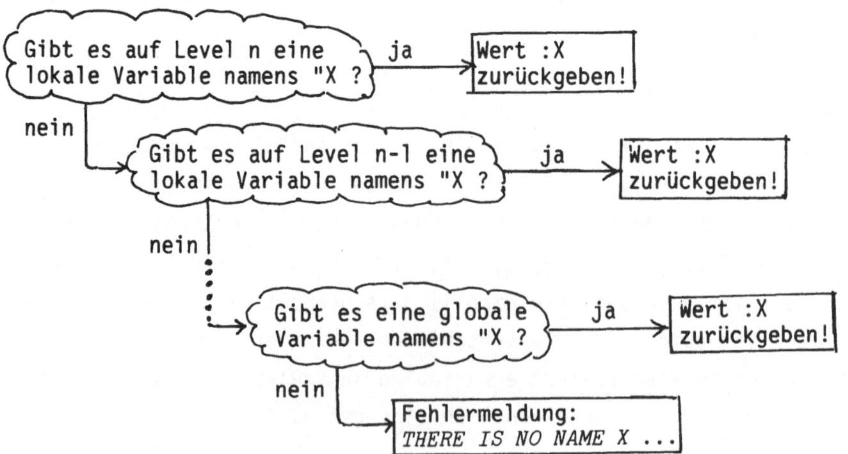

Eine Prozedur kann also nicht nur auf ihre eigenen lokalen Variablen zugreifen, sondern auch auf die Variablen der aufrufenden Prozeduren aller kleineren Stufen sowie auf die globalen Variablen. Falls jedoch in verschiedenen Verzeichnissen gleiche Namen stehen, wird immer die zur höchsten Stufe gehörende Variable gewählt. Das Verzeichnis der Stufe n bleibt solange bestehen, bis die zugehörige Prozedur beendet ist.

7.4 Mehr zur Wertzuweisung

Wir haben schon in 4.1 gesehen, daß bei der MAKE-Anweisung streng zwischen dem Namen und dem Wert einer Variablen unterschieden wird:

```
MAKE "N :N + 1
```

Im Prinzip ist die Wertzuweisung MAKE ein Grundwort mit zwei Eingaben, nämlich einem Wort (dem Variablennamen) und einem beliebigen Objekt (dem Variablenwert):

```
MAKE   Name   Objekt
```

Im allgemeinem wird der Name als Wort-Konstante (mit Anführungszeichen vorn) eingegeben; er kann aber selbst ein Variablenwert oder sogar ein Funktionswert sein:

```
MAKE "ENTE "DUCK
MAKE :ENTE "DONALD
```

Die zweite Zeile definiert eine Variable, deren Name der Wert :ENTE ist, nämlich DUCK:

:DUCK	:ENTE
RESULT: DONALD	*RESULT: DUCK*

Wir haben eben vergeblich versucht, eine Prozedur INC zu schreiben, die eine Variable um 1 erhöht (vgl. 7.3). Der Fehler war, daß wir den Wert der Variablen an INC übergeben haben; statt dessen müssen wir den Namen eingeben, etwa auf eine lokale Variable :VAR . Wir brauchen jetzt den Wert der Variablen, deren Namen auf :VAR gespeichert ist. Für solche Zwecke gibt es die Funktion THING:

```
TO INC :VAR
 MAKE :VAR (THING :VAR) + 1
END
```

Die Funktion

THING Name

hat ein Wort als Eingabe, einen Variablennamen, und gibt den Wert dieser Variablen zurück.

Testen Sie die neue Prozedur INC mit

```
TO VARTEST :X
 INC "X
 PRINT :X
END
```

Man beachte den kleinen Unterschied: In der Anweisung INC "X ist jetzt das <u>Wort</u> "X die Eingabe für die Prozedur INC.
Hinweis für Experten: Es handelt sich hier um den Unterschied zwischen Variablenparametern und Werteparametern. Auch die Prozedur INPUT (vgl. 4.1) hat einen Variablennamen als Eingabe.

Die Funktion THING zu verwenden, ist im Grunde nur dann sinnvoll, wenn der Variablenname nicht als Wort-Konstante vorliegt, denn THING "ENTE ist nichts anderes als :ENTE . Aber:

THING :ENTE	THING "ENTE
RESULT: DONALD	*RESULT: DUCK*

```
MAKE WORD "P "I 3.14159
THING BUTLAST "PIG
RESULT: 3.14159
```

Beim Würfeltest (vgl. 4.1) haben wir nur die Sechsen gezählt. Denn um die Häufigkeiten aller Würfelzahlen zu registrieren, braucht man sechs Zähler Z1, ...,Z6 :

```
TO WUERFLE
 MAKE "HILF 1 + RANDOM 6
 PRINT1 :HILF
 IF :HILF = 1 THEN MAKE "Z1 :Z1 + 1
 IF :HILF = 2 THEN MAKE "Z2 :Z2 + 1
 IF :HILF = 3 THEN MAKE "Z3 :Z3 + 1
 IF :HILF = 4 THEN MAKE "Z4 :Z4 + 1
 IF :HILF = 5 THEN MAKE "Z5 :Z5 + 1
 IF :HILF = 6 THEN MAKE "Z6 :Z6 + 1
END
```

Diese Fallunterscheidungen sind lästig (vor allem müssen anfangs noch alle Zähler auf Null gesetzt werden). Wir können aber einfach den Buchstaben Z mit der Würfelzahl zu dem Variablennamen verbinden und diese Variable um 1 erhöhen:

```
TO WUERFELE
 MAKE "HILF 1 + RANDOM 6
 PRINT1 :HILF
 INC (WORD "Z :HILF)
END
```

Das Nullsetzen geschieht ähnlich:

```
TO NULL :INDEX :MAX
 IF :INDEX > :MAX THEN STOP
 MAKE (WORD "Z :INDEX) Ø
 NULL :INDEX + 1 :MAX
END
```

Mit NULL 1 6 erhalten die sechs Zählvariablen ihren Anfangswert. Die Prozedur zum Würfeltest sieht dann etwa so aus:

```
TO WTEST
 NULL 1 6
 REPEAT 3ØØ [ WUERFLE ]
 (PRINT)
 (PRINT :Z1 :Z2 :Z3 :Z4 :Z5 :Z6)
END
```

Ein Versuch:

```
525455266512534455355611661415116446432112444213б4
354115264212441653513236265353244653234222263143б1
614455626443556166431412442511261166255626353б2424
634113641356564234155443311256533335143423363б1412
516321446534321524261533361151515223655162231261б23
445154316344465543542561126264331153264365324163б14

53 44 50 54 50 49
```

Varianten:

(a) Würfle mit zwei Würfeln; wie oft kommen jeweils die Augensummen vor? Hier braucht man elf Zähler Z2, ... ,Z12; es empfiehlt sich, auch für die Ausgabe der Endwerte eine kleine Prozedur zu schreiben, evtl. mit einer graphischen Darstellung des Versuchausgangs.

(b) Testen Sie entsprechen die Terme aus Kap. 1 Aufg. 7, oder ähnliche Experimente: Welche Häufigkeitsverteilungen ergeben sich?

8 Rekursion

Unsere bisherigen rekursiven Prozeduren sind so angelegt, daß sie sich in der letzten Zeile selbst aufrufen. Das muß aber nicht so sein, der Selbstaufruf kann auch irgendwo mitten in der Prozedur erfolgen; ferner ist nicht verboten, daß sich eine Prozedur mehrfach selbst aufruft. Dadurch eröffnen sich verblüffende Möglichkeiten, jedoch muß man vorsichtig mit ihnen umgehen.

8.1 Zwei verschiedene Typen rekursiver Prozeduren

Hier ist eine weitere Variante der Spiralen-Prozedur:

```
TO IPS :SEITE
 IF :SEITE > 1ØØ THEN STOP
 IPS :SEITE + 3
 FORWARD :SEITE  RIGHT 9Ø
END
```

Beim Start mit

```
IPS  Ø
```

geschieht kurze Zeit nichts, dann zeichnet der Igel die bekannte Spirale, allerdings einwärts, mit abnehmender Seitenlänge. Schalten Sie TRACE ein und starten Sie erneut (die Tabelle zeigt einen Ausschnitt des Protokolls):

- IPS wird wiederholt aufgerufen, wobei :SEITE auf jeder Stufe erhöht wird, sonst passiert nichts, solange bis :SEITE größer als 100 wird.
- Bei IPS 1Ø2 (Level 35) tritt die IF-Anweisung in Aktion: STOP gibt die Kon-

```
EXECUTING IPS  87
  IF :SEITE > 100 THEN STOP
  IPS :SEITE + 3
 EXECUTING IPS  90
   IF :SEITE > 100 THEN STOP
   IPS :SEITE + 3
  EXECUTING IPS  93
    IF :SEITE > 100 THEN STOP
    IPS :SEITE + 3
   EXECUTING IPS  96
     IF :SEITE > 100 THEN STOP
     IPS :SEITE + 3
    EXECUTING IPS  99
      IF :SEITE > 100 THEN STOP
      IPS :SEITE + 3
     EXECUTING IPS  102
       IF :SEITE > 100 THEN STOP
     ENDING IPS
      FORWARD :SEITE RIGHT 90
    ENDING IPS
     FORWARD :SEITE RIGHT 90
   ENDING IPS
    FORWARD :SEITE RIGHT 90
  ENDING IPS
   FORWARD :SEITE RIGHT 90
 ENDING IPS
  FORWARD :SEITE RIGHT 90
ENDING IPS
```

trolle an die aufrufende Prozedur zurück. IPS 1Ø2 wird aber von IPS 99 aufgerufen, und diese Prozedur ist noch nicht beendet! Es folgen nämlich die Igel-Anweisungen FORWARD :SEITE und RIGHT 9Ø , und :SEITE ist hier 99.

- Danach wird IPS 96 bis zum Ende ausgeführt, dann IPS 93 usw. bis hinunter zu IPS Ø , mit abnehmenden Werten der Variablen :SEITE .

Hier zeigt sich noch einmal deutlich das Prinzip der lokalen Variablen: Der Rechner speichert für jede Stufe einen Wert :SEITE und behält ihn solange, bis er zur nächstkleineren Stufe zurückgeht.

Ändern Sie jetzt die Schranke in der IF-Anweisung zu

```
IF :SEITE > 5ØØ THEN STOP
```

und starten Sie noch einmal mit IPS Ø :

NO STORAGE LEFT!, IN LINE
IPS :SEITE + 3
AT LEVEL 114 OF IPS.

Der Rechner speichert nämlich, wie oben gesagt, für jede Stufe den Wert der lokalen Variablen; außerdem muß er wissen, was auf der n-ten Stufe noch zu tun ist, wenn er die (n+1)-te Stufe abgearbeitet hat, d.h. er merkt sich die Rücksprungstellen. Dafür braucht er Speicherplatz, und der ist nicht unbegrenzt verfügbar; zudem hat das System hierfür nur einen relativ kleinen Teil des gesamten Speichers reserviert.

Wenn der rekursive Aufruf in der letzten Zeile erfolgt, braucht der Rechner weder Variablen noch Rücksprungstellen zu speichern; denn beides wird mit Sicherheit nicht mehr benötigt, nachdem die Prozedur sich selbst aufgerufen hat. Prozeduren dieses Typs nennen wir <u>LL-rekursiv</u> (in Anlehnung an den englischen Ausdruck "Last Line recursion", auch "tail recursion" genannt); Beispiele sind ZAUN , POLY , SPI aus 2.5 , und viele andere: Sie können sich beliebig oft selbst aufrufen. (Das gilt allerdings nicht für rekursive Funktionen, siehe 8.2 .)

Rekursive Prozeduren wie z.B. IPS , die nicht in diese Kategorie fallen, verhalten sich grundsätzlich anders: Sie können sich nicht beliebig oft selbst aufrufen, die "Rekursionstiefe" ist beschränkt durch den verfügbaren Speicherplatz für Variablen und Rücksprungstellen (also mehr oder weniger aus technischen Gründen). Unter der Rekursionstiefe einer Prozedur versteht man den höchsten Level, der bei ihrer Ausführung erreicht wird; sie kann maximal bei ca. 100 liegen (abhängig vom Gerät), im Normalfall aber nur bei 50 - 70 (abhängig von der Anzahl der Variablen und ähnlichen Dingen).

Testen Sie die folgenden Prozeduren. Versuchen Sie jeweils, das Ergebnis vorherzusagen, indem Sie den Ablauf im "Schreibtischtest" mit Papier und Bleistift skizzieren. Welche Prozeduren sind LL-rekursiv, welche nicht?

```
TO REKU1 :N
 PRINT :N
 IF :N > Ø THEN REKU1 :N - 1
END

TO REKU2 :N
 IF :N > Ø THEN REKU2 :N - 1 PRINT :N
END

TO REKU3 :N
 PRINT :N
 IF :N > Ø THEN REKU3 :N - 1
 PRINT :N
END

TO REKU4 :N
 PRINT :N
 TEST :N = Ø
 IFFALSE REKU4 : N - 1
 IFTRUE STOP
END

TO REKU5 :N
 PRINT :N
 TEST :N = Ø
 IFTRUE STOP
 IFFALSE REKU5 :N - 1
END

TO REKU6 :N
 IF :N = Ø THEN PRINT :N STOP
 REKU6 :N - 1
 PRINT1 :N
 REKU6 :N - 1
END
```

Zurück zum Syracuse-Algorithmus (Kap. 6.1): Die Prozedur

```
TO SY1 :A
 PRINT :A
 IF :A = 1 THEN STOP
 TEST (REMAINDER :A 2) = 1
 IFTRUE SY1 3 * :A + 1
 IFFALSE SY1 QUOTIENT :A 2
END
```

gelangt zwar in den meisten Fällen zu einem natürlichen Ende, aber sie ist nicht LL-rekursiv. Löschen Sie die Stoppbedingung (zweite Zeile von SY1) und starten Sie etwa mit SY1 27 . Erfolg:

NO STORAGE LEFT! IN LINE
*IFTRUE SY1 3 * :A + 1*
AT LEVEL 142 OF SY1.

SY1 enthält einen Selbstaufruf in der vorletzten Zeile. Zwar wird die letzte Zeile überschlagen, wenn die vorletzte ausgeführt wird, aber solche Feinheiten kann das System nicht feststellen. Die erste Version SY (vgl. 6.1) enthält auch zwei Selbstaufrufe, aber hier stehen beide in der letzten Zeile, sogar in einer einzigen (IF-) Anweisung; also ist SY LL-rekursiv. In diesem Fall ist das ein Vorteil, denn wir können nicht von vornherein sagen, welche Länge eine Syracuse-Folge haben wird.

Das soll nicht heißen, daß eine Strukturierung wie in SY1 nicht empfehlenswert ist. Wenn man nämlich konsequent nach dem Schema der rekursiven Folgen (vgl. 4.2) vorgeht, ergibt sich wieder die gewünschte LL-Rekursion:

```
TO SY2 :A
 PRINT :A
 IF :A = 1 THEN STOP
 SY2 NEXT :A
END
```

```
TO NEXT :A
 TEST (REMAINDER :A 2) - 1
 IFTRUE OUTPUT 3*:A + 1
 IFFALSE OUTPUT QUOTIENT :A 2
END
```

Fazit: Man kann zwar nicht sagen, daß der eine Typ der Rekursion generell besser ist als der andere. Wenn man allerdings die Wahl hat zwischen zwei Prozeduren, von denen die eine LL-rekursiv ist, die andere nicht (die ansonsten gleichwertig sind), dann ist es besser, die unproblematische LL-Rekursion zu bevorzugen.

8.2 Rekursive Funktionen

Beispiele hierfür haben wir in Kap. 4 und 5 kennengelernt. Ein typisches Exemplar ist die Potenzfunktion:

```
TO POTENZ :X :N
 IF :N = Ø THEN OUTPUT 1
 OUTPUT :X * POTENZ :X :N - 1
END
```

Sie kann keine hohen Exponenten verkraften:

```
POTENZ 2 99
NO STORAGE LEFT!, IN LINE
 OUTPUT :X * POTENZ :X N - 1
AT LEVEL 64 OF POTENZ.
```

Und das, obwohl sie sich in der letzten Zeile selbst aufruft, also scheinbar LL-rekursiv ist. Eine Funktion muß aber auf jeden Fall einen Wert an die aufrufende Prozedur zurückgeben, d.h. bei jedem Rekursionsschritt muß sich der Rechner die Rücksprungstelle merken.

Funktionen können sich also niemals beliebig oft selbst aufrufen; in diesem Sinne verhalten sie sich nicht wie LL-rekursive Prozeduren, auch wenn der rekursive Aufruf in der letzten Zeile erfolgt. Tröstlich ist aber, daß man immer einen Ausweg finden kann, wenn dieser Effekt hinderlich ist: Manchmal hilft ein anderes Berechnungsverfahren (etwa bei der Potenzfunktion; vgl. 12.3), manchmal ein Programmiertrick (siehe unten).

Die rekursive Funktion GGT zur Berechnung des größten gemeinsamen Teilers (s. 4.3) funktioniert nur deshalb so gut, weil die Anzahl der notwendigen Rekursionsschritte bei höchstens zehnstelligen Zahlen nie zu groß wird. (Problem, nicht ganz leicht: Wie groß kann sie in diesem Bereich höchstens werden?) Aber man könnte auch die Eigenschaft

$$ggT(a,b) = \begin{cases} ggT(a-b,b) & , \quad \text{wenn } a > b > 0 \\ ggt(b-a,a) & , \quad \text{wenn } b > a > 0 \\ a & , \quad \text{wenn } a = b \end{cases}$$

zugrunde legen: Die Funktion

```
TO GGTS :A :B
 IF :A = :B THEN OUTPUT :A
 IF :A > :B THEN OUTPUT GGTS :A-:B :B ELSE OUTPUT GGTS :B-:A :A
END
```

berechnet den ggT durch fortgesetzte Subtraktion (größere Zahl minus kleinere Zahl), was durchaus richtig ist; sie braucht aber wesentlich mehr Rekursionsschritte als GGT , deshalb geht es für manche Eingabewerte schief:

```
GGTS 123 124
NO STORAGE LEFT!    (usw.)
```

Bei der logischen Funktion PRIM? aus 6.3 , die für große Zahlen versagt, handelt es sich im Prinzip um das gleiche Problem. Hier kommt die Abhilfe aus der Trickkiste des Programmierers:

```
TO PRIM? :N
 LOCAL "LV
 TESTE 2
 OUTPUT :LV
END

TO TESTE :K
 IF :K * :K > :N THEN MAKE "LV "TRUE STOP
 IF (REMAINDER :N :K) = Ø THEN MAKE "LV "FALSE STOP
 TESTE :K + 1
END
```

Die Eingabezahl :N wird von einer LL-rekursiven Prozedur TESTE auf mögliche Teiler geprüft; das Ergebnis wird auf einer logischen Variablen "LV gespeichert. Nach Beenden von TESTE gibt PRIM? den Wert :LV , also "TRUE oder "FALSE , als Funktionswert zurück. (Anm.: Die LOCAL-Anweisung in PRIM? kann fehlen; vgl. 7.1 .)

Dieser Trick, nämlich das Ergebnis auf einer Hilfsvariablen zwischenzuspeichern, ist so häufig anwendbar, daß man ihn schon als Methode bezeichnen könnte. (Siehe auch Aufg. 3, 4 in Kap. 4 .)

8.3 Mehrfach-rekursive Prozeduren

Wie zeichnet man diesen Logo-Baum?

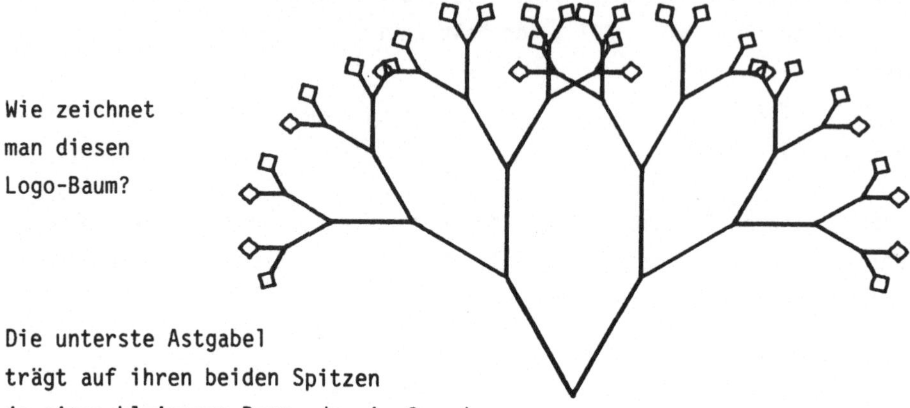

Die unterste Astgabel trägt auf ihren beiden Spitzen je einen kleineren Baum, der im Grunde die gleiche Struktur hat wie der ganze Baum. Versuchen Sie, eine Prozedur BAUM zu schreiben, die sich zweimal selbst aufruft! (Wie der obige Baum gezeichnet wurde, erfahren Sie am Ende dieses Abschnitts.)

Auch eine der kleinen Test-Prozeduren in 8.1 ist zweifach-rekursiv (nämlich REKU6). Prozeduren können sich im Prinzip beliebig oft selbst aufrufen.

Ein Beispiel für eine zweifach-rekursive Funktion:
Die Folge der Fibonacci-Zahlen ist definiert durch

$$a(0) = 1 , \quad a(1) = 1 , \quad a(n) = a(n-1) + a(n-2) \quad \text{für } n >= 2 .$$

In 3.4 haben wir eine Prozedur FIBO kennengelernt, die diese Folge ausdruckt. Wenn es nur darum geht, zu einem festen Index n das zugehörige Folgenglied a(n) zu finden, kann man die folgende Funktion benutzen:

```
TO FIB :N
 IF ANYOF :N = Ø :N = 1 THEN OUTPUT 1
 OUTPUT (FIB :N - 1) + (FIB :N - 2)
END
```

Die folgende Seite zeigt das Ablaufprotokoll von FIB 4 . Man sieht, daß FIB dabei insgesamt neunmal aufgerufen wird, obwohl die Sache eigentlich mit vier Additionen zu erledigen wäre.

Versuchen Sie es mit FIB 2Ø ; es dauert ziemlich lange, bis das Ergebnis erscheint. Kopfrechnen wäre schneller gewesen.

```
EXECUTING FIB  4
  IF ANYOF :N = 0 :N = 1 THEN OUTPUT 1
  OUTPUT ( FIB :N - 1 ) + ( FIB :N - 2 )
 EXECUTING FIB  3
   IF ANYOF :N = 0 :N = 1 THEN OUTPUT 1
   OUTPUT ( FIB :N - 1 ) + ( FIB :N - 2 )
  EXECUTING FIB  2
    IF ANYOF :N = 0 :N = 1 THEN OUTPUT 1
    OUTPUT ( FIB :N - 1 ) + ( FIB :N - 2 )
   EXECUTING FIB  1
     IF ANYOF :N = 0 :N = 1 THEN OUTPUT 1
    OUTPUT: 1
   ENDING FIB
   EXECUTING FIB  0
     IF ANYOF :N = 0 :N = 1 THEN OUTPUT 1
    OUTPUT: 1
   ENDING FIB
   OUTPUT: 2
  ENDING FIB
  EXECUTING FIB  1
    IF ANYOF :N = 0 :N = 1 THEN OUTPUT 1
   OUTPUT: 1
  ENDING FIB
  OUTPUT: 3
 ENDING FIB
 EXECUTING FIB  2
   IF ANYOF :N = 0 :N = 1 THEN OUTPUT 1
   OUTPUT ( FIB :N - 1 ) + ( FIB :N - 2 )
  EXECUTING FIB  1
    IF ANYOF :N = 0 :N = 1 THEN OUTPUT 1
   OUTPUT: 1
  ENDING FIB
  EXECUTING FIB  0
    IF ANYOF :N = 0 :N = 1 THEN OUTPUT 1
   OUTPUT: 1
  ENDING FIB
  OUTPUT: 2
 ENDING FIB
 OUTPUT: 5
ENDING FIB
RESULT: 5
```

Der Grund: Zur Auswertung von FIB 4 werden die Funktionswerte FIB 3 und FIB 2 berechnet, und zwar völlig getrennt voneinander; der Rechner weiß nicht, daß er bei der Berechnung von FIB 3 den Wert FIB 2 als Zwischenergebnis benutzt hat. (Woher soll er das auch wissen?)

Solche Doppelrekursionen sind also bei Funktionen nach Möglichkeit zu vermeiden. Versuchen Sie, eine schnellere Funktion zu schreiben, die dasselbe leistet!

Wie oft wird FIB bei der Auswertung von FIB 2Ø aufgerufen? Zwei Lösungsansätze:

- Für Praktiker: Bauen Sie einen Zähler in die Funktion ein, der bei jedem Aufruf um 1 erhöht wird.
- Für Theoretiker: Man kann die Anzahl A(n) der Selbstaufrufe von FIB n rekursiv bestimmen; die Rekursionsvorschrift sieht ganz ähnlich aus wie die der Fibonacci-Folge selbst:

  A(n) = A(n-1) + A(n-2) + 1.

Mit wachsendem n wird diese Anzahl schnell groß (für n = 20 liegt sie über 10000); trotzdem gibt es keine Schwierigkeiten mit der Rekursionstiefe, denn der Level geht nicht über n hinaus (vgl. auch das Protokoll für FIB 4). Das gilt in ähnlicher Form für alle mehrfach-rekursiven Prozeduren: Grundsätzlich ist auch hier die Rekursionstiefe beschränkt, praktisch liegen die Grenzen eher in der Geduld des Programmierers.

Nun zum Logo-Baum: Wie jeder andere Baum ist er im 1. Jahr ein zierliches Pflänzchen aus zwei Zweigen, jeweils mit einem Blättlein an der Spitze:

```
TO BAUM1
 LEFT 3Ø  FORWARD 1Ø
 BLATT
 BACK 1Ø  RIGHT 3Ø
 RIGHT 3Ø  FORWARD 1Ø
 BLATT
 BACK 1Ø  LEFT 3Ø
END
```

```
TO BLATT
 LEFT 45
 REPEAT 4 [FD 5 RT 9Ø]
 RIGHT 45
END
```

(Vergrößert)

Im 2. Jahr wächst auf jeder Zweigspitze ein kleiner Baum:

```
TO BAUM2
 LEFT 3Ø  FORWARD 2Ø
 BAUM1
 BACK 2Ø  RIGHT 3Ø
 RIGHT 3Ø  FORWARD 2Ø
 BAUM1
 BACK 2Ø  LEFT 3Ø
END
```

Beachten Sie, daß nach BAUM1 der Igel im gleichen Zustand ist wie vorher (bzgl. Lage und Richtung), so daß er auch nach BAUM2 wieder in seinen Anfangszustand zurückgekehrt ist.

Im 3. Jahr trägt jede Zweigspitze der untersten Astgabel (auch diese ist inzwischen weiter gewachsen) einen BAUM2 . Schreiben Sie die Prozedur BAUM3 ! (Sie sieht ganz ähnlich aus wie BAUM2 .)

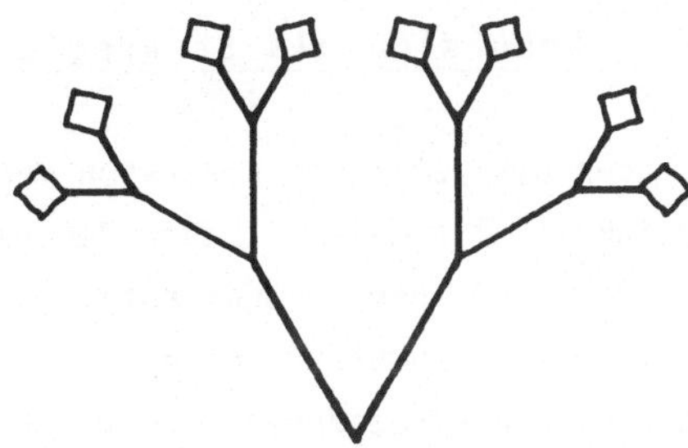

Auch im n-ten Jahr haben wir im Grunde genommen die gleiche Struktur: Jede Spitze der ersten Astgabel trägt einen (n-1)-jährigen Baum. Es ist nicht effektiv, für jede Stufe eine neue Prozedur zu schreiben, die genauso aussieht wie die vorige. Statt die "Jahreszahl" dem Prozedurnamen anzuhängen, können wir sie ebensogut auf eine lokale Variable :N setzen. Der Baum nullter Stufe besteht aus einem Blatt.

```
TO BAUM :N
 IF :N = Ø THEN BLATT STOP
 LEFT 3Ø  FORWARD 1Ø * :N
 BAUM :N - 1
 BACK 1Ø * :N  RIGHT 3Ø
 RIGHT 3Ø  FORWARD 1Ø * :N
 BAUM :N - 1
 BACK 1Ø * :N  LEFT 3Ø
END
```

Vergleichen Sie BAUM mit der folgenden Prozedur:

```
TO ZAHLENBAUM :N :W
 IF :N = Ø THEN PRINT :W STOP
 ZAHLENBAUM :N - 1 (WORD :W Ø)
 ZAHLENBAUM :N - 1 (WORD :W 1)
END
```

Starten Sie etwa mit

```
ZAHLENBAUM 5 "
```

(oder einer anderen positiven ganzen Zahl statt 5 ; die zweite Eingabe soll immer das leere Wort sein). Die Tabelle zeigt, was passiert. Aber warum?

```
00000
00001
00010
00011
00100
00101
00110
00111
01000
01001
01010
01011
01100
01101
01110
01111
10000
10001
10010
10011
10100
10101
10110
10111
11000
11001
11010
11011
11100
11101
11110
11111
```

8.4 Rekursion als Strategie

Wir haben bis jetzt die Rekursion mehr oder weniger als Programmiertechnik aufgefaßt. Allgemein ist aber Rekursion als "Zurückführen auf ein kleineres Problem" eine extrem nützliche Strategie beim Problemlösen. Es ist ein dicker Pluspunkt für Logo, daß man oftmals rekursive Verfahren unmittelbar in Logo-Prozeduren umsetzen kann.

Das Thema ist so umfangreich, daß wir uns mit einem kleinen Ausschnitt begnügen müssen. Hier soll noch einmal an einem "alltäglichen" Beispiel gezeigt werden, wie diese Strategie funktioniert, nämlich an dem "Russischen Bauernalgorithmus" zur Multiplikation zweier natürlicher Zahlen (abgekürzt RuBAlgo). So wird's gemacht:

Beispiel: 25 * 18 = ?

1. Schreibe die beiden Faktoren nebeneinander. Bilde zwei Spalten von Zahlen: Links wird fortlaufend durch 2 dividiert (ganzzahlig), rechts verdoppelt. Stoppe, wenn links eine 1 steht.
2. Streiche in der rechten Spalte alle Zahlen, zu denen links eine gerade Zahl gehört.
3. Addiere die verbleibenden Zahlen der rechten Spalte. Das Ergebnis ist das gewünschte Produkt.

25	18
12	~~36~~
6	~~72~~
3	+144
1	+288
	450

Der RuBAlgo funktioniert. Aber warum? (Es ist empfehlenswert, sich die folgenden allgemeinen Überlegungen an Zahlenbeispielen klarzumachen.)

a und b seien die beiden Faktoren; sie bilden die erste Zeile der RuBAlgo-Tabelle. Die zweite Zeile enthält die Zahlen q und 2b , wobei q der Quotient von a dividiert durch 2 ist:

$$a = \begin{cases} 2q + 1 & \text{, wenn a ungerade} \\ 2q & \text{, wenn a gerade} \end{cases}$$

Läßt man die oberste Zeile weg, so bleibt die RuBAlgo-Tabelle für die Faktoren q und 2b zurück. Nehmen wir an, daß der RuBAlgo in diesem Fall das richtige Ergebnis liefert,

a	b	
q	2*b	
.	.	
.	.	n Zeilen
.	.	
1	$2^{n-1}*b$	

nämlich q*2b . Nach unserer Vorschrift müssen wir dann folgendermaßen vorgehen:

- Wenn a ungerade, bleibt b als Summand stehen: Addiere b $\quad q*2b + b = (2q + 1)*b = a*b$
- Wenn a gerade, wird b als Summand gestrichen: Keine Änderung $\quad q*2b = (2q)*b = a*b$

In jedem Fall erhalten wir also das richtige Ergebnis! Fazit:

<u>Wenn</u> der RuBAlgo für die (n-1)-zeilige Tabelle funktioniert, <u>dann</u> auch für die n-zeilige.

So kann man sich bis zur einzeiligen Tabelle herunterhangeln. Hier ist aber klar, daß der RuBAlgo funktioniert: Links steht die 1 , eine ungerade Zahl, also bleibt die rechte Zahl als (einziger) Summand stehen, und diese ist auch gleich dem Produkt der beiden Zahlen in der Zeile.

Die folgende Logo-Funktion ist rekursiv aufgebaut, genau nach dem Schema, das wir zur Analyse des RuBAlgo verwendet haben.

```
TO PRODUKT :A :B
 IF :A = 1 THEN OUTPUT :B
 TEST (REMAINDER :A 2) = Ø
 IFFALSE OUTPUT ( PRODUKT (QUOTIENT :A 2) 2*:B ) + :B
 IFTRUE OUTPUT PRODUKT (QUOTIENT :A 2) 2*:B
END
```

Eine Anmerkung: Computer multiplizieren wie russische Bauern. Denn der RuBAlgo benutzt ausschließlich die Operationen "Addieren", "Halbieren" und "Verdoppeln"; die letzten beiden sind besonders einfach im Zweiersystem durchzuführen, nämlich durch Verschieben der Stellen nach rechts bzw. links. Computer rechnen intern im Zweiersystem, und die obigen drei Operationen gehören zu den "atomaren Bausteinen" ihrer Arithmetik.

Daß der RuBAlgo etwas mit dem Zweiersystem zu tun hat, ist nicht überraschend. Denn die linke Spalte der obigen Tabelle enthält praktisch schon die Zweierentwicklung des linken Faktors:

Dividiere eine Zahl fortlaufend	25 : 2 = 12 Rest 1
durch 2 und notiere die Reste.	12 : 2 = 6 Rest 0
Diese Reste sind, von unten nach	6 : 2 = 3 Rest 0
oben gelesen, die Ziffern von a	3 : 2 = 1 Rest 1
im Zweiersystem.	1 : 2 = 0 Rest 1

Für das obige Beispiel a = 25 gilt also: $25 = (11001)_2$.

Eine Prozedur hierzu:

```
TO BASIS2 :ZAHL
 IF :ZAHL = Ø THEN STOP
 PRINT REMAINDER :ZAHL 2
 BASIS2 QUOTIENT :ZAHL 2
END
```

Sie druckt die Reste untereinander, wie in der obigen Tabelle. Ersetzt man PRINT durch PRINT1 , so werden sie nebeneinander gedruckt, allerdings in der falschen Reihenfolge:

```
BASIS2 25
1ØØ11
```

Das Problem ist, daß REMAINDER :ZAHL 2 als <u>letzte</u> Ziffer ausgedruckt werden müßte. Streicht man jedoch diese letzte Ziffer aus der Zweierentwicklung von :ZAHL , so bleibt die Entwicklung von QUOTIENT :ZAHL 2 zurück. Man müßte also den zweiten Schritt vor dem ersten tun:

1. Schreibe QUOTIENT :ZAHL 2 im Dualsystem auf;
2. Hänge REMAINDER :ZAHL 2 als letzte Ziffer an.

Wir brauchen also im wesentlichen nur die letzten beiden Zeilen der Prozedur zu vertauschen:

```
TO BASIS2 :ZAHL
 IF :ZAHL = Ø THEN (PRINT) STOP
 BASIS2 QUOTIENT :ZAHL 2
 PRINT1 REMAINDER :ZAHL 2
END
```

Eine nützliche Variante: Wenn man mit Dualzahlen rechnen möchte, braucht man eine Funktion, die eine Dezimalzahl als Eingabe hat und die zugehörige Dualzahl als Funktionswert zurückgibt, und zwar als Wort mit den Buchstaben 0 und 1 :

```
TO DUAL :ZAHL
 IF ZAHL = Ø THEN OUTPUT "
 OUTPUT WORD (DUAL QUOTIENT :ZAHL 2) (REMAINDER :ZAHL 2)
END
```

Schreiben Sie entsprechend eine Umkehrfunktion, die eine Dualzahl in die zugehörige Dezimalzahl zurückverwandelt!

Aufgaben

1) Die Funktion KW soll den ganzzahligen Anteil der Kubikwurzel einer positiven Zahl liefern:

```
TO KW :N
 OUTPUT KW1 Ø
END

TO KW1 :K
 IF :K * :K * :K  > :N THEN OUTPUT :K - 1
 OUTPUT KW1 :K + 1
END
```

Wie groß darf der Eingabewert höchstens sein? Wie kann man die Funktion ändern, so daß sie auch für sehr große Zahlen funktioniert?

2) Variieren Sie die Prozedur BAUM so, daß der Baum etwas natürlicher aussieht, etwa:

a) Der Baum soll an manchen (zufällig ausgewählten) Stellen nicht zwei, sondern nur einen Zweig haben.

b) Die Winkel in RIGHT und LEFT sollen zufällig ausgewählt werden.

3) Schneeflocken werden rekursiv definiert: Ausgangsfigur (erster Stufe) ist ein gleichseitiges Dreieck. Man gelangt jeweils zur Figur n-ter Stufe, indem man jeder Kante der Figur (n-1)-ter Stufe eine Zacke aufsetzt:

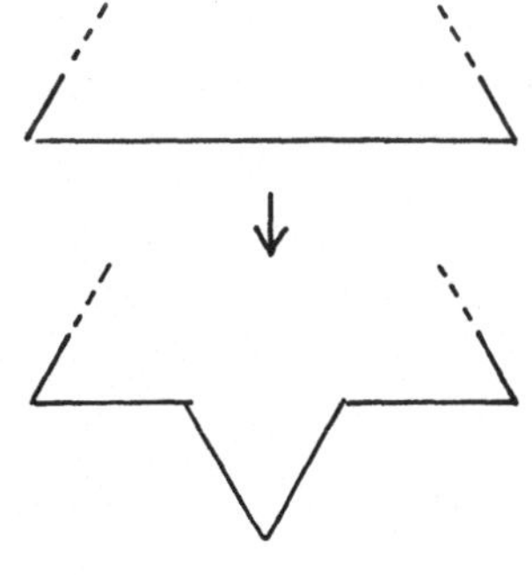

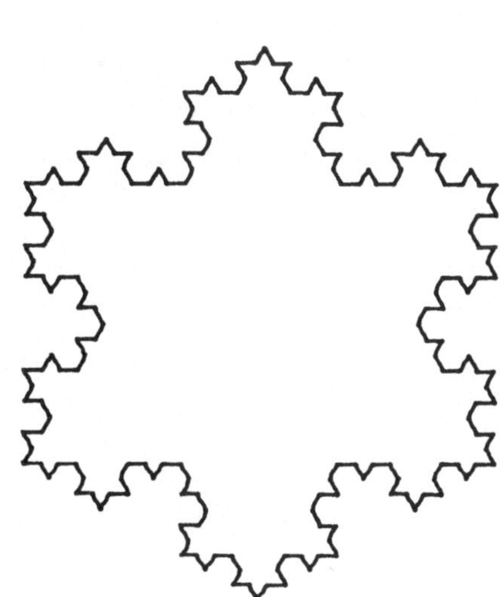

Zeichnen Sie Schneeflocken (etwa bis zur fünften Stufe)!

4) Wer Binomialkoeffizienten berechnen möchte, hat verschiedene Möglichkeiten zur Auswahl:

$$\binom{n}{k} = \frac{n!}{k! * (n-k)!}$$

$$\binom{n}{k} = \binom{n}{k-1} + \binom{n-1}{k-1}$$

$$\binom{n}{k} = \frac{n*(n-1)*...*(n-k+1)}{1 * 2 *...* k}$$

$$\binom{n}{k} = \frac{n}{k} * \binom{n-1}{k-1}$$

Welche ist die beste? (Beachte: $\binom{n}{0} = 1$ für alle n)

5) Was macht die folgende Prozedur?

```
TO ??? :W :A
 IF :W = " THEN PRINT :A STOP
 REPEAT COUNT :W [??? (BF :W) (WORD :A FIRST :W)
                              MAKE "W WORD (BF :W) (FIRST :W)]
END
```

Starten Sie etwa mit:

```
??? "ABCD "
```

(Die erste Eingabe ist ein beliebiges Wort, die zweite das leere Wort. Zu COUNT vgl. 5.2 .)

6) Stellenwertsysteme:

a) Wie muß man die Funktion DUAL ändern, damit sie eine Zahl vom Dezimalsystem in ein System zu einer beliebigen Basis b < 10 transformiert?

b) Kann man durch "wiederholte Spiegel-Addition" (vgl. Kap. 5, Aufgabe 4) auch in anderen Stellenwertsystemen Palindrome erzeugen?

9 Fehler

Aus Fehlern wird man klug. Motorradfahrer sollten diesen Kalenderspruch besser nicht beherzigen, denn mancher hat nur einmal einen Fehler gemacht. Beim Programmieren kann man aber beliebig oft Fehler machen, sogar mutwillig Fehler erzeugen, um zu testen, wie der Computer reagiert. Merke: Computer sind geduldig, aber penibel.

Es hat sich herausgestellt, daß die Fehlersuche ein integraler Bestandteil des Programmierens ist; man kennt sogar einen Fachausdruck dafür: Debugging (von engl. bug = Käfer, Ungeziefer; frei übersetzt also: Entlausen). Wir haben bisher schon einige Fehler diskutiert; es ist aber unmöglich, eine Liste aller möglichen Fehler aufzustellen. Deshalb seien hier ein paar goldene Regeln zusammengestellt, wie man systematisch Fehler sucht oder, besser noch, vermeidet.

9.1 Debugging

Fehler können sich in verschiedener Form äußern:

(A) Das Programm läuft nicht, die Ausführung bricht mit einer Fehlermeldung ab.

(B) Das Programm läuft, aber
  (i) bringt nicht das erwartete Ergebnis;
  (ii) hält nicht an (trotz Stoppbedingung).

Für (A) sind zumeist syntaktische Fehler verantwortlich (Verstöße gegen die formalen Regeln der Programmiersprache). Im allgemeinen gibt die Form des Fehlers nur selten Aufschluß darüber, wo er steckt. Hier einige Hinweise, wie man systematisch vorgehen kann.

a) Fehlermeldungen müssen richtig gelesen werden. Viele sind eindeutig, aber manchmal steckt der Fehler nicht in der Zeile, in der er angezeigt wurde. Die Diagnose gibt dann nur indirekt einen Hinweis auf die wahre Ursache. (Anhang B enthält eine Liste der Fehlermeldungen, mit einigen Anmerkungen über mögliche Ursachen.)

b) Ablaufverfolgung (vgl. 4.3):

Geben Sie vor dem Aufruf einer Prozedur die Anweisung:

TRACE

Logo antwortet mit:

TRACING ON

Rufen Sie jetzt die Prozedur auf. Jede Zeile wird nun vor der Ausführung ausgedruckt, erst auf Tastendruck (irgendeine Taste) wird der Ablauf fortgesetzt. Prozeduraufrufe werden angezeigt mit

EXECUTING Name Eingabe(n) ,

wobei an die Stelle der Eingabevariablen deren Werte gesetzt werden. Logo bleibt im TRACE-Zustand bis auf Widerruf: Mit

NOTRACE

schaltet man in den normalen Zustand zurück.

c) Ausdrucken von Zwischenwerten:

Lassen Sie Variablenwerte ausdrucken und versuchen Sie, den Fehler zu lokalisieren: Bis zu welcher Stelle ergeben sich korrekte Werte?

d) Unterbrechung (vgl. 6.1):

Mit ctrl-Z kann man den Ablauf zu jedem Zeitpunkt unterbrechen. (Man beachte den kleinen Unterschied: ctrl-G bewirkt einen Abbruch.) Links vom Cursor wird jetzt der Level angezeigt, auf dem man sich befindet, etwa:

L13?

Man kann jetzt die lokalen Variablen dieses Levels abfragen, Anweisungen geben, Prozeduren ändern etc.; mit

CONTINUE (Abk. CO)

wird der Ablauf genau an der Stelle fortgesetzt, wo er unterbrochen wurde. Eine solche Unterbrechung kann auch programmgesteuert an einer bestimmten Stelle vorgenommen werden: Die Anweisung

PAUSE

wirkt genauso wie ctrl-Z.

e) Bauen Sie Kontrollfragen in "fehleranfällige" Prozeduren ein.

Beispiel: Die Potenzfunktion (s. 4.3, 8.2) verkraftet keine negativen Exponenten. Ergänzen Sie als erste Zeile:

```
IF :N < Ø THEN PRINT [FALSCHER EXPONENT IN POTENZ] TOPLEVEL
```

Die Anweisung

TOPLEVEL

bricht anders als STOP den gesamten Ablauf ab, ähnlich wie ctrl-G.

f) Falls mehrere Prozeduren zu einem komplexen Programm zusammengesetzt sind: Testen Sie jede Prozedur einzeln, und zwar von unten nach oben: Erst die Prozeduren, die nur Grundwörter enthalten, dann diejenigen, die darauf aufbauen etc.

Diese technischen Hilfen bewähren sich in den meisten Fällen. Aber es gibt Fehler, die sich hartnäckig jedem Angriff widersetzen. Bevor der Frust zu groß wird: Gehen Sie Tee trinken, machen Sie etwas ganz anderes. Überprüfen Sie dann noch einmal von Anfang an, ob Ihr Programm richtig geplant und durchgeführt ist.

9.2 Vorbeugen

Daß ein Computer geduldig alles schluckt, hat auch einen gewissen Nachteil: Es verführt zum planlosen Basteln. Daß er außerdem penibel alle Fehler ans Licht bringt, kann nach dem 13. Versuch leicht frustrierend werden. Deswegen ist eine gründliche Planung unbedingt empfehlenswert:

- Formulieren Sie das, was der Rechner machen soll, zunächst umgangssprachlich, aber unmißverständlich. (Jede Spielregel besteht aus verständlichen, aber exakten Anweisungen.) Denken Sie sich einen Partner, der genau das tun soll, was Sie sagen. Versetzen Sie sich etwa bei graphischen Aufgaben in die Rolle des Igels.

- Zerlegen Sie die Aufgabe in sachgerechte Teile. (Sind evtl. Bausteine mehrfach verwendbar? Kann man Prozeduren aus früheren Programmen verwenden?) Skizzieren Sie, wie die einzelnen Bausteine voneinander abhängen. Die Teilaufgaben müssen evtl. noch weiter zerlegt werden, solange bis der Rechner sie versteht.

- Übersetzen Sie die Bausteine in Logo-Prozeduren. Es ist sinnlos, eher mit dem Programmieren anzufangen, denn sonst kommen zu den inhaltlichen noch die sprachlichen Schwierigkeiten hinzu. Beachten Sie, daß Logo (wie jede Computersprache) strenge grammatische Regeln hat; auch die kleinste Abweichung wird bestraft. Testen Sie die Prozeduren einzeln, "von unten nach oben" (d.h. erst die einfachen, dann die zusammengesetzten Bausteine).

- Ändern Sie Ihren Plan, wenn nötig. Manchmal erweist sich die Planung beim Programmieren als unzweckmäßig, häufig ergeben sich einfachere Lösungen. Ändert man jedoch einen Baustein, so wirkt sich das zumeist auch auf die anderen Teile aus.

- Varianten und Erweiterungen kann man immer noch einbringen, wenn das ganze Programm erst einmal läuft. Es ist besser, ein funktionierendes Programm auszubauen, als ständig einen Plan umzuwerfen.

Die Lesbarkeit von Prozedurtexten ist ein so wichtiger Punkt, daß er eine Sonderstellung verdient. Eine Anmerkung vorweg: Eine Computersprache wie Logo orientiert sich zwar an der Umgangssprache; sie bleibt aber eine Kunstsprache, deren strenge Grammatik manchmal seltsame Satzgebilde hervorbringt. Trotzdem sollte man sich davon nicht verleiten lassen, unverständlichen Kauderwelsch zu produzieren; es ist sinnvoller, innerhalb der formalen Grenzen soweit wie möglich die Prozeduren lesbar zu gestalten. Damit erleichtert man anderen und vor allem auch sich selbst die Orientierung. Einige goldene Regeln hierzu:

- Keine Angst vor langen Prozedur- und Variablennamen. Auch die Grundwörter sollten, wenn möglich, nicht abgekürzt werden. Der zusätzliche Aufwand beim Tippen lohnt sich.

- Verwenden Sie suggestive Namen, so daß auch Unbeteiligte deren Bedeutung zumindesten ahnen können. Unterscheiden Sie z.B. bei Prozedurnamen Anweisungen und Funktionen durch ihre grammatische Form:
  Anweisungen → Verben (Befehlsform)
  Funktionen → Objekte

- Vermeiden Sie lange Zeilen, sie sind schlecht zu lesen und schwer zu editieren. Schreiben Sie notfalls kleine Hilfsprozeduren. Jede Zeile sollte nur eine Anweisung enthalten.

- Gliedern Sie Terme übersichtlich; manchmal wird die Lesbarkeit durch Klammern verbessert, auch wenn sie formal überflüssig sind.

- Fügen Sie Kommentare in den Text ein. Ein Kommentar wird mit einem Semikolon eingeleitet: Steht in einer Zeile ein Semikolon, so wird der folgende Text bis zum Zeilenende von Logo nicht weiter beachtet, dort kann man also Erläuterungen unterbringen.

9.3 Systemfehler

Manchmal spielt einem die Technik einen Streich, so daß das Logo-System zusammenbricht. Die Ursache dafür ist zumeist unklar: Oft ist das System nicht richtig geladen (Fehler auf der Systemdiskette oder im Laufwerk), Peripheriegeräte (Drucker o.ä.) sind falsch angeschlossen, oder die Elektronik spinnt. Im allgemeinen kommen solche "system bugs" recht selten vor; wenn sie häufiger auftreten, sollten Sie einen Fachmann zu Rate ziehen. Oberster Grundsatz ist wie im Brandfall: RUHE BEWAHREN!

Systemfehler machen sich unterschiedlich bemerkbar:

A) Beim Apple II:
Die erste Bildschirmzeile zeigt

    LOGO SYSTEM BUG - ENTERING APPLE MONITOR

In der unteren Bildschirmhälfte erscheint eine Zeile mit geheimnisvollen Ziffern und Buchstaben, ein Stern als Bereitzeichen und der Cursor. (Man kann diesen Zusammenbruch künstlich erzeugen, indem man RESET drückt.)
Tippen Sie

    ctrl-Y RETURN

Wenn daraufhin das Logo-Bereitzeichen (Fragezeichen) wieder erscheint haben Sie vielleicht Glück. Vorsichtshalber sollte man die Prozeduren auf einer Diskettendatei speichern, das System neu starten, und die Datei wieder einlesen; damit ist (hoffentlich) alles gerettet. Wenn es nicht klappt, muß man die Prozeduren verlorengeben und das System neu starten.

C) Beim Commodore 64:
Der Bidschirm zeigt:

CONGRATULATIONS! YOU FOUND A BUG!
TYPE R OR C

R steht für Restart, C für Continue.
Tippen Sie zunächst C. Wenn man Glück hat, ist damit alles behoben. Wenn das nichts hilft, tippen Sie R; damit ist man wieder im Logo-System, allerdings sind alle Prozeduren verloren.

Wenn auch das nicht hilft, muß man das Gerät ausschalten und das System neu laden.

B) Bei beiden Geräten kann es vorkommen, daß kein Cursor zu sehen ist und das System auf keine Taste mehr reagiert.
Der Grund ist manchmal, daß ein Peripheriegerät (z.B. Drucker) nicht angeschlossen oder nicht eingeschaltet ist, wenn es angesprochen wird. Versuchen Sie die Verbindung herzustellen.(Beachten Sie die Handbücher der Geräte!) Bei unklarer Ursache hilft manchmal die "Notbremse":

Beim Apple II tippen Sie nacheinander

RESET ctrl-Y RETURN

Beim Commodore 64 drücken Sie gleichzeitig die Tasten

RUN/STOP RESTORE

Systemfehler sind Naturkatastrophen, wie Blitz und Hagelschlag. Man kann jedoch vorbeugen: Wenn Sie neue Prozeduren eingetippt und definiert haben, speichern Sie sie sofort auf einer Diskette. (Das kostet wenig Zeit, kann aber viel Ärger ersparen.)

Aufgaben

1) Die Funktion

```
TO QUER :ZAHL
 IF :ZAHL = " THEN OUTPUT Ø
 OUTPUT FIRST :ZAHL + QUER BUTFIRST :ZAHL
END
```

sollte eigentlich die Quersumme einer Zahl liefern, tut es aber nicht:

QUER 12345	QUER 98765
RESULT: 1	*RESULT: 1*

Wo steckt der Fehler?

2) Funktioniert der Primzahltest (Funktion PRIM? , s. 6.3) auch für negative Zahlen?
Wie verhält sich die Potenzfunktion (s. 4.3), wenn man einen negativen Exponenten eingibt?
Wenn nötig, bauen Sie passende Kontrollfragen in die Prozeduren ein!

3) Hier ist ein Lösungsansatz zur Aufgabe "Wieviele Würfe bis zur Sechs?" (vgl. Kap. 4, Aufg. 1):

```
TO WURF :ZAEHLER
 IF (1 + RANDOM 6) = 6 THEN BEENDEN
 WURF :ZAEHLER + 1
END

TO BEENDEN
 (PRINT [ ANZAHL DER WUERFE:]  :ZAEHLER )
END
```

Starten Sie mit WURF 1 . Was passiert? Wie kann man den Fehler beheben?

4) Die folgenden Prozeduren sollen eine natürliche Zahl n > 1 in ihre Primfaktoren zerlegen (ähnlich wie in 3.3):

```
TO ZERLEGE :N
 IF N  <= 1 THEN PRINT [ FALSCHE EINGABE ] TOPLEVEL
 MAKE :WURZEL SQRT :N
 TEILERTEST 2
END

TO TEILERTEST :K
 IF :K > :WURZEL THEN PRINT :N STOP
 TEST REMAINDER :N :K = Ø
 IFTRUE THEN (PRINT :K "*) ZERLEGE QUOTIENT ( :N :K )
 TEILERTEST :N :K + 1
END
```

Sie enthalten insgesamt elf Fehler. Finden Sie diese! Wie machen sie sich bemerkbar?

(Tip: Der elfte Fehler ist schwer zu finden, weil er relativ selten auftritt; er beruht darauf, daß Quadratwurzeln mit SQRT nur ungenau berechnet werden. Erst müssen Sie jedoch die anderen zehn beseitigen!)

10 Drucken, Speichern, Löschen

Hier sind diese (mehr oder weniger) technischen Anweisungen zum Nachschlagen gesammelt; einiges ist bereits aus dem Teil I bekannt.

10.1 Ausgabe auf dem Drucker

Falls ein Drucker an Ihrem Rechner angeschlossen ist, können Sie ihn folgendermaßen benutzen:

1. Prüfen Sie, ob der Drucker ordnugsgemäß angeschlossen und eingeschaltet ist.
2. Öffnen Sie die interne Datenleitung zum Drucker:
   a) beim Apple II:
      OUTDEV 1
   (im Normalfall, d.h. wenn die Drucker-Interface-Karte in Slot 1 steckt; sonst mit der richtigen Slot-Nummer statt 1)
   b) beim Commodore 64:
      PRINTER

Ab jetzt wird alles, was normalerweise auf dem Bildschirm ausgegeben wird, auch zum Drucker geschickt, etwa
- mit PRINT, PRINT1 ausgedruckte Daten (vgl. 3.2),
- Ablaufprotokolle (TRACE; vgl. 4.3 und 9.1),
- Prozedurtexte (PRINTOUT; s.u.),

auch alle Fehlermeldungen und sonstige Reaktionen von Logo, wie STOPPED! etc..

Der Drucker bleibt bis auf Widerruf in Funktion. Vorsicht: Ausschalten des Druckers bei geöffneter Leitung könnte zu Systemfehlern führen.

Die Leitung zum Drucker wird folgendermaßen wieder geschlossen:

a) Beim Apple II :
   OUTDEV Ø

b) Beim Commodore 64 :
   NOPRINTER

10.2 Organisieren des Arbeitsspeichers

Der Arbeitsspeicher enthält alle Prozeduren und globalen Variablen, die momentan verfügbar sind, kurz alles, was mit EDIT ALL im Editor erscheint. Die Anweisung

PRINTOUT (kurz: PO)

gewährt Einblick in den Arbeitsspeicher, ohne daß man den Editor benutzt. Es gibt vier verschiedene Formen:

PRINTOUT TITLES	druckt die Titelzeilen aller Prozeduren (Abk.: POTS)
PRINTOUT PROCEDURES	druckt die Prozedurtexte
PRINTOUT NAMES	druckt die globalen Variablen
PRINTOUT ALL	druckt alles

(Alle anderen Eingaben für PRINTOUT , außer den vier genannten, sind unzulässig.) Man benutzt PRINTOUT hauptsächlich auf folgende Weise:

- POTS gibt eine Überblick über alle vorhandenen Prozeduren und deren Eingabevariablen;
- PO ALL schickt alle Prozeduren und Variablen auf den Drucker, wenn dessen Leitung geöffnet ist (s.o.).

Es ist leider nicht ohne weiteres möglich, einzelne Prozeduren auszudrukken; zu diesem Zweck braucht man eine kleine Hilfsprozedur (vgl. 15.2).

Wenn der Arbeitsspeicher zu voll wird, kann man Prozeduren oder globale Variablen löschen mit der Anweisung

ERASE (Abk.: ER)

Es gibt drei verschiedene Formen:

ERASE Prozedurname	löscht die angegebene Prozedur (Beispiel: ERASE POLY)
ERASE NAMES	löscht alle globalen Variablen
ERASE ALL	löscht alle Prozeduren und alle globalen Variablen.

(Andere Eingaben für ERASE sind unzulässig.)

Zum Löschen einzelner Variablen gibt es eine andere Anweisung:

ERNAME Name

löscht die Variable dieses Namens. Hier muß der Name als Wort (mit Anführungszeichen vorn) geschrieben werden; Beispiel:

```
ERNAME "PI
```

Noch radikaler als ERASE ALL löscht die Anweisung

GOODBYE

Damit wird das System in den Anfangszustand versetzt, genauso als wäre es gerade geladen worden.

Wenn man längere Zeit mit Logo gearbeitet hat und viele Prozeduren und globale Variablen definiert sind, kann es vorkommen, daß der Arbeitsspeicher mit "Gerümpel" vollgestopft ist. Merkmal: Logo wird wesentlich langsamer als üblich. Beim Definieren von Prozeduren kann dann die Fehlermeldung

NO STORAGE LEFT!
PLEASE ERASE SOMETHING

auftreten. Häufig hilft folgendes:

1. Alle überflüssigen Prozeduren und Variablen löschen.
2. Speicherdiskette einlegen (s.u.), Inhalt des Arbeitsspeichers auf einer Datei zwischenspeichern, etwa:
   SAVE "ZWISCHEN
3. Das System initialisieren:
   GOODBYE
4. Datei wieder einlesen:
   READ "ZWISCHEN

10.3 Disketten

Mit Disketten mun man vorsichtig umgehen:

Vor Gewalt, Hitze, Staub und Magneten schützen!
Nur in Papierhüllen aufbewahren!
Nicht anfassen!, außer an dem schwarzen Schutzpapier.

Eine Diskette zum Speichern von Prozeduren muß vor der ersten Benutzung formatiert werden; dabei wird die Diskette in "Blöcke" eingeteilt (d.h. in kleine Speichereinheiten), ein Inhaltsverzeichnis wird angelegt usw.; und so wird's gemacht:

Legen Sie die neue Diskette in das Laufwerk ein und tippen Sie

a) beim Apple II:
   DOS [INIT HELLO]
b) beim Commodore 64:
   DOS [NØ: Name , Zahl]

Der Name ist eine beliebige Zeichenkette mit bis zu 16 Zeichen, die Zahl besteht aus zwei beliebigen Ziffern. Beispiel:

DOS [NØ:SCHUPPAR,11]

Nachdem Sie RETURN gedrückt haben, beginnt das Laufwerk zu arbeiten; nach ca. einer Minute ist der Vorgang beendet. Die Diskette ist nun bereit zum Speichern.

Vorsicht: Wenn man eine Diskette formatiert, die bereits Daten enthält (z.B. die Systemdiskette!), wird ihr Inhalt vollständig gelöscht. Über nähere Einzelheiten geben die Geräte-Handbücher Auskunft.

Die Anweisung

SAVE Name

speichert den gesamten Inhalt des Arbeitsspeichers (Prozeduren und globale Variablen) auf einer Disketten-Datei mit dem angegebenen Namen. Der Name wird als Wort eingegeben (Anführungszeichen vorn!) mit bis zu 10 Zeichen. Beispiel:

SAVE "ZAHLEN

Der Dateiname kann völlig unabhängig von den Prozedurnamen frei gewählt werden. Wenn auf einer Diskette schon eine Datei gleichen Namens existiert, wird diese überschrieben. Das mag beabsichtigt sein; wenn man aber nicht weiß, ob eine Datei gleichen Namens schon vorhanden ist, die eventuell gelöscht werden könnte, schaue man zuerst ins Inhaltsverzeichnis der Diskette (s.u.).

Analog wird mit der Anweisung

READ Name

eine Datei in den Arbeitspeicher eingelesen, d.h. alle darin enthaltenen Prozeduren und globalen Variablen werden definiert. Der vorherige Inhalt des Arbeitspeichers bleibt erhalten (es sei denn, die Datei enthält Prozeduren oder Variablen mit Namen, die schon vorhanden waren; diese werden dann neu definiert). Beispiel:

READ "ZAHLEN

Falls keine Datei dieses Namens existiert, gibt es eine Fehlermeldung:

DISK ERROR -- FILE NOT FOUND

Das Inhaltsverzeichnis einer Diskette wird aufgerufen mit:

CATALOG

Beim Commodore 64 sieht es etwa so aus (beim Apple II ähnlich):

```
KURS

2     LA.LOGO          PRG
1     TEST.LOGO        PRG
7     MITTWOCH.LOGO    PRG
6     FREITAG.LOGO     PRG
17    ALLES.LOGO       PRG
631   BLOCKS FREE.
```

Die Zahl in der linken Spalte bezeichnet die Länge der Datei. Beachten Sie, daß hier jedem Dateinamen die Zeichen .LOGO angehängt sind; dieses Anhängsel braucht nicht mitgetippt zu werden, wenn man bei READ und SAVE die Dateinamen eingibt.

Eine Datei, die nicht mehr benötigt wird, kann gelöscht werden mit

ERASEFILE Name

Man kann auch Graphiken aufbewahren:

SAVEPICT Name

speichert den Inhalt des Graphikbildschirms auf einer Disketten-Datei (in welcher Form das geschieht, sei dahingestellt). Beispiel:

SAVEPICT "MONALISA

Im Inhaltsverzeichnis erscheint die Datei unter

MONALISA.PICT (Apple II)

bzw. MONALISA.PIC1 (Commodore 64; hier sind es eigentlich zwei Dateien)

MONALISA.PIC2

Mit

READPICT Name

erscheint die Graphik wieder auf dem Bildschirm.

ERASEPICT Name

löscht das Bild von der Diskette.

Mit geeigneten Druckern ist es möglich, gespeicherte Bilder auszudrucken. Dazu braucht man Hilfsprogramme, die z.T. auf der "Logo Utilities Disk" enthalten sind. (Handbücher beachten!)

Eine Diskette bietet reichlich Platz, für viele Prozeduren und Bilder. Sollte trotzdem einmal die Wanne überlaufen, wird vorher gewarnt:

DISK ERROR -- THE DISK IS FULL

Es gibt noch einige Fehlermeldungen, die das Speichern und Lesen betreffen; sie sind jedoch genauso unmittelbar verständlich.

Teil III Logo-Erweiterungskurs

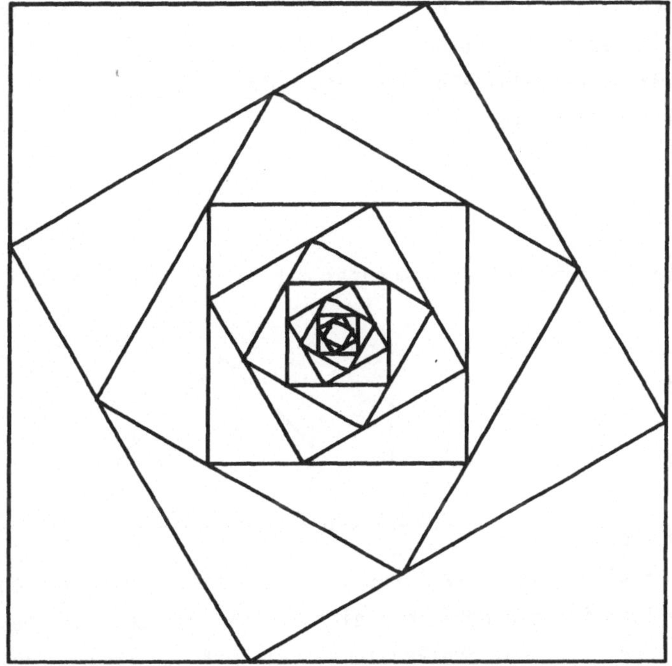

11 Graphik

11.1 Die Position des Igels

Die Funktion HEADING liefert die Richtung des Igels. Es gibt zwei Funktionen, die seine Position abfragen, nämlich

XCOR bzw. **YCOR**

für die x- bzw. die y-Koordinate (jeweils ohne Eingabe). Der Nullpunkt des Koordinatensystems liegt in der Mitte des Bildschirms: Nach DRAW befindet sich der Igel in der Nullposition. Der Wertebereich von XCOR und YCOR ist durch die Bildschirm-Ausmaße begrenzt. Die Entzerrung mit .ASPECT hat auf die Werte keinen Einfluß, nur der Wertebereich von YCOR kann sich ändern.

Beispiel:
Wie lang ist die Diagonale eines Quadrates mit der Seitenlänge 50 ?

```
DRAW
RIGHT 45
FORWARD 5Ø
RIGHT 9Ø
FORWARD 5Ø
XCOR
RESULT: 7Ø.71Ø7
```

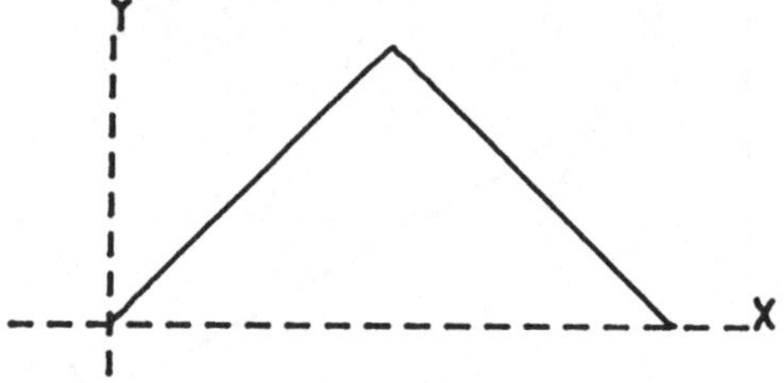

Bestimmen Sie analog die Seitenlänge eines Quadrates mit vorgegebener Diagonale! Wie lang ist die Höhe im gleichseitigen Dreieck bei bekannter Seitenlänge? Suchen Sie ähnliche Probleme, die mit den Igel-Befehlen und der Positionsbestimmung lösbar sind.

Die Werte von XCOR und YCOR haben bis zu sechs Dezimalstellen. Die Position des Igels wird also intern mit maximaler Genauigkeit berechnet; der Bildschirm erreicht nur eine wesentlich geringere optische Auflösung.

Wie lang ist der Durchmesser d eines Kreises mit gegebenem Umfang U ?
Man zeichne zunächst einen Halbkreis:

```
DRAW
REPEAT 18Ø [FORWARD 1 RIGHT 1]
```

Der Kreisbogen (Länge 180 , entsprechend einem Kreisumfang U = 360) wird als Polygonzug gezeichnet, also kann man höchstens einen Näherungswert für den Durchmesser erwarten. Die x-Koordinate des Endpunkts ist ein solcher Näherungswert. Fragen wir beide Koordinaten ab:

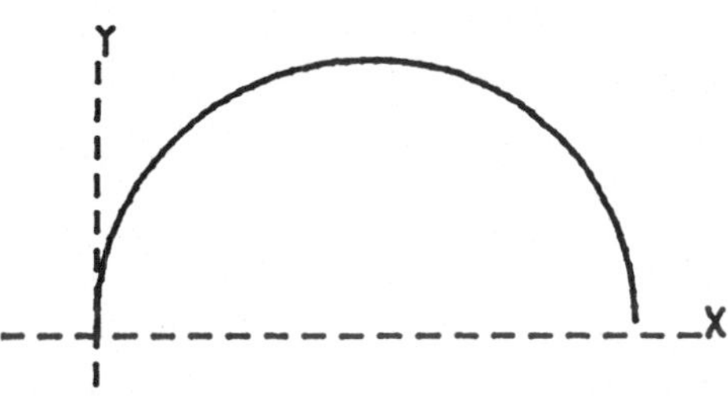

XCOR

RESULT: 114.587

YCOR

RESULT: Ø.999518

Da der Endpunkt des Kreisbogens nicht genau auf der x-Achse liegt (YCOR ergibt nicht 0), sollte man seinen Abstand vom Nullpunkt ausrechnen. Dazu schreiben wir eine kleine Funktion:

```
TO DIST
 OUTPUT SQRT XCOR*XCOR+YCOR*YCOR
END
```

Man zeichne den Halbkreis noch einmal und frage ab:

DIST

RESULT: 114.592

Wegen U = π * d ergibt sich folgende Näherung für π :

36Ø / DIST

RESULT: 3.14157

Das ist bis auf 2 Einheiten in der letzten Stelle genau. Ein Glücksfall? Untersuchen Sie, wie die Genauigkeit abhängt von der Anzahl der Schritte, mit der der Halbkreis gezeichnet wird!

11.2 Koordinatengraphik

Wie zeichnet man mit Papier und Bleistift einen Funktionsgraphen? (Es sei eine stetige reelle Funktion f gegeben, über einem Intervall [a,b] .) Man berechnet einige Funktionswerte (d.h. legt eine Wertetabelle an), überträgt die Punkte (x,f(x)) in ein Koordinatensystem und verbindet diese Punkte durch eine möglichst glatte Kurve.

Wir wollen jetzt dem Rechner beibringen, einen Graphen zu zeichnen. Wie "überträgt" man die Punkte in sein Koordinatensystem? Die bisherigen

Graphik-Anweisungen (FORWARD, BACK) bewegen den Igel relativ zu seinem momentanen Standpunkt; bei unserem jetzigen Problem sind jedoch zunächst einmal die absoluten Koordinaten von Punkten gegeben.

Die Anweisung

SETXY x-Koord. y-Koord.

bewegt den Igel von seinem Standpunkt aus zum Punkt (x,y) ; SETXY hat zwei Zahlen als Eingaben, nämlich die Koordinaten x und y des Zielpunktes. Dabei wird ein Strich gezeichnet, wenn der Stift gesenkt ist, andernfalls nicht. Die Richtung des Igels spielt hier keine Rolle, sie bleibt außerdem unverändert. (Wenn der Punkt (x,y) außerhalb des Bildschirms liegt, macht sich wieder der Randsprung-Effekt bemerkbar.)

Damit können wir zumindest die Zwischenpunkte (x,f(x)) des Funktionsgraphen durch Strecken verbinden, wenn auch nicht durch eine glatte Kurve. Dem Computer macht es aber (im Gegensatz zu einem menschlichen "Rechner") überhaupt nichts aus, eine große Zahl von Zwischenpunkten zu berechnen, so daß ihre Abstände relativ klein werden; der dadurch entstehende Polygonzug dürfte im Normalfall einigermaßen glatt aussehen.

Es ist außerdem unnötig, im Computer eine komplette "Wertetabelle" anzulegen, das würde viel zuviel Speicherplatz kosten. Statt dessen kann man für x = a, a+h, a+2h, ... (mit einer konstanten Schrittweite h) nacheinander jeweils den Funktionswert f(x) berechnen und eine kleine Strecke bis zum Punkt (x,f(x)) zeichnen, solange bis x > b ist. Anfangs muß der Igel zum Startpunkt (a,f(a)) bewegt werden, ohne zu zeichnen.

Als Beispiel für eine "schöne" Funktion wählen wir die Sinusfunktion. Die trigonometrischen Funktionen sin und cos werden berechnet mit:

SIN Winkel bzw. **COS** Winkel

Sie haben jeweils einen Winkel im Gradmaß als Eingabe. (Vgl. auch 12.2 .)

Die Prozedur GRAPH soll die Intervallgrenzen a und b sowie die Schrittweite h als Eingaben haben. Sie soll den Bildschirm löschen, den Zeichenstift auf den Anfangspunkt setzen und die rekursive Prozedur GRAPH1 starten, die dann jeweils den nächsten Punkt berechnet und eine kleine Strecke zeichnet.

```
TO GRAPH :A :B :H
 DRAW
 PENUP
 SETXY :A SIN :A
 PENDOWN
 GRAPH1 :A+:H
END
```

```
TO GRAPH1 :X
 IF :X > :B THEN STOP
 SETXY :X SIN :X
 GRAPH1 :X+:H
END
```

Starten Sie z.B. mit:

```
GRAPH (-14Ø) 14Ø 1
```

(Die Intervallgrenzen dürfen nicht über den linken oder rechten Bildschirmrand hinausgehen.) Was passiert? Der Igel durchläuft zwar alle x-Werte von links nach rechts, entfernt sich aber nur minimal von der x-Achse. Denn die Sinuswerte liegen zwischen -1 und 1, die y-Achse hat jedoch über 200 Einheiten.

Man muß also die Funktionswerte künstlich vergrößern; ergänzen Sie in GRAPH und GRAPH1 die entsprechenden Zeilen wie folgt:

```
SETXY :A 1ØØ * SIN :A
```

bzw.

```
SETXY :X 1ØØ * SIN :X
```

Damit wird der y-Bereich fast voll ausgenutzt.

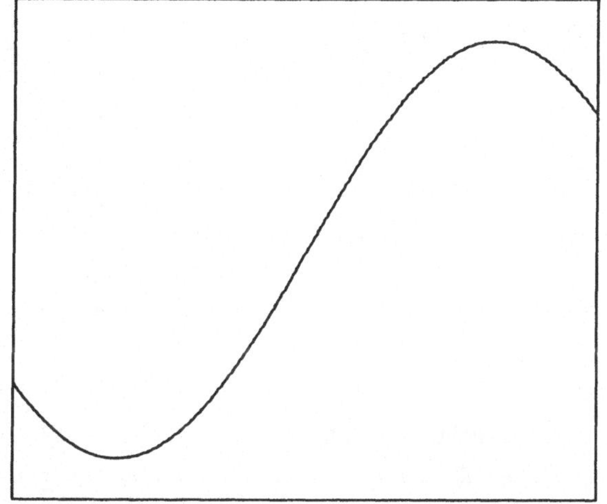

Wir haben die Aufgabe im Prinzip gelöst, aber von einem ausgefeilten und flexiblen Programm zur graphischen Darstellung von Funktionen sind wir noch weit entfernt.

- Es wäre günstig, eine Logo-Funktion zu definieren, die die Funktionswerte berechnet. Das würde die Änderung der Funktion erleichtern; zum anderen könnte man damit auch komplexere Funktionen zeichnen.
- Eine relativ einfache Aufgabe: Zeichnen Sie die Koordinatenachsen in das Bild ein! Nicht ganz so einfach ist es, die Achsen auch noch mit Skalenmarkierungen zu versehen.

- Ein Nachteil der Logo-Graphik ist, daß die Bildschirmgrenzen (das "Fenster" der Ebene, in dem gezeichnet wird) nicht verändert werden können. Gerade beim Zeichnen von Funktionsgraphen möchte man aber dieses Fenster der jeweiligen Funktion anpassen.

Diese (und weitere) Probleme zu lösen, wäre ein lohnendes Thema für ein Projekt. Wie man dieses Projekt verwirklichen kann, steht in Kap. 16 .

11.3 Das Käfer-Problem

Vier Käfer sitzen anfangs auf den vier Eckpunkten eines Quadrats. Käfer 1 läuft auf Käfer 2 zu, 2 auf 3 , 3 auf 4 , und 4 wieder auf 1 . Sie starten zur gleichen Zeit und laufen gleich schnell. Wie sehen ihre Wege aus?

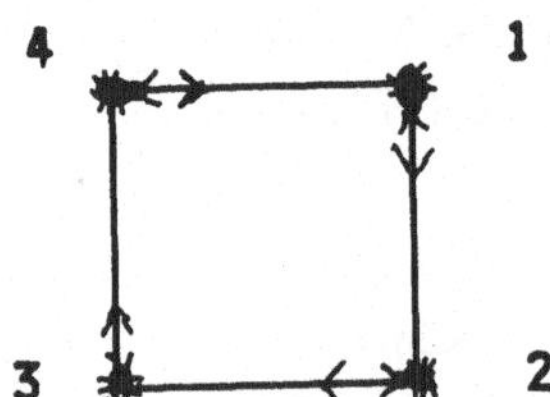

Wir verfolgen den ersten Käfer auf seinem Weg. Er soll folgende Anweisungen wiederholt ausführen:

1. Bestimme die Richtung zum Käfer Nr. 2 .
2. Drehe dich in diese Richtung.
3. Gehe einen kleinen Schritt vorwärts.

(Die anderen Käfer führen gleichzeitig die entsprechenden Schritte aus.)

Die Anweisung

SETHEADING Winkel (Abk.: SETH)

setzt die Richtung des Igels auf den angegebenen Wert, unabhängig von seiner augenblicklichen Richtung: SETHEADING 90 dreht ihn nach "Osten", SETHEADING -45 nach "Nordwest". Die Eingabe ist eine beliebige Zahl, ganz oder gebrochen, sie muß nicht zwischen 0 und 360 liegen. Es gilt die gewohnte Orientierung: positiv im Uhrzeigersinn, die Nullrichtung ist "Norden".

Die Funktion

TOWARDS x-Koord. y-Koord.

gibt die Richtung (den Peilwinkel) vom Standpunkt des Igels zu einem beliebigen Punkt (x,y) zurück; die beiden Koordinaten des Zielpunkts sind die Eingaben für TOWARDS . Der Wert liegt zwischen 0 und 360 ;

die Normierung des Winkels ist die gleiche wie oben. Der Zielpunkt kann auch außerhalb des Bildschirms liegen.

```
DRAW
TOWARDS 100 0
RESULT: 90
FORWARD 80
TOWARDS 100 0
RESULT: 120.3054
```

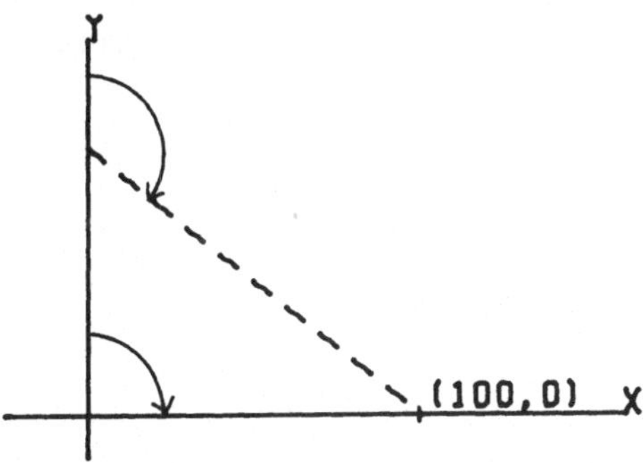

Mit diesen Grundwörtern können wir den Igel genau auf einen Zielpunkt ausrichten, gleichgültig wo er sich gerade befindet:

SETHEADING TOWARDS x-Koord. y-Koord.

Genau das brauchen wir für das Käfer-Problem.

Eine wichtige Beobachtung: Wegen der Symmetrie der Anordnung bilden die vier Käfer nach jedem Schritt, also zu jedem Zeitpunkt, ein Quadrat; alle diese Quadrate haben den gleichen Mittelpunkt. Wir legen also sinnvollerweise das Koordinatenkreuz so, daß der Nullpunkt gleich diesem Mittelpunkt ist. Die Startposition für den ersten Käfer sei etwa der Punkt (100,100). Hat Käfer 1 zu irgendeiner Zeit die Koordinaten (x,y) , so ergibt sich durch eine Drehung von 90 Grad um den Nullpunkt die Position von Käfer 2 , nämlich (y,-x) . Wir können also jetzt die obigen Anweisungen 1. bis 3. folgendermaßen formulieren:

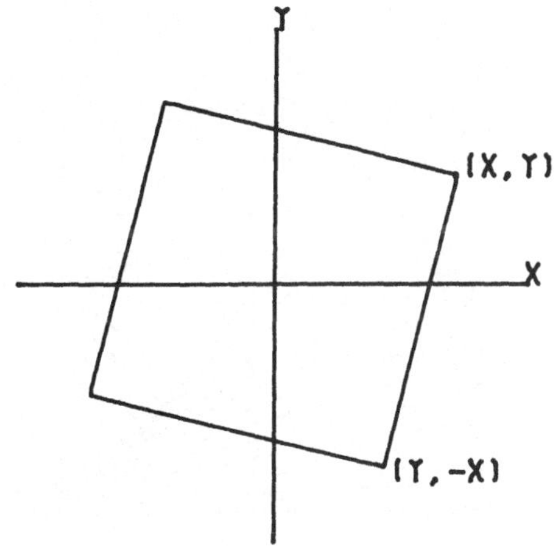

1. Bestimme die eigene Position (x,y) ,
2. drehe dich in Richtung auf den Punkt (y,-x) ,
3. gehe einen Schritt vorwärts.

Es ist jetzt leicht, diese Anweisungen in eine Prozedur LAUF umzusetzen. Mit START bewegen wir den Igel zum Anfangspunkt (100,100) .

```
TO START
 DRAW
 PENUP  SETXY 1ØØ 1ØØ  PENDOWN
 LAUF
END

TO LAUF
 SETHEADING TOWARDS YCOR (-XCOR)
 FORWARD 1
 LAUF
END
```

Verbesserungen und Varianten:

- LAUF enthält noch keine Abbruchbedingung.
- Was passiert, wenn man die Schrittlänge ändert?
- Zu jedem Schritt zeichne man das Quadrat, auf dessen Ecken die vier Käfer sitzen. (Welche Seitenlänge hat es?) Auf diese einfache Art kann man alle vier Käfer gleichzeitig beobachten.

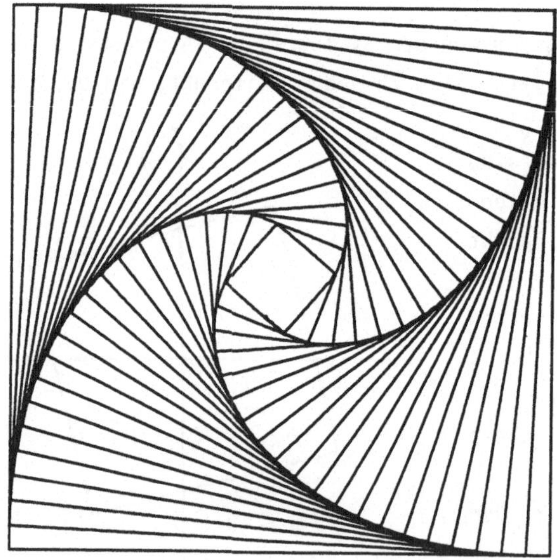

- Die Schrittlänge ist hier konstant; man könnte sie variabel machen, angepaßt an die Entfernung der Käfer voneinander.
- Ein analoges Problem: 3 Käfer bilden anfangs ein gleichseitiges Dreieck.
- Was passiert, wenn 4 Käfer anfangs nicht ein Quadrat, sondern ein Rechteck bilden? (Bleibt die Figur rechteckig?)

11.4 Weitere Graphik-Anweisungen

a) **SETX** x-Ko.

bewegt den Igel horizontal bis zur angegebenen x-Koordinate und zeichnet einen Strich, wenn der Stift gesenkt ist. SETX .. hat die gleiche Wirkung wie SETXY .. YCOR .

SETY y-Ko.

wirkt analog in vertikaler Richtung.

b) Man kann den Randsprung-Effekt abschalten mit:

NOWRAP

Allerdings gibt es dann eine Fehlermeldung, wenn der Igel die Bildschirmgrenzen überschreiten würde:

FORWARD 1111

TURTLE OUT OF BOUNDS

Das ist auch nicht immer erwünscht.

Der ursprüngliche Zustand wird wieder hergestellt mit:

WRAP

c) Wenn man einen Farbfernseher oder Farbmonitor benutzt, kann man die Zeichnungen farbig gestalten:

BACKGROUND Zahl (Abk. BG)

ändert die Hintergrundfarbe der Zeichenfläche; einzugeben ist eine Codezahl für die Farbe (man entnehme diese Zahlen dem Handbuch des jeweiligen Rechners). Entsprechend ändert

PENCOLOR Zahl (Abk. PC)

die Strichfarbe. Standardmäßig ist PENCOLOR 1 (weiß) gesetzt.

Erwähnenswert ist, daß man Striche "ausradieren" kann: Beim Apple II wird mit

PENCOLOR 6 ("reverse")

auf dem Weg des Igels die Hintergrundfarbe umgekehrt, d.h. wenn man einen bereits gezeichneten Strich nachzeichnet, wird dieser gelöscht. Beispiel:

REPEAT 36 [FORWARD 1Ø RIGHT 1Ø]

zeichnet einen Kreis. Setzen Sie PENCOLOR 6 und zeichnen Sie denselben Kreis noch einmal: Er verschwindet wieder.

Beim Commodore 64 erreicht man das gleiche mit:

PENCOLOR -1

d) **HOME**

bringt den Igel in den Anfangszustand, löscht aber keine Zeichnungen.

CLEARSCREEN

löscht die Zeichnungen, läßt aber den Igel unverändert. (DRAW tut beides.)

e) Die Umschaltung auf Vollbild, Teilbild oder Text kann auch programmgesteuert geschehen mit den Anweisungen

FULLSCREEN , **SPLITSCREEN** bzw. **TEXTSCREEN** .

f) Man kann den Igel unsichtbar machen mit

HIDETURTLE (Abk. HT)

In manchen Fällen bringt das eine erhebliche Zeitersparnis. Mit

SHOWTURTLE (Abk. ST)

erscheint der Igel wieder; auch DRAW stellt den Normalzustand her.

g) Die Anweisung

.ASPECT Zahl

(vgl. 1.2) entzerrt den Bildschirm, damit geometrische Objekte unverzerrt dargestellt werden. Probieren Sie aus, welcher Eingabewert für Ihren Monitor am günstigsten ist; die Zahl liegt in der Regel nahe bei 1 . Der Wert, der beim Start des Logo-Systems angenommen wird, ist

.ASPECT Ø.768 beim Commodore 64

.ASPECT Ø.8 beim Apple II

Für diese Werte gelten die Standardmaße des Bildschirms (vgl. 1.2); jede andere Skalierung mit .ASPECT bewirkt eine Änderung des Maßes in der Vertikalen.

Aufgaben

1) Eine logarithmische Spirale ist dadurch gekennzeichnet, daß der Ortsvektor jedes Kurvenpunktes mit der Tangente in diesem Punkt einen konstanten Winkel einschließt (vgl. Bild). Man zeichne solche Kurven für verschiedene Winkel α !

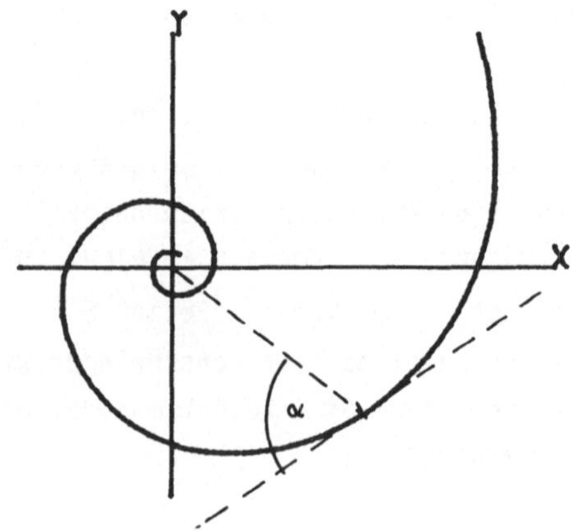

2) Tangentenkonstruktionen

a) Wähle einen festen Punkt F und eine feste Gerade g ; F liege nicht auf g . Zeichne die Mittelsenkrechten aller Strecken FP , wobei P die Punkte von g durchlaufe. Als Einhüllende dieser Mittelsenkrechten entsteht eine Parabel.

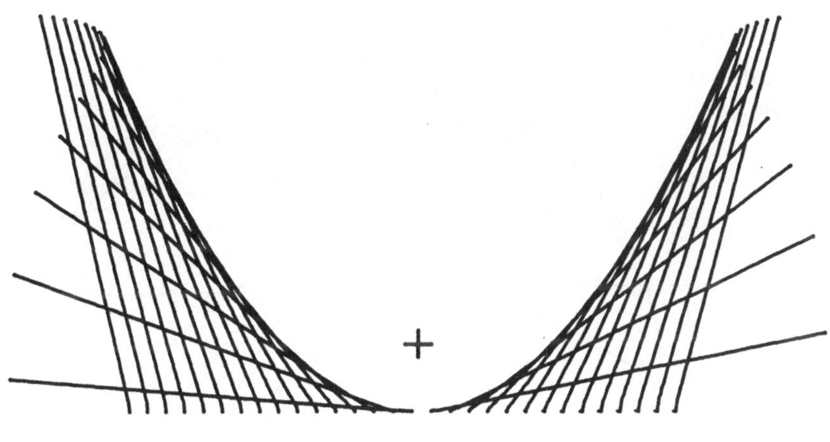

b) P durchlaufe die Punkte eines Kreises; F liege nicht auf dem Kreis.

c) Eine andere Parabelkonstruktion: Es seien zwei gleichlange Strecken mit einem gemeinsamen Endpunkt gegeben. Man teile beide Strecken in gleichviele gleichlange Stücke und verbinde den ersten Teilpunkt der einen Strecke mit dem letzten der anderen, den zweiten mit dem vorletzten und so weiter.

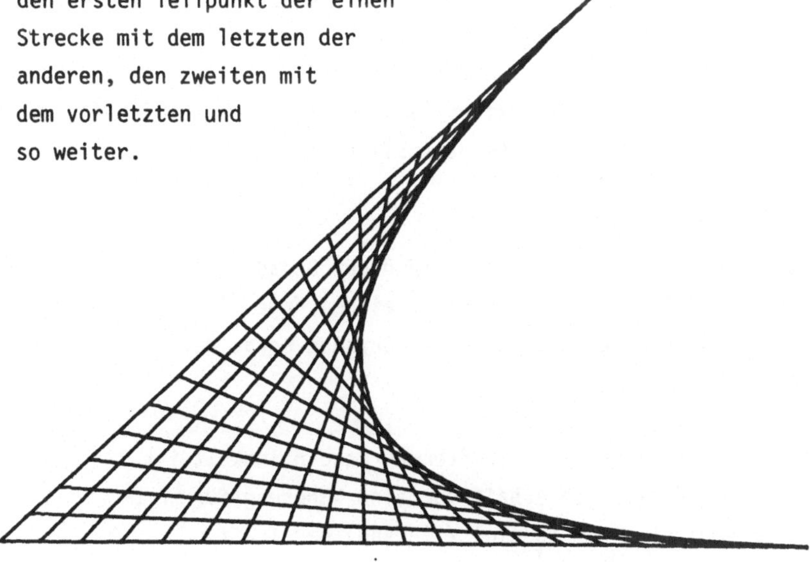

3) Teile einen Kreis in n gleichlange Bögen (die Anzahl sollte nicht zu klein sein, etwa $n = 90$). Zeichne die Sehnen vom ersten zum dritten Teilpunkt, vom zweiten zum sechsten, ... , vom k-ten zum (3k)-ten für alle $k = 0,\dots,n/2$.

Die Einhüllende dieser Sehnen ist die Brennkurve des Kreises; sie entsteht durch Reflexion von parallel einfallenden Lichtstrahlen an einem halbkreisförmigen Spiegel.

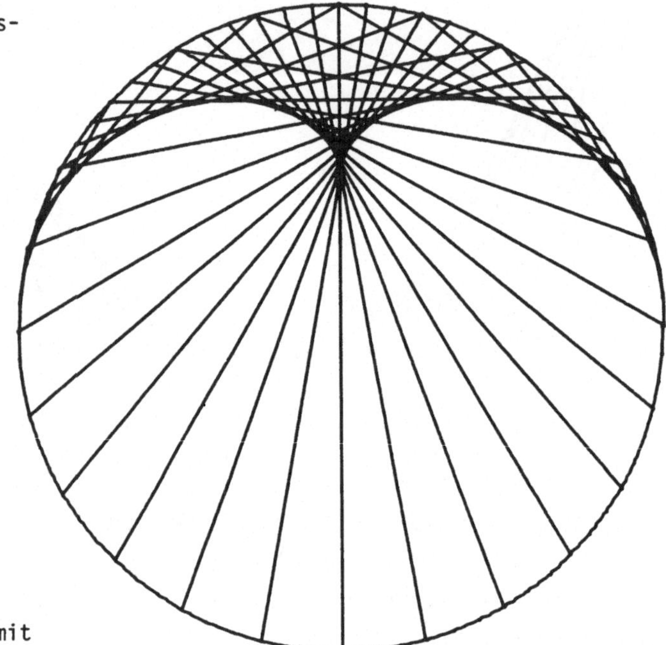

Wie ändert sich das Bild, wenn man jeweils den k-ten mit dem (4k)-ten Punkt verbindet?

Tip: Der Kreis mit Radius r und Mittelpunkt (0,0) ist gegeben durch die Punkte (x,y) = (r*cos(t) , r*sin(t)) , wobei t alle Winkel von 0 bis 360 Grad durchläuft (Parameterdarstellung der Kreislinie).

4) Buffonscher Nadelversuch:

Auf ein Gitter von parallelen gleichabständigen Geraden (Abstand d) werden Nadeln geworfen. Alle Nadeln haben die gleiche Länge $l = d/2$. Man zählt einen Treffer, wenn eine Nadel eine der Geraden schneidet, eine Niete, wenn sie in einen Zwischenraum fällt.

Simulieren Sie den Versuch! Die Trefferwahrscheinlichkeit ist $1/\pi$. Wirft man genügend viele Nadeln, so erhält man eine Näherung für π :

$$\pi \approx \text{(Anzahl aller Nadeln) / (Anzahl der Treffer)}$$

Variieren Sie den Abstand d und die Länge l : Für beliebige d , l ist die Trefferwahrscheinlichkeit p = 2*l/(π*d) .

5) Bestimmen Sie die Position eines unbekannten Flugobjektes (eines zufällig ausgewählten Punktes) durch Peilungen von verschiedenen Standorten aus! (Das Objekt darf auch außerhalb des Bildschirms liegen.)

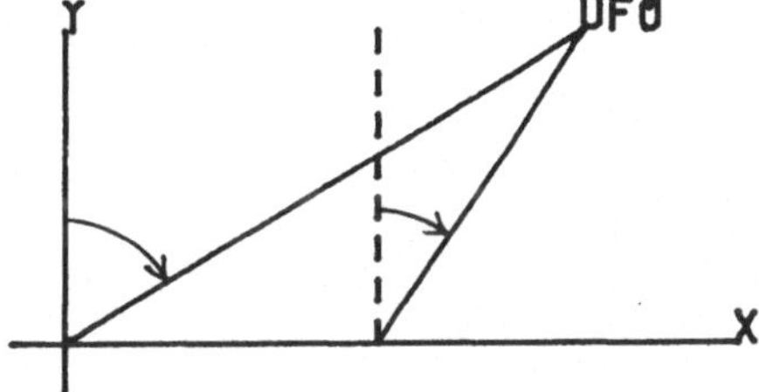

6) Planetenbahnen:
Ein Planet P bewegt sich auf einer Kreisbahn um die Sonne S (Radius R, Umlaufzeit T); die Sonne bewegt sich von der Erde aus gesehen ebenfalls auf einer Kreisbahn (deren Radius und Umlaufzeit normieren wir auf 1). Welche Bahn beschreibt der Planet, von der Erde aus gesehen?

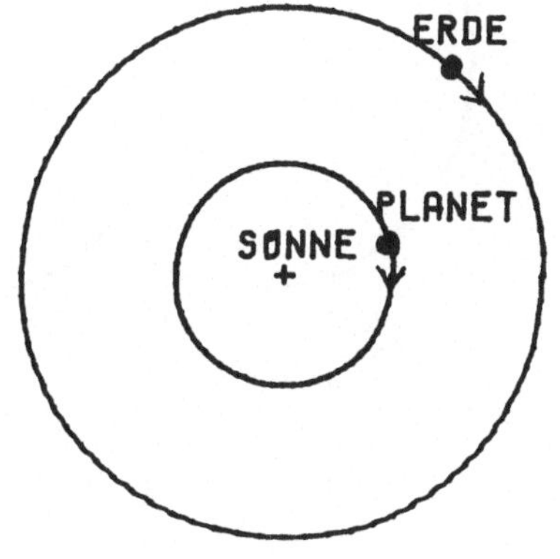

Ein Zahlenbeispiel: Der Planet Merkur hat R = 0.386 und T = 0.241 .

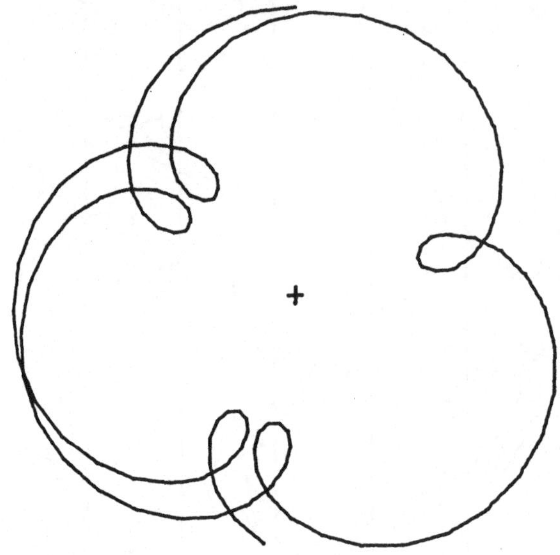

Welche Bahnkurven ergeben sich für willkürlich angenommene Werte von R und T ? (Beispiel: R = 0.2 , T = 0.2 .)

12 Reelle Zahlen

12.1 Darstellung "reeller" Zahlen

Bekanntlich verarbeitet Logo ganze Zahlen mit bis zu 10 Dezimalstellen, gebrochene Zahlen werden als Dezimalbrüche mit (insgesamt) höchstens 6 Stellen dargestellt. Für sehr große und sehr kleine Zahlen gibt es eine halblogarithmische Darstellung mit Zehnerexponenten, wie bei Taschenrechnern und anderen Computern üblich:

111111 * 222222	1 / 1234567
RESULT: 2.46913E1Ø	*RESULT: 8.1N7*

Die Buchstaben E bzw. N kennzeichnen die nachfolgende ganze Zahl als positiven bzw. negativen Zehnerexponenten; die Zahl vor dem Buchstaben wird als Mantisse bezeichnet. Allgemein haben solche Zahlen das Format

	Mantisse m	E	Exponent e	≙	$m * 10^{e}$
bzw.	Mantisse m	N	Exponent e	≙	$m * 10^{-e}$

- Die Mantisse hat bis zu 6 Dezimalstellen, mit einer Stelle vor dem Dezimalpunkt. Das Vorzeichen wird wie üblich nur bei negativen Zahlen ausgegeben. Für den Exponenten gilt in beiden Fällen $e <= 38$.
- Ist das Ergebnis eines Terms absolut größer als $2*10^{38}$, gibt es eine Fehlermeldung:

  1E2Ø * 2E2Ø

  *NUMBER TOO LARGE OR TO SMALL IN **
- Ist das Ergebnis absolut kleiner als $2*10^{-38}$, wird es gleich Null gesetzt:

  1N2Ø * 2N 2Ø

  RESULT: Ø
- Mit ganzen Zahlen kann man exakt rechnen, solange sie absolut kleiner als $2^{31} \approx 10^{9}$ sind. Ist das Ergebnis eines ganzzahligen Terms absolut größer als 2^{31} , wird es automatisch mit Zehnerexponenten dargestellt, dabei gehen einige der unteren Dezimalstellen durch Rundung verloren.

Als "reelle Zahl" bezeichnen wir jede Zahl mit Dezimalpunkt oder mit Zehnerexponenten. (Man darf diese Bezeichnung nicht zu wörtlich nehmen, denn es handelt sich allenfalls nur um endliche Dezimalbrüche, obendrein mit beschränkter Stellenzahl.) Ganze und reelle Zahlen werden intern vom Rechner unterschiedlich dargestellt. In der Regel braucht man sich um diesen Unterschied nicht zu kümmern; einige Punkte sind jedoch erwähnenswert:

- Wenn in einem Term mindestens eine reelle Zahl vorkommt, ist das Ergebnis ebenfalls eine reelle Zahl.
- Manche Grundwörter erlauben zwar reelle Eingaben, aber nur in einem beschränkten Bereich:

  FORWARD 1.1E2Ø

  NUMBER TOO LARGE OR TOO SMALL IN FORWARD

  Die Einschränkungen sind aber in keinem Fall hinderlich, deswegen gehen wir auch nicht ausführlich darauf ein.
- Gibt man reelle Zahlen ein, wo ganze Zahlen verlangt werden, etwa in RANDOM oder QUOTIENT , so wird erst die Eingabe gerundet und dann mit dem gerundeten Wert gerechnet.
- Wenn eine reelle Zahl sehr nah bei einer ganzen Zahl liegt, kann sie als ganze Zahl ausgedruckt werden, obwohl sie in Wirklichkeit eine gebrochene Zahl ist:

  MAKE "X 1 + 1N6

:X	aber:	:X = 1
RESULT: 1		*RESULT: FALSE*

  Denn intern rechnet Logo genauer als sechsstellig: Die Mantisse reeller Zahlen wird intern mit 23 Binärstellen dargestellt (ohne Vorzeichen), das entspricht etwas mehr als 7 Dezimalstellen.

Wegen der beschränkten Stellenzahl kann man im allgemeinen mit reellen Zahlen nicht exakt rechnen, die Operationen liefern gerundete Ergebnisse. Das führt dazu, daß mathematisch äquivalente Terme verschiedene Werte ergeben können:

MAKE "X 1.ØØØ1

:X * (:X - 1)	aber:	:X * :X - :X
RESULT: 9.99Ø73N5		*RESULT: 9.98974N5*

Abgesehen davon, daß beide Werte "falsch" sind, unterscheiden sie sich schon in der vierten Dezimalen: Die üblichen Rechengesetze gelten hier nur mit Einschränkungen. Solche Rundungsprobleme werden im folgenden noch eine Rolle spielen.

12.2 Standardfunktionen

a) **INTEGER** Zahl

berechnet den ganzzahligen Anteil einer Zahl:

INTEGER 2.5	INTEGER -2.5
RESULT: 2	*RESULT: -2*

Wenn das Ergebnis aus dem Ganzzahl-Bereich herausfallen würde, gibt es eine Fehlermeldung. Aber auch bei erlaubten Eingaben kann es Probleme geben:

INTEGER 1.1E1Ø

NUMBER TOO LARGE OR TOO SMALL IN INTEGER

INTEGER 1.1E9

RESULT: 1Ø99999744

b) **ROUND** Zahl

rundet eine Zahl auf oder ab, gibt die nächstliegende ganze Zahl aus:

ROUND 2.5	ROUND 2.4999
RESULT: 3	*RESULT: 2*

ROUND x liefert dasselbe Ergebnis wie INTEGER x + 0.5 .

c) **SQRT** Zahl

berechnet die Quadratwurzel einer nichtnegativen Zahl. Bei negativer Eingabe gibt es eine Fehlermeldung.

d) **SIN** Winkel , **COS** Winkel

Diese trigonometrischen Funktionen haben immer einen Winkel im Gradmaß als Eingabe.

SIN 3Ø	COS 3Ø
RESULT: Ø.5	*RESULT: Ø.866Ø25*

Man kann eine beliebige Zahl eingeben, ganz oder reell, auch negativ oder größer als 360. Jedoch sollte sie nicht absolut größer als 1.E6 sein, sonst wird der Funktionswert zu ungenau.

e) **ATAN** x-Koord. y-Koord.

Diese Funktion hat die Koordinaten x, y eines Punktes der Ebene als Eingaben und berechnet die Richtung vom Nullpunkt der Ebene nach (x,y) , in der üblichen Normierung:

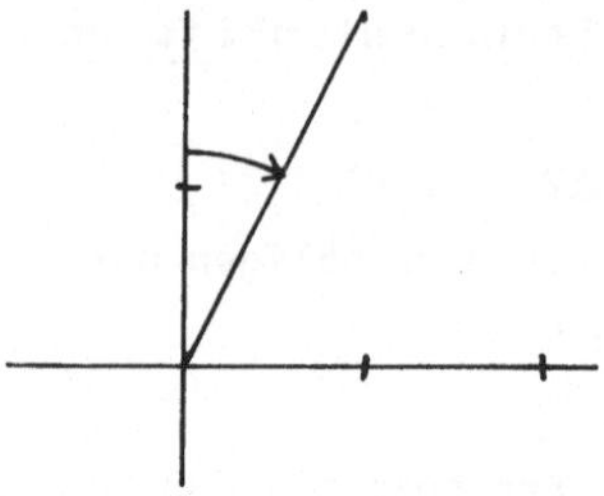

```
ATAN 1 2
RESULT: 26.5652
```

Das Ergebnis ist ein Winkel w mit

0 <=w < 360

(Man vergleiche ATAN mit der Funktion TOWARDS, s. 11.3 .)
ATAN unterscheidet sich von der üblichen arctan-Funktion, der Umkehrfunktion des Tangens. Diese kann man aber leicht aus ATAN herleiten:

```
TO ARCTAN :X
 IF :X < Ø THEN OUTPUT (ATAN :X 1) - 36Ø
 OUTPUT ATAN :X 1
END
```

Damit ist der Vorrat an eingebauten Standardfunktionen bereits erschöpft. Einige andere Funktionen kann man selbst definieren, etwa die Betragsfunktion ABS , die Vorzeichenfunktion SGN (vgl. 4.2), den gebrochenen Anteil einer Zahl

```
TO FRAC :X
 OUTPUT :X - INTEGER :X
END
```

oder den Tangens:

```
TO TAN :X
 OUTPUT (SIN :X)/(COS :X)
END
```

Die Umkehrfunktionen von sin und cos sind:

```
TO ARCSIN :X
 IF :X =  1 THEN OUTPUT 9Ø
 IF :X = -1 THEN OUTPUT -9Ø
 OUTPUT ATAN :X SQRT 1 - :X * :X
END

TO ARCCOS :X
 OUTPUT 9Ø - ARCSIN :X
END
```

Weitere Funktionen, wie exp, log, allgemeine Wurzeln etc., muß man ebenfalls selbst programmieren (vgl. dazu die folgenden Seiten).

Schaltet man eine Funktion und ihre Umkehrfunktion hintereinander, so müßte man eigentlich den Eingabewert zurückerhalten:

ARCTAN TAN 45

RESULT: 45.ØØØ6

Die Differenz in der letzten Dezimalen geht auf das Konto von Rundungsfehlern; die Genauigkeit von TAN und ATAN ist also nicht gerade überwältigend. Testen Sie entsprechend die anderen Funktionen!

12.3 Potenzen, Wurzeln, Nullstellen

Wenn man die Exponentialfunktion exp(x) über die Näherung

$$\exp(x) \approx (1 + x/n)^n \quad \text{für große } n$$

berechnen möchte, braucht man Potenzen mit großem Exponenten. Aber unsere Potenzfunktion aus 4.3 streikt in diesem Fall wegen der beschränkten Rekursionstiefe (vgl. 8.2); wir müssen also die Anzahl der Rekursionsschritte verringern.

Die Lösung liegt einfach in der sinnvollen Anwendung der Rechenregeln: Mit

$$x^{1000} = (x^2)^{500}$$

hat man den Exponenten bereits um die Hälfte verkleinert! (Das Quadrat fällt dabei nicht ins Gewicht.) Mit der 500. Potenz verfahre man ebenso. Bei ungeraden Exponenten kann man ähnlich vorgehen:

$$x^{125} = x * x^{124} = x * (x^2)^{62}$$

Allgemein ist

$$x^n = \begin{cases} 1 & \text{, wenn } n = 0 \\ (x^2)^q & \text{, wenn } n > 0 \text{ gerade, } n = 2q \\ x * (x^2)^q & \text{, wenn } n > 0 \text{ ungerade, } n = 2q + 1 \end{cases}$$

Daraus ergibt sich eine neue Potenzfunktion:

```
TO POTENZ :X :N
 IF :N = Ø THEN OUTPUT 1
 TEST (REMAINDER :N 2) = Ø
 IFTRUE OUTPUT POTENZ :X*:X QUOTIENT :N 2
 IFFALSE OUTPUT :X * POTENZ :X*:X QUOTIENT :N 2
END
```

Als Test berechnen wir eine Näherung für die "Eulersche Zahl" e = exp(1) = 2.71828... :

POTENZ 1.ØØ1 1ØØØ

RESULT: 2.71693

Wieviele Rekursionsschritte, wieviele Operationen braucht man hier?

Ändern Sie die neue Funktion POTENZ so, daß man auch negative Exponenten eingeben kann!

Für die Berechnung der Quadratwurzel gibt es zwar eine eingebaute Funktion SQRT, aber trotzdem lohnt es sich, selbst eine Funktion zu schreiben, etwa nach dem "Heronschen Verfahren":
Ist a>= 0, so liefert die rekursive Folge

$$x(0) = 1 , \quad x(n+1) = (x(n) + a/x(n)) / 2$$

schon nach wenigen Schritten eine gute Näherung für die Wurzel aus a .

Wie berechnet man nun die dritte Wurzel aus einer Zahl x ? Ein probates Mittel ist die "Löwenfangmethode": Angenommen, man kennt zwei Zahlen a und b mit $a^3 < x < b^3$; die Wurzel (der Löwe) befindet sich also zwischen a und b . Man teilt dieses Gebiet in zwei Hälften:

Es sei m = (a + b)/2 das arithmetische Mittel von a und b .
Ist $m^3 > x$, so liegt die Wurzel zwischen a und m ,
andernfalls liegt sie zwischen m und b .

Die Suche wird in dem halbierten Intervall fortgesetzt. Das wird solange wiederholt, bis das Intervall so klein ist, daß der Rechner die Mitte nicht mehr von den Grenzen unterscheiden kann: Die Mitte m liegt dann nahe genug bei der Wurzel (der Löwe ist gefangen). Für Radikanden x > 1 sind a = 1 und b = x geeignete Anfangswerte:

```
TO KW :X
 SUCH.IN 1 :X
END

TO SUCH.IN A: B:
 MAKE "M (:A + :B)/2
 IF ANYOF :A = :M :B = :M THEN PRINT :M STOP
 TEST :M * :M * :M > :X
 IFTRUE SUCH.IN :A :M
 IFFALSE SUCH.IN :M :B
END
```

Varianten:

- Das Programm ist für x > 1 ausgelegt; funktioniert es auch für x<= 1 ? Wenn nicht, ändern Sie es entsprechend.
- Es wäre gut, wenn die Wurzel nicht nur ausgedruckt, sondern als Funktionswert zurückgegeben werden würde. Wie muß man die Prozedur ändern? (Es wäre grundfalsch, einfach PRINT durch OUTPUT zu ersetzen.)
- Berechnen Sie die n-te Wurzel, für eine beliebige ganze Zahl n>= 2 !

Das obige Verfahren hat auch vornehmere Namen: Intervallhalbierung oder Bisektion. Es funktioniert recht einfach und narrensicher, auch bei ähnlichen Problemen, z.B. bei der Nullstellensuche: f sei eine reelle Funktion, stetig auf dem Intervall $[a,b]$. Ist dann $f(a) < 0$ und $f(b) > 0$, so hat f mindestens eine Nullstelle zwischen a und b. Das Bisektionsverfahren ermöglicht dann in jedem Fall, ein solches x mit $f(x) = 0$ auch zu berechnen (vgl. 16.6).

12.4 Exponentialfunktion und Logarithmus

Diese Funktionen sind trotz ihrer großen Bedeutung nicht im Logo-System enthalten. Deshalb sei hier wenigstens kurz ein Verfahren erwähnt, wie man sie berechnen kann.

Für die Exponentialfunktion gilt:

$$\exp(x) = (\exp(x/2))^2$$

$$\exp(x) \approx x + 1 \qquad \text{für } x \approx 0$$

Darin steckt folgendes Berechnungsverfahren:

Halbiere x solange, bis eine vorgegebene Schranke unterschritten ist, addiere 1 und quadriere so oft, wie vorher halbiert wurde.

Für $x > 0$ ergibt sich daraus die Prozedur

```
TO EXP :X
 IF :X < Ø.ØØ1 THEN OUTPUT 1 + :X
 OUTPUT QUAD EXP :X/2
END

TO QUAD :Z
 OUTPUT :Z * :Z
END
```

Es zeigt sich, daß diese einfache Version zu ungenau arbeitet: Beim Abbruch der Rekursion gehen einige Dezimalstellen von x verloren, indem man 1 zu x addiert (Rundungsfehler). Abhilfe: Man berechnet stattdessen die Funktion $f(x) = \exp(x) - 1$ mit der Rekursion

$$f(x) = f(x/2) * (f(x/2) + 2)$$

$$f(x) \approx x \qquad \text{für } x \approx 0$$

Eine bessere Näherung von f(x) für kleine x ist das Taylorpolynom dritten Grades:

$$f(x) \approx x + x^2/2 + x^3/6$$

Damit erhält man schon für $|x| < 0.01$ sehr gute Näherungswerte.

Die folgende Version berücksichtigt beide Verbesserungen; außerdem sind auch negative Exponenten zugelassen.

```
TO EXP :X
 IF :X < Ø THEN OUTPUT 1 / EXP (-:X)
 OUTPUT 1 + EXP1 :X
END

TO EXP1 :X
 IF :X < Ø.Ø1 THEN OUTPUT :X * (6 + :X * (3 + :X))/6
 OUTPUT EHILF EXP1 :X/2
END

TO EHILF :Z
 OUTPUT :Z * (:Z + 2)
END
```

Zur Berechnung des natürlichen Logarithmus, der Umkehrfunktion von exp, kehrt man einfach das Verfahren um:

$\log(x) = 2 * \log(\sqrt{x})$ für alle $x > 0$

$\log(x) \approx x - 1$ für $x \approx 1$

Hier gibt es ähnliche numerische Probleme wie oben, mit ähnlichen Abhilfen, die in den folgenden Prozeduren schon berücksichtigt sind.

```
TO LOG :X
 IF NOT :X > Ø PR [FALSCHE EINGABE IN LOG] TOPLEVEL
 IF :X < 1 THEN OUTPUT (-LOG 1/:X)
 OUTPUT LOG1 :X - 1
END

TO LOG1 :Z
 IF :Z < Ø.ØØ1 THEN OUTPUT :X * (6 - :X * (3 - :X * 2))/6
 OUTPUT 2 * LOG1 :Z/(1 + SQRT 1 + :Z)
END
```

Übrigens gibt es solche rekursiven Berechnungsverfahren auch für sin, tan, arctan und andere elementare Funktionen (vgl. auch Aufg. 5).

12.5 Zufallszahlen

Die Zufallszahlen-Funktion RANDOM liefert bekanntlich ganzzahlige Werte (irgendeine Zahl z mit $0 <= z <= n-1$, wenn n die Eingabe für RANDOM ist). Für manche Probleme benötigt man gebrochene Zufallszahlen, gleichmäßig verteilt über einem festen Intervall: Die Funktion

```
TO RND
 OUTPUT (RANDOM 1000) / 1000
END
```

ergibt z.B. eine Zufallszahl zwischen 0 und 1 (genauer: $0 <= z < 1$) mit drei Nachkommastellen. Für eine noch feinere Verteilung muß man 1000 durch eine größere Zahl ersetzen. Das ist jedoch nicht unbegrenzt möglich: Die größtmögliche Eingabe für RANDOM ist $65535 = 2^{16} - 1$.

Ein notwendiger Nachtrag: Im Grunde genommen werden die Zufallszahlen nicht zufällig erzeugt, weil ein Computer nicht würfeln kann. Statt dessen werden die Werte von RANDOM berechnet als Glieder einer rekursiven Folge, dem "Zufallszahlen-Generator": Jeder Aufruf von RANDOM liefert das nächste Folgenglied. (Die Folge ist jedoch so angelegt, daß sie sich statistisch so verhält wie eine Folge echter Zufallszahlen.) Beim Laden des Logo-Systems wird ein Startwert für die Rekursion festgelegt, und zwar imnmer der gleiche. Das bewirkt, daß man nach jedem Laden die gleiche Folge von Zufallszahlen erhält. Man kann dies vermeiden: Geben Sie vor dem Start einer Prozedur, die Zufallszahlen verwendet, die Anweisung:

RANDOMIZE

Dadurch wird der Startwert für den Zufallszahlen-Generator verändert.

Aufgaben

1) Lösen von Gleichungen:

a) Bestimmen Sie die reellen Lösungen einer quadratischen Gleichung

$$x^2 + px + q = 0$$

(falls sie existieren).

b) Eine Gleichung dritten Grades

$$x^3 + px^2 + qx + r = 0$$

hat mindestens eine reelle Lösung. Suchen Sie eine! (Tip: Intervallhalbierung. Wie erhält man gute Startwerte für die Intervallgrenzen?)

2) Zinseszinsrechnung:

Ein Grundkapital K wird zu p Prozent verzinst. Die Zinsen werden jährlich zum Kapital zugeschlagen.

Nach wieviel Jahren hat sich das Kapital mindestens verdoppelt?

Es gibt eine Näherungsformel, mit der man die Verdoppelungszeit in den wichtigsten Fällen sehr einfach ausrechnen kann, nämlich die p*d-Regel:

Für kleine Zinssätze p gilt, wenn d die zugehörige Verdoppelungszeit (in Jahren) bezeichnet:

$$p * d \approx 70$$

Bestätigen Sie diese Regel! Wie groß darf p werden, damit die Näherung noch einigermaßen gut ist?

3) Kettenbrüche:

a) Berechnen Sie die rekursive Folge

$$a(0) = 1 \quad , \quad a(n+1) = 1 + 1/a(n) \quad .$$

Finden Sie eine geeignete Stopp-Bedingung: Die Folge soll enden, wenn der Rechner a(n+1) nicht mehr von a(n) unterscheiden kann.
Was passiert, wenn man den Startwert a(0) ändert?

b) Ein etwas ungewohntes Verfahren zum Lösen quadratischer Gleichungen:
Erfüllt x die Gleichung $x^2 + px + q = 0$, so gilt:

$$x * (x + p) = -q \quad , \text{also} \quad x = -q / (x + p) \quad .$$

Daraus ergibt sich folgende Methode:

Wähle einen Startwert x(0) und berechne die Folge

$$x(n+1) = -q / (p + x(n)) \quad .$$

Wenn die quadratische Gleichung lösbar ist, so konvergiert diese Folge gegen eine Lösung.

Testen Sie das Verfahren! Bis auf einige Ausnahmefälle (welche?) funktioniert es recht gut. Wie verhält sich die Folge der x(n) , wenn die Gleichung nicht lösbar ist?

4) Für die Tangensfunktion (x im Bogenmaß!) gilt:

$$\tan(x) = 2 * \tan(x/2) / (1 - \tan^2(x/2)) \qquad \text{für } |x| < \frac{\pi}{2}$$

$$\tan(x) \approx x \qquad \text{für } x \approx 0$$

Entwickeln Sie daraus eine Prozedur TAN , analog zur ersten Version von EXP .

Untersuchen Sie die folgende Funktion:

```
TO ARCTAN :X
 IF :X < Ø.ØØ1 THEN OUTPUT :X
 OUTPUT 2 * ARCTAN :X/(1 + SQRT 1 + :X * :X)
END
```

(Die Ähnlichkeit mit der Funktion LOG1 ist verblüffend.) Ein Test: Es ist $\tan(\pi /4) = 1$, also $\pi = 4 * \arctan(1)$.

```
4 * ARCTAN 1
RESULT: 3.14159
```

13 Listen

13.1 Strukturierte Daten

Häufig faßt man Objekte irgendwelcher Art zusammen zu einer neuen Einheit:

- Ein Satz ist eine Folge von Wörtern.
- Ein Punkt in der Ebene (im Raum) ist darstellbar als ein Paar (Tripel) von Zahlen, den Koordinaten.
- Ein Polygon ist eine endliche Folge von Punkten.
- Ein Kreis ist bestimmt durch Mittelpunkt und Radius, also durch ein Paar, gebildet aus einem Punkt und einer Zahl.
- Ein Bruch ist ein Paar ganzer Zahlen, Zähler und Nenner (nicht jedes Zahlenpaar stellt jedoch einen Bruch dar, und verschiedene Zahlenpaare können als Brüche gleich sein).

Beispiele gibt es wie Sand am Meer, auch im nichtmathematischen Bereich: Adressen, Karteikarten, Fragebögen etc.

Solche strukturierten Daten werden in Logo durch Listen dargestellt. Eine Logo-Liste ist eine endliche Folge (geordnete Menge) von Objekten; diese Objekte, wir nennen sie Elemente der Liste, sind Wörter oder wiederum Listen. Mit anderen Worten:

Die strukturierten Daten werden rekursiv aufgebaut aus den elementaren Daten, den Wörtern (hierzu gehören bekanntlich auch die Zahlen). Die Elemente einer Liste können durchaus verschiedenartig sein; ihre Anzahl ist im Prinzip beliebig (nur durch den Speicherplatz begrenzt).

Eine Liste wird in eckige Klammern eingeschlossen, innerhalb der Klammer werden die Elemente durch Leerzeichen getrennt:

```
MAKE "NAME [BERTHOLD SCHUPPAR]
```

Diese Anweisung gibt der Variablen NAME eine Liste als Wert. Beachten Sie, daß die Wörter innerhalb der eckigen Klammern ohne Anführungszeichen geschrieben werden, sie sind schon dadurch, daß sie Listenelemente sind, eindeutig als Wörter gekennzeichnet.

Listen werden in mancher Hinsicht ähnlich wie Wörter behandelt.

Man kann Listen vergleichen:

```
:NAME = [ALBERT EINSTEIN]
```

RESULT: FALSE *(Schade!)*

Listen können Eingaben für Prozeduren (Werte lokaler Variablen) bzw. Rückgaben von Funktionen sein (s.u.).

Analog zum leeren Wort gibt es die leere Liste, d.h. die Liste ohne irgendein Element:

```
MAKE "NICHTS []                    (leere Liste als Variablenwert)
(PRINT "HIER "WIRD :NICHTS "AUSGEDRUCKT )
```

HIER WIRD AUSGEDRUCKT

Die Funktionen FIRST bzw. LAST liefern, wenn man ein Wort eingibt, das erste bzw. das letzte Zeichen. Ähnlich kann man das erste bzw. das letzte Element einer Liste bestimmen, und zwar mit den gleichen Grundwörtern:

```
FIRST [AA BB [C D]]                LAST [AA BB [C D]]
```

RESULT: AA *RESULT: [C D]*

(Das letzte Element ist eine Liste!) Ebenso liefern BUTFIRST bzw. BUTLAST , wenn man eine Liste eingibt, die um das erste bzw. letzte Element verkürzte Liste:

```
BUTFIRST [AA BB [C D]]             BUTLAST [AA BB [C D]]
```

RESULT: [BB [C D]] *RESULT: [AA BB]*

Alle diese Funktionen melden einen Fehler bei der leeren Liste als Eingabe.

Um Listen zusammenzufügen, gibt es die Funktion **SENTENCE** (analog zu WORD):

```
SENTENCE [A B] [C D]
```

RESULT: [A B C D]

```
SENTENCE :NAME [IST DOOF]
```

RESULT: __________ *(Von der Zensur gestrichen)*

Bei mehr als zwei Eingaben wird wie üblich der ganze Term in runde Klammern eingeshlossen. Wenn man ein Wort eingibt, wird es wie eine einelementige Liste behandelt:

```
(SENTENCE [A B] "C "D )
```

RESULT: [A B C D]

Listen sind uns an zwei Stellen schon begegnet:

- Zum Ausdrucken eines Textes mit PRINT oder PRINT1 wurde der Text in eckige Klammern eingeschlossen, also als Liste geschrieben. Die äußeren Listenklammern werden nicht ausgedruckt:

  PRINT [A B [C D]]

  A B [C D]

- Die REPEAT-Anweisung hat eine Liste von Anweisungen als zweite Eingabe:

  REPEAT 100 [FORWARD 10 RIGHT RANDOM 360]

  (Vgl. 1.4) Man kann die Liste auch als Variablenwert eingeben:

  MAKE "SCHRITT [FORWARD 10 RIGHT RANDOM 360]

  REPEAT 100 :SCHRITT

13.2 Lottozahlen

Der Zufallszahlengenerator soll uns Lottozahlen für das Spiel "6 aus 49" ausgeben: Wir brauchen sechs verschiedene Zahlen zwischen 1 und 49. Mit der Anweisung

REPEAT 6 [PRINT 1 + RANDOM 49]

klappt es häufig, aber nicht immer: Es können auch gleiche Zahlen vorkommen. (Wie oft ist das im Durchschnitt der Fall?)

```
2   48  27  34  43
21  21  46  41  6
37  46  49  28  26
13  21  19  43  22
10  5   41  4   18
14  23  35  48  25
```

Um diesen Mangel zu beseitigen, müssen wir jeweils die neue Zahl mit allen bereits geschriebenen vergleichen. Dazu legen wir eine Liste von Zahlen an, die anfangs leer ist und fortlaufend aufgefüllt wird durch sechsmalige Wiederholung des folgenden Vorgangs:

a) Bestimme eine neue Zahl.

b) Wenn sie bereits in der Liste enthalten ist, beginne von neuem.

c) Ergänze die Liste um die neue Zahl.

Für b) brauchen wir eine Prozedur, die abfragt, ob ein bestimmtes Objekt in einer Liste enthalten ist. Als Vorlage benutzen wir eine ähnliche Abfrage bezüglich Buchstaben und Wörtern (vgl. 6.3):

```
TO IN? :OBJ :LISTE
 IF :LISTE = [] THEN OUTPUT "FALSE
 IF :OBJ = FIRST :LISTE THEN OUTPUT "TRUE
 OUTPUT IN? :OBJ BUTFIRST :LISTE
END
```

Damit können wir sechs verschiedene Lottozahlen wie folgt bestimmen:

```
TO LOTTO
 MAKE "TIP []
 REPEAT 6 [WAEHLE.ZAHL]
 PRINT :TIP
END

TO WAEHLE.ZAHL
 MAKE "ZAHL 1 + RANDOM 49
 TEST IN? :ZAHL :TIP
 IFTRUE WAEHLE.ZAHL
 IFFALSE MAKE "TIP SENTENCE :TIP :ZAHL
END
```

Die Prozedur WAEHLE.ZAHL enthält anscheinend eine Endlos-Schleife, denn sie ruft sich in manchen Fällen selbst auf, enthält aber keine Abbruchbedingung. Tatsächlich ist es grundsätzlich möglich, daß sie nicht abbricht, allerdings könnte man getrost dagegen wetten. Was passiert aber, wenn man in der REPEAT-Anweisung von LOTTO die Anzahl der Wiederholungen vergrößert, etwa auf 30 oder 50?

Ein Testlauf:

```
LOTTO
25 13 47 5 1 20
```

Die sechs Zahlen werden ungeordnet ausgedruckt. Wie gibt man eine Liste von Zahlen geordnet aus?

Entwurf für eine Prozedur SORTIERE :

(1) Bestimme das kleinste Element m der Liste.

(2) Drucke es aus.

(3) Sortiere die um das Element m verkleinerte Liste.

Wir können das Sortieren beenden, wenn die Liste nur noch ein Element enthält.

Teilproblem (1): Das kleinste Element einer Liste ist rekursiv zu bestimmen als Minimum zweier Zahlen, nämlich des ersten Elements und des kleinsten Elements der restlichen Liste:

```
TO MIN.EL :LISTE
 IF (BUTFIRST :LISTE) = [] THEN OUTPUT FIRST :LISTE
 OUTPUT MIN (FIRST :LISTE) (MIN.EL BF :LISTE)
END
```

Wir benutzen dabei eine Funktion MIN analog zu MAX aus 4.2 :

```
TO MIN :A :B
 IF :A < :B THEN OUTPUT :A ELSE OUTPUT :B
END
```

Teilproblem (2) ist gar keins.

Teilproblem (3): Wir brauchen eine Funktion, die eine Zahl aus einer Liste herauswirft. Weil man nur auf den Anfang und das Ende einer Liste direkt zugreifen kann, muß das wiederum rekursiv geschehen:

```
TO RAUS :ZAHL :LISTE
 IF :LISTE = [] THEN OUTPUT :LISTE
 IF :ZAHL = FIRST :LISTE THEN OUTPUT BUTFIRST :LISTE
 OUTPUT SENTENCE (FIRST :LISTE) (RAUS :ZAHL BF :LISTE)
END
```

Damit stehen alle Bausteine zur Verfügung für die Prozedur

```
TO SORTIERE :LISTE
 IF (BF :LISTE) = [] THEN PRINT FIRST :LISTE STOP
 MAKE "M MIN.EL :LISTE
 (PRINT1 :M  [,] )
 SORTIERE RAUS :M :LISTE
END
```

Wir brauchen jetzt nur noch in LOTTO die Zeile PRINT :TIP zu ersetzen durch SORTIERE :TIP .

Variante: SORTIERE ist eine Anweisung. Schreiben Sie eine entsprechende Funktion SORT , die die geordnete Liste als Rückgabe hat!

LOTTO simuliert das Ankreuzen eines Tippscheins. Übertragen auf die "Ziehung der Lottozahlen" (ARD, Samstag abend) würde das Programm so aussehen:

> Ziehe eine von 49 Kugeln; falls die Zahl bereits gezogen ist, wirf die Kugel zurück in die Trommel und ziehe noch einmal; notiere die Zahl und lege die Kugel zurück in die Trommel.

Tatsächlich läuft die Ziehung aber anders ab, denn die sechs Kugeln werden ohne Zurücklegen gezogen. Versuchen Sie, dies zu simulieren!

13.3 Operationen mit Listen

Zur Handhabung von Listen gibt es die folgenden Operationen (alle unten aufgeführten Grundwörter sind Funktionen; einige sind uns bereits bekannt):

(a) Herausgreifen eines Elements:

FIRST	Liste	erstes Element der Liste
LAST	Liste	letztes " " "

(Direkten Zugriff hat man nur auf das erste bzw. letzte Element.)

(b) Verkürzen:

BUTFIRST	Liste	Liste ohne erstes Element
BUTLAST	Liste	" " letztes "

(c) Zusammensetzen:

SENTENCE Liste Liste (Abk.: SE)

setzt die Listen zu einer einzigen zusammen. Bei mehr als zwei Eingaben wird der ganze Ausdruck in runde Klammern eingeschlossen. Wörter als Eingaben werden als einelementige Listen behandelt.

(d) Listen bilden:

LIST Objekt Objekt

ergibt eine Liste mit den Objekten als Elementen:

```
LIST "A "B
RESULT: [A B]
```

Bei mehr als zwei Eingaben wird wie oben geklammert.

```
MAKE "N SQRT 9
(LIST "EIN "LIED :N :N + 1)
RESULT: [EIN LIED 3 4]
```

(e) Anfügen von Elementen:

FPUT Objekt Liste

fügt das Objekt an den Anfang der Liste (als erstes Element; F steht für First):

```
FPUT "AA [BB C]
RESULT: [AA BB C]
```

Entsprechend wirkt LPUT (Anfügen ans Ende; L steht für Last):

LPUT Objekt Liste

Beachten Sie, daß in beiden Fällen zuerst das neue Objekt eingegeben wird.

LPUT "SATZ [DIES IST NOCH KEIN]

RESULT: [*DIES IST NOCH KEIN SATZ*]

Die Funktionen SENTENCE, LIST und FPUT (LPUT) sind verwandt, aber nicht gleich. Manchmal erfüllen verschiedenen Funktionen den gleichen Zweck, eine falsche Anwendung kann aber zu Fehlern führen. Deshalb sollte man sich den Unterschied an folgenden Beispielen gründlich klarmachen:

SENTENCE [A B] [C D]	FPUT [A B] [C D]
RESULT: [*A B C D*]	*RESULT:* [[*A B*] *C D*]
LIST [A B] [C D]	LPUT [A B] [C D]
RESULT: [[*A B*] [*C D*]]	*RESULT:* [*C D* [*A B*]]

Noch einige beherzigenswerte Anmerkungen:

- Innerhalb der Listenklammern brauchen Wörter keine Anführungszeichen. Trennzeichen für Listenelemente ist das Leerzeichen. Die eckigen Klammern brauchen nicht durch Leerzeichen abgesetzt zu werden.
- Die Listenklammern schützen Terme vor der Auswertung.
  Folgerung: Man braucht Zahlen mit Vorzeichen innerhalb einer Liste nicht zu klammern; allerdings darf das Vorzeichen nicht durch ein Leerzeichen abgesetzt werden.
  [1 -1] Liste mit 2 Elementen (1 und -1)
  [1 - 1] Liste mit 3 Elementen (1, - und 1)
- Die Liste mit den Variablenwerten :X und :Y als Elementen ist nicht [:X :Y] , sondern LIST :X :Y .

Es ist sinnvoll, sich einen Vorrat von kleinen Prozeduren anzulegen, die den Umgang mit Listen vereinfachen. Beispiele dafür sind (vgl. "Lottozahlen") IN? , MIN.EL , RAUS . Diese und die folgenden Beispiele sollen als Strickmuster dienen; manchmal kommt man durch eine passende Variante zu einer angemessenen Problemlösung.

(1) COUNT Liste

ist in manchen Logo-Versionen ein Grundwort, es liefert die Länge der Liste. Falls es nicht vorhanden ist, definieren Sie

```
TO COUNT :LISTE
 IF :LISTE = [] THEN OUTPUT Ø
 OUTPUT 1 + COUNT BUTFIRST :LISTE
END
```

(2) Entsprechendes gilt für die Funktion

ITEM Zahl Liste

Sie gibt das n-te Element der Liste aus:

ITEM 3 [A B C D E]

RESULT: C

Falls nicht vorhanden, definiere man

```
TO ITEM :N :LISTE
 IF :N = 1 THEN OUTPUT FIRST :LISTE
 OUTPUT ITEM :N - 1 BUTFIRST :LISTE
END
```

(3) Entfernen des n-ten Elements:

```
TO OHNE :N :LISTE
 IF :N = 1 THEN OUTPUT BUTFIRST :LISTE
 OUTPUT FPUT (FIRST :LISTE) OHNE :N - 1 BUTFIRST :LISTE
END
```

(4) Tauschen des Elements "x" gegen das Element "y":

```
TO TAUSCH :ALT :NEU :LISTE
 IF :LISTE = [] THEN OUTPUT []
 IF :ALT = FIRST :LISTE OUTPUT FPUT :NEU TAUSCH :ALT :NEU BF :LISTE
 OUTPUT FPUT (FIRST :LISTE) TAUSCH :ALT :NEU BF :LISTE
END
```

13.4 Weitere Beispiele

Ein Polynom

$$p = p(x) = a_0 + a_1x + a_2x^2 + \ldots + a_nx^n$$

ist eindeutig bestimmt durch seine Koeffizienten $a_0, \ldots, a_n$; wir können p also darstellen als eine Liste von Zahlen. Beispiel: Das Polynom dritten Grades

$$p(x) = 4 + 2x - 3x^2 + x^3$$

wird dargestellt durch die Liste

[4 2 -3 1] .

Auch die leere Liste hat eine Bedeutung: Wir bezeichnen sie als Nullpolynom.

Setzt man für x eine reelle Zahl ein, so erhält man den Wert der Polynomfunktion. Zur Berechnung des Polynomwerts gibt es ein sehr wirkungsvolles rekursives Verfahren:

$$p(x) = a_0 + a_1x + a_2x^2 + \ldots + a_nx^n$$
$$= a_0 + x * (a_1 + a_2x + \ldots + a_nx^{n-1})$$
$$= a_0 + x * p'(x)$$

p' ist ein Polynom von kleinerem Grad als p ; seine Koeffizientenliste entsteht aus der Liste von p einfach dadurch, daß man das erste Element wegläßt. p' wird ebenso ausgewertet. Man kann abbrechen, wenn die Liste nur noch ein Element enthält (konstantes Polynom), oder sogar wenn die Liste leer ist: Dem Nullpolynom wird der Wert 0 zugeordnet. Das führt zu der Prozedur

```
TO PWERT :POLY :X
 IF :POLY = [] THEN OUTPUT Ø
 OUTPUT (FIRST :POLY) + :X * (PWERT (BUTFIRST :POLY) :X)
END
```

Dieses Verfahren ist bekannt als Horner-Schema. Eine Anmerkung für Experten: Algebraisch wird ein Polynom als endliche Folge von Zahlen definiert, die Liste ist also genau der richtige Datentyp zur Darstellung von Polynomen. Das Horner-Schema ist in Logo vor allem deshalb so einfach zu programmieren, weil man vom Grad des Polynoms überhaupt nicht zu sprechen braucht.

Und nun noch ein Bonbon für Mathematiker:
In der Mengenlehre wird eine natürliche Zahl n repräsentiert durch eine Menge M(n) mit n Elementen. Häufig konstruiert man solche Repräsentanten mit dem folgendem rekursiven Verfahren:

$$M(0) = \emptyset \quad \text{(leere Menge)}$$
$$M(n+1) = M(n) \cup \{M(n)\}$$

Das heißt: Man konstruiert den "Nachfolger" M(n+1) von M(n) , indem man der Menge M(n) ein Element hinzufügt, nämlich die Menge M(n) selbst. Wir können diese Konstruktion mit Listen nachvollziehen: Die Funktion

```
TO NACHF :L
 OUTPUT LPUT :L :L
END
```

liefert den Nachfolger einer Liste :L . Den Repräsentanten einer Zahl $n >= 0$ erhält man mit der Funktion

```
TO REP :N
 IF :N = Ø THEN OUTPUT []
 OUTPUT NACHF REP :N - 1
END
```

Zur Kontrolle:

```
REP 3
RESULT: [[] [[]] [[] [[]]]]
```

Diese Liste hat genau 3 Elemente, nämlich die Repräsentanten von 0, 1 und 2. Wie lang braucht der Rechner, um REP 2Ø aufzuschreiben? (Schätzen Sie zuerst: Sie werden mit Sicherheit zu niedrig liegen.) Wieviele eckige Klammern werden dabei ausgedruckt?

```
REP 2Ø
RESULT: [[[[[[[[[[[[[[[[[[[[]] []] [[]] []] [[[]] []] [
[]] []] [[[[]] []] [[]] []] [[[]] []] [[]] []] [[[[[]]
[]] [[]] []] [[[]] []] [[]] []] [[[[]] []] [[]] []] [[[
]] []] [[]] []] [[[[[[]] []] [[]] []] [[[]] []] [[]] []
] [[[[]] []] [[]] []] [[[]] []] [[]] []] [[[[[]] []] [[
]] []] [[[]] []] [[]] []] [[[[]] []] [[]] []] [[[]] []]
 [[]] []] [[[[[[[]] []] [[]] []] [[[]] []] [[]] []] [[[
[]] []] [[]] []] [[[]] []] [[]] []] [[[[[]] []] [[]] []
] [[[]] []
STOPPED!
```

Trotzdem können wir leicht nachprüfen, ob REP 2Ø wirklich 20 Elemente hat:

```
COUNT REP 2Ø
RESULT: 2Ø
```

Verblüffend ist, daß diese Zeile sehr schnell ausgeführt wird.

13.5 Datentypen

Im Prinzip gibt es bei Logo nur zwei verschiedene Typen von Daten, nämlich Wörter und Listen. (Die Zahlen werden zu den Wörtern gerechnet, allerdings nehmen sie in mancher Hinsicht eine Sonderstellung ein.) Variablen haben also ein Wort oder eine Liste als Wert. Man kann aber dem Variablennamen nicht ansehen, von welchem Typ ihr Wert ist; mehr noch: Man kann eine Variable nacheinander mit Objekten verschiedenen Typs belegen. Kurz gesagt:

Variablen sind nicht typgebunden.

Das ist für manche Dinge ein Vorteil. Zum Beispiel sind in 5.2 und 13.3 zwei Funktionen angegeben, die unglücklicherweise den gleichen Namen COUNT tragen; die eine berechnet die Länge eines Wortes (Anzahl der Zeichen), die andere die Länge einer Liste (Anzahl der Elemente). Mit einer winzigen Änderung können wir jetzt beide Funktionen zu einer einzigen kombinieren, die ein Objekt beliebigen Typs (Wort oder Liste) als Eingabe hat:

```
TO COUNT :OBJ
 IF ANYOF :OBJ = [ ]  :OBJ = " THEN OUTPUT Ø
 OUTPUT 1 + COUNT BUTFIRST :OBJ
END
```

Denn die lokale Variable :OBJ kann beliebige Werte annehmen (die Namensänderung ist unwesentlich); BUTFIRST nimmt sowohl Wörter als auch Listen als Eingabe. Die Rekursion stoppt jetzt in jedem Falle mit dem leeren Objekt.

Nach dem gleichen Muster könnten wir versuchen, die Funktion

```
TO SPIEGEL :WORT
 IF :WORT = " THEN OUTPUT "
 OUTPUT WORD (LAST :WORT) (SPIEGEL BUTLAST :WORT)
END
```

(vgl. 5.2) so zu erweitern, daß sie auch Listen spiegelt. Zunächst sollten wir eine Version schreiben, die ausschließlich Listen als Eingaben hat und jeweils die gespiegelte Liste zurückgibt (gleiche Elemente, aber umgekehrte Reihenfolge). Außer der Stoppbedingung ist noch etwas zu ändern: WORD ist nur für das Verketten von Wörtern zuständig, also müssen wir dafür die passende Listenoperation einsetzen.

```
TO SPIEGEL :LISTE
 IF :LISTE = [ ]  THEN OUTPUT [ ]
 OUTPUT FPUT (LAST :LISTE) (SPIEGEL BUTLAST :LISTE)
END
```

In einer kombinierten Version müßten wir also entscheiden, ob die Eingabe ein Wort ist oder eine Liste.

Zu diesem Zweck gibt es zwei logische Funktionen:

WORD? Objekt

hat ein Objekt beliebigen Typs als Eingabe und ergibt "TRUE , wenn es sich um ein Wort handelt, andernfalls "FALSE .

LIST? Objekt

verhält sich entsprechend bezüglich Listen.

Damit können wir formulieren:

```
TO SPIEGEL :OBJ
 IF ANYOF :OBJ = "  :OBJ = [ ]  THEN OUTPUT :OBJ
 IF WORD? :OBJ THEN OUTPUT WORD (LAST :OBJ) (SPIEGEL BL :OBJ)
 IF LIST? :OBJ THEN OUTPUT FPUT (LAST :OBJ) (SPIEGEL BL :OBJ)
END
```

Auch hier ist es im Prinzip nicht notwendig, den Variablennamen zu ändern; es wäre aber ein miserabler Stil, eine Variable, die auch Wörter annehmen soll, :LISTE zu nennen.

Ein Testlauf:

```
SPIEGEL "OBER!                SPIEGEL  [NOCH EIN BIER, BITTE]
RESULT: !REBO                 RESULT:  [BITTE BIER, EIN NOCH]
```

Wenn man eine Liste spiegelt, wird also (wie geplant) nur die Reihenfolge der Elemente umgekehrt, die Elemente selbst bleiben unverändert. Wie muß man die Funktion ändern, damit auch die Listenelemente gespiegelt werden?

Wie anfangs gesagt, spielen die Zahlen eine Sonderrolle unter den Wörtern; z.B. akzeptieren zahlreiche Grundwörter ausschließlich Zahlen als Eingabe. Deshalb gibt es noch eine dritte logische Funktion zur Abfrage des Datentyps:

NUMBER? Objekt

ergibt genau dann "TRUE , wenn das eingegebene Objekt eine Zahl ist (ganz oder reell). Beachten Sie, daß jede Zahl auch als Wort aufgefaßt wird:

```
NUMBER? 1234            WORD? 1234
RESULT: TRUE            RESULT: TRUE
```

Man benutzt diese drei Funktionen häufig auch für Kontrollfragen, um bei falschen Eingaben eine Prozedur abzubrechen. Außerdem sind WORD? und LIST? wichtig für die Verarbeitung von rekursiv aufgebauten Listen; ein typisches Beispiel ist in 15.2 enthalten.

Aufgaben

1) Mischen:

Das ist das Gegenteil von Sortieren. Schreiben Sie eine Funktion, die eine Liste (etwa einen Kartenstapel) mischt!
Dazu ein Problem: Mische einen Stapel von n Karten, die die Zahlen 1,...,n tragen. Wiederhole den folgenden Vorgang: Wenn die oberste Karte die Zahl k trägt, nimm die k-te Karte heraus und lege sie obenauf. Offenbar endet das Spiel, wenn die 1 oben liegt. Endet es immer?

2) Neue Fremdwörter:

MIKRO - PHON
KLAUSTRO - PHOBIE
BIO - LOGE

Suchen Sie noch mehr solche Fremdwörter. Setzen Sie zufällig ausgewählte Stücke, jeweils ein linkes und ein rechtes, zu einem neuen Wort zusammen:

BIOPHON (damit hört man Gras wachsen)
KLAUSTROLOGE (???)

(Tip: Bilden Sie zwei Listen, jeweils mit den linken bzw. rechten Hälften.) Wer findet die beste Deutung?

3) Nonsens-Sätze:

Bilden Sie eine Reihe von Sätzen nach dem Schema

Subjekt	Prädikat	Objekt
DER HUND	JAGT	DIE KATZE

und setzen Sie zufällig ausgewählte Satzteile zu neuen Sätzen zusammen!

4) Römische Zahlen:

Übersetzen Sie Zahlen in das römische Zahlsystem!

1984 ⟶ MCMLXXXIV

(Tip: Man braucht zwei Listen, eine mit den römischen Ziffern und eine mit den zugehörigen Werten.)

5) Wie lange muß man im Durchschnitt würfeln, bis man alle sechs Zahlen mindestens einmal geworfen hat?
Wie kann man den Verlauf des Experiments graphisch darstellen?
Machen Sie das gleiche mit einem n-seitigen "Würfel" (n >= 2 beliebig) !

6) Listen von Zählern:
Um bei Zufallsexperimenten, z.B. beim Würfeltest, die Häufigkeiten verschiedener Ereignisse zu zählen, kann man auch folgendermaßen vorgehen (anders als in 7.4):

1. Definiere eine Liste mit 6 Zahlen; setze alle Zahlen anfangs auf Null.
2. Würfele mehrmals; wenn die Würfelzahl k fällt, erhöhe das k-te Listenelement um 1 .

Schreiben Sie entsprechende Prozeduren; sie sollten so angelegt sein, daß man ohne große Mühe das Experiment variieren kann. Nützlich ist auch eine graphische Darstellung des Resultates.

Teil IV Feinheiten des Programmierens mit Logo

14 Ein-/Ausgabe

Zwei wichtige Elemente des Programmierens haben wir bisher weitgehend ausgeklammert, nämlich

(1) Gestaltung der Datenausgabe:
Mit der PRINT-Anweisung kann man zwar relativ einfach Daten ausdrukken, aber oft ist es sinnvoll, diese Daten auch klar und übersichtlich zu gliedern.

(2) Eingabe von Daten im Dialog:
Bisher haben wir dem Rechner die benötigten Daten durch Wertzuweisungen für Variablen mitgeteilt, zumeist beim Aufruf einer Prozedur. In manchen Fällen ist es zweckmäßiger, dem Rechner während des Programmlaufs auf Anforderung Informationen einzugeben.

14.1 Cursorsteuerung

Der Inhaber eines Kramladens möchte eine Lagerliste erstellen. Das Sortiment, der Bestand und der Einzelpreis seien jeweils als globale Variablen (Listen) gespeichert:

```
MAKE  "SORTIMENT [BLEISTIFTE GUMMIBAEREN EULEN ELEFANTEN DISKETTEN
                                      FEUERZEUGE NAEGEL COMPUTER]
MAKE "BESTAND  [52 777 33 7 1ØØ 39 1Ø24 2]
MAKE "PREISLISTE [Ø.5 Ø.05 13.8 1198 8.88 Ø.99 Ø.Ø1 698]
```

Ein erster Versuch:

```
TO AUFLISTEN :BEST :SORT :PREIS
 IF :SORT = [] THEN STOP
 (PRINT FIRST :BEST FIRST :SORT FIRST :PREIS)
 AUFLISTEN BF :BEST BF :SORT BF :PREIS
END
```

Der Aufruf

```
AUFLISTEN :BESTAND :SORTIMENT :PREISLISTE
```

bringt ein negatives Ergebnis (s. nebenstehende Tabelle), denn die ausgedruckte Liste ist unübersichtlich. Besser wäre es, eine dreispaltige Tabelle anzulegen: Die Stückzahlen sollen

```
52 BLEISTIFTE Ø.5
777 GUMMIBAEREN Ø.Ø5
33 EULEN 13.8
7 ELEFANTEN 1198
1ØØ DISKETTEN 8.88
39 FEUERZEUGE Ø.99
1Ø24 NAGEL Ø.Ø1
3 COMPUTER 698
```

rechtsbündig, die Artikelnamen linksbündig geschrieben werden, und bei den Preisen sollen die Dezimalpunkte genau untereinander stehen, damit DM- und Pf-Beträge klar getrennt sind:

```
  52 BLEISTIFTE             0.5
 777 GUMMIBAEREN            0.05
  33 EULEN                 13.8
   7 ELEFANTEN           1198
 100 DISKETTEN              8.88
  39 FEUERZEUGE             0.99
1024 NAGEL                  0.01
   3 COMPUTER             698
```

Vor dem Ausdrucken eines Wertes muß deshalb der Cursor jeweils zur richtigen Stelle des Bildschirms bewegt werden.

Der Textbildschirm ist aufgeteilt in 24 Zeilen, die je 40 Zeichen fassen; wir können ihn also als rechteckiges Feld mit 24 x 40 Kästchen ansehen. Die Spalten sind numeriert mit 0,...,39 (von links nach rechts), die Zeilen mit 0,...,23 (von oben nach unten). Die Anweisung

CURSOR Spalte Zeile

setzt den Cursor auf die Stelle des Textbildschirms, die durch die beiden Eingaben (Spaltennummer und Zeilennummer) bezeichnet wird. Eine nachfolgende PRINT- oder PRINT1- Anweisung druckt das erste Zeichen genau auf diese Stelle. Beispiel:

```
CURSOR 34 23
PRINT1 "KELLER
```

druckt KELLER in die rechte untere Ecke des Bildschirms. Die folgende Prozedur druckt an einer zufällig ausgewählten Stelle:

```
TO PRINTRANDOM :Z
 CURSOR RANDOM 40 RANDOM 24
 PRINT1 :Z
END
```

REPEAT 111 [PRINTRANDOM "*] erzeugt ein Zufallsmuster.

Die Eingaben für die Anweisung CURSOR müssen innerhalb der angegebenen Bereiche liegen, sonst gibt es eine Fehlermeldung.

Zum Löschen des Textbildschirms gibt es die Anweisung:

CLEARTEXT

Sie bewegt zugleich den Cursor in die Nullposition (linke obere Ecke).

Zurück zur Lagerverwaltung. Eine Prozedur, die Elemente einer Liste linksbündig untereinander schreiben soll, braucht die linke Randspalte als Eingabe, ebenso die Nummer der obersten Zeile:

```
TO LTAB :LISTE :LSPALTE :ZEILE
 IF :LISTE = [] THEN STOP
 CURSOR :LSPALTE :ZEILE
 PRINT1 FIRST :LISTE
 LTAB (BUTFIRST :LISTE) :LSPALTE :ZEILE + 1
END
```

Beispiel:

```
LTAB :SORTIMENT 1Ø 4
```

druckt die Sortimentliste mit Spalte 10 als linkem Rand, beginnend mit Zeile 4. Vorsicht: Achten Sie darauf, daß :ZEILE den Wert 23 nicht überschreitet, sonst gibt es eine Fehlermeldung. Notfalls kann man in der IF-Anweisung eine Kontrolle einbauen:

```
IF ANYOF :LISTE = []  :ZEILE > 23 THEN STOP
```

Um eine Tabelle rechtsbündig zu schreiben , gibt man entsprechend die Nummer der rechten Randspalte ein. Hier muß man jedoch vor dem Ausdrucken eines Listenelements den Cursor so weit nach links versetzen, daß das letzte Zeichen genau in die feste Randspalte fällt; d.h. die Cursorposition hängt von der Länge des Listenelements ab.

```
TO RTAB :LISTE :RSPALTE :ZEILE
 IF :LISTE = [] THEN STOP
 CURSOR :RSPALTE - (COUNT FIRST :LISTE) + 1 :ZEILE
 PRINT1 FIRST :LISTE
 RTAB BUTFIRST :LISTE :RSPALTE :ZEILE + 1
END
```

Wenn COUNT in Ihrer Logo-Version kein Grundwort ist, ergänzen Sie bitte den Logo-Wortschatz (vgl. 5.2).

Ähnlich funktioniert ein Dezimaltabulator, der eine Liste von Zahlen so ausdruckt, daß alle Dezimalpunkte untereinanderstehen: Ausgehend von einer festen Spalte wird der Cursor jeweils so weit nach links gerückt, wie der ganzzahlige Anteil des Listenelements Stellen hat:

```
TO DEZTAB :LISTE :PSPALTE :ZEILE
 IF :LISTE = [] THEN STOP
 CURSOR :PSPALTE - COUNT (INTEGER FIRST :LISTE) :ZEILE
 PRINT1 FIRST :LISTE
 DEZTAB BUTFIRST :LISTE :PSPALTE :ZEILE+1
END
```

Hier (wie auch in RTAB) darf die erste Eingabe für CURSOR nicht kleiner als 0 werden. Bauen Sie eine entsprechende Kontroll-Abfrage ein!

Um die gesamte Lagerliste zu erstellen, braucht man jetzt nur noch die Positionen der drei Spalten festzulegen:

1. Zeile 4 sei die oberste Zeile.
2. Die Spaltennummern richten sich nach dem Platzbedarf für die jeweiligen Daten.

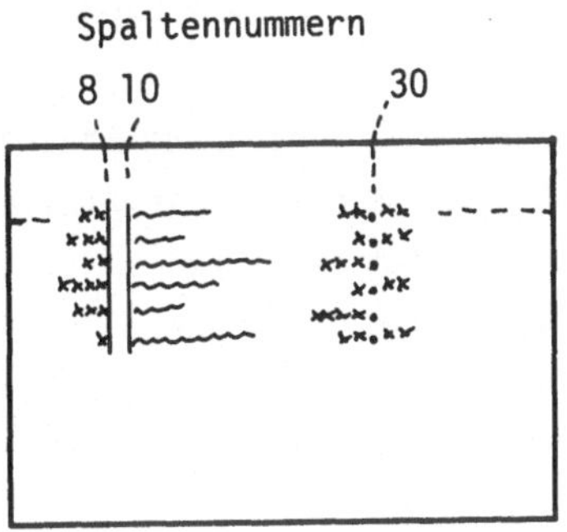


```
TO AUFLISTEN
 CLEARTEXT
 CURSOR 15 Ø  PRINT1 "LAGERLISTE
 RTAB :BESTAND 8 7
 LTAB :SORTIMENT 1Ø 7
 DEZTAB :PREISLISTE 3Ø 7
END
```

Eine sinnvolle Ergänzung wäre, die Spalten mit entsprechenden Überschriften zu versehen. Berechnen Sie außerdem den Gesamtwert des Lagerbestandes!

Varianten:

a) Experimentieren Sie mit LTAB: Wie druckt man die Buchstaben eines Wortes untereinander aus? (LTAB braucht hierzu nur eine winzige Änderung.) Wie schreibt man ein Wort diagonal?

b) Die obigen Prozeduren drucken Tabellen spaltenweise aus. Wertetabellen von Funktionen werden in der Regel zeilenweise berechnet und ausgedruckt. Hier braucht man Prozeduren, die einzelne Zahlen positionieren:

```
TO DPRINT :ZAHL :PSPALTE :ZEILE
 CURSOR :PSPALTE - (DPOS :ZAHL) :ZEILE
 PRINT1 :ZAHL
END

TO DPOS :Z
 IF ANYOF :Z = " (FIRST :Z) = ". THEN OUTPUT Ø
 OUTPUT 1 + DPOS BUTFIRST :Z
END
```

Die Funktion DPOS berechnet die Anzahl der Stellen vor dem Dezimalpunkt, und zwar anders als in DEZTAB , damit man auch reelle Zahlen in der

Exponenten-Schreibweise verarbeiten kann. Beispiel:

```
DPRINT 1.2E18 5 11
```

druckt die Zahl 1.2E18 in Zeile 11 mit dem Punkt in Spalte 5.
Schreiben Sie eine Prozedur für "schöne" Wertetabellen!

Einige Anmerkungen und Ergänzungen:

- Druckt man an einer Stelle des Bildschirms, die schon Zeichen enthält, so werden die alten Zeichen überschrieben. Wenn man die Anweisung PRINT verwendet, werden alle alten Zeichen rechts des Cursors in der jeweiligen Zeile gelöscht; z.B.:

  ```
  CURSOR 5 11
  (PRINT)
  ```

  löscht alle Zeichen der Zeile 11 rechts von Spalte 5. Das ist manchmal erwünscht, zumeist aber nicht. Deshalb verwendet man nach einer CURSOR-Anweisung in der Regel PRINT1 und nicht PRINT .
- Zur Ausgabe von Tabellen u.ä. auf dem Drucker ist CURSOR nicht geeignet; hier braucht man andere Prozeduren (vgl. 14.3).
- In Commodore 64 Logo kann man die Position des Cursors abfragen: Die Funktion

  CURSORPOS

  (ohne Eingabe) gibt eine Liste mit zwei Elementen zurück, bestehend aus der Spalten- und Zeilennummer der momentanen Cursorposition.

14.2 Interaktive Prozeduren

Bleiben wir noch etwas im Kramladen: Der Inhaber möchte sein Sortiment erweitern. Wir könnten nun an jede der drei Listen (Sortiment, Bestand, Preisliste) nach dem Schema

```
MAKE "SORTIMENT LPUT "KAFFEE :SORTIMENT
```

eine Element anfügen. Das ist jedoch langwierig; besser wäre eine Prozedur, die folgendermaßen abläuft:

(a) Der Rechner fragt nach den notwendigen Angaben über den neuen Artikel (Stück, Name, Preis).

(b) Der Krämer tippt die Angaben ein.

(c) Die Daten werden an die Listen angehängt.

(d) Der Rechner fragt, ob noch ein Artikel aufzunehmen sei. Wenn ja, beginnt der Vorgang erneut bei (a).

Um solche Dialoge abzuwickeln, gibt es Logo-Grundwörter, die während des Programmlaufs Eingaben des Benutzers annehmen. Das wichtigste von ihnen ist die Funktion

REQUEST

(auf deutsch: Anforderung). Wird REQUEST aufgerufen, so wartet der Rechner auf eine Eingabe; der Benutzer tippt daraufhin die verlangten Daten ein und drückt abschließend RETURN. REQUEST hat eine Liste als Funktionswert, bestehend aus den eingetippten Daten. Beispiel:

```
TO EINGEBEN
 PRINT [NEUER ARTIKEL (ANZAHL, NAME, PREIS):]
 MAKE "NEU REQUEST
END
```

Rufen Sie EINGEBEN auf: Die Textzeile wird ausgedruckt, in der folgenden Zeile erscheint der blinkende Cursor, um zu zeigen, daß etwas einzugeben ist. Tippen Sie jetzt

```
121 KAFFEE 9.99
```

und drücken Sie RETURN zum Beenden der Eingabe. Daraufhin läuft die Prozedur weiter: Der Funktionswert von REQUEST , also die Liste aus den obigen drei Elementen, wird der globalen Variablen "NEU zugewiesen. Beachten Sie: Die Elemente werden bei der Eingabe durch Leerzeichen getrennt; äußere Listenklammern und Anführungszeichen vor Wörtern werden nicht getippt. Zur Kontrolle können Sie jetzt den Wert von "NEU abfragen:

```
:NEU
RESULT: [121 KAFFEE 9.99]
```

Eine weitere Eingabe-Funktion ist

READCHARACTER (Abk.: RC) .

Testen Sie die Funktion mit der Anweisung:

```
MAKE "ZEICHEN RC
```

Der Rechner wartet auf eine Eingabe, wie bei REQUEST . Hier reicht es jedoch aus, eine einzige Taste zu drücken, das zugehörige Zeichen (d.h. ein Ein-Buchstaben-Wort) ist der Funktionswert von RC. Man braucht nicht RETURN zu drücken, um die Eingabe abzuschließen. Das eingetippte Zeichen erscheint nicht auf dem Bildschirm. Wenn Sie etwa ein B eingetippt haben, wird sofort danach die Wertzuweisung ausgeführt. Prüfen Sie das Ergebnis:

```
:ZEICHEN
RESULT: B
```

RC wird häufig zur Steuerung des Programmablaufs benutzt; z.B. können wir Punkt (d) des obigen Plans damit realisieren (vgl. die folgende Prozedur). Die Punkte (a) und (b) werden von der Prozedur EINGEBEN erledigt; (c) besteht einfach daraus, die Elemente von :NEU auf die drei bestehenden Listen zu verteilen.

```
TO ERWEITERN
 EINGEBEN
 MAKE "BESTAND LPUT (FIRST :NEU) :BESTAND
 MAKE "SORTIMENT LPUT (FIRST BF :NEU) :SORTIMENT
 MAKE "PREISLISTE LPUT (LAST :NEU) :PREISLISTE
 PRINT  [NOCH EIN ARTIKEL? (J/N)]
 IF RC = "J THEN ERWEITERN
END
```

Die letzte Zeile steuert den Ablauf, wie in (d) skizziert: RC verlangt ein Zeichen als Eingabe; tippt man J , so wird ERWEITERN erneut aufgerufen; tippt man irgendein anderes Zeichen, so stoppt die Prozedur.

Eine Anmerkung zum Programmierstil: Es ist eine gute Sitte, vor jedem Aufruf von REQUEST oder RC auszudrucken, welche Daten an dieser Stelle verlangt werden. Denn ein kommentarlos blinkender Cursor kann den Benutzer nur verwirren, ebensogut wird der Rechner von falschen Eingaben verwirrt.

Nun möchte unser Krämer eine Prozedur haben, die Preisänderungen vornimmt. Wir könnten einfach eine neue Preisliste eingeben. Aber der einfachste Weg ist nicht immer der beste; es ist leichter und sicherer, im Dialog zu arbeiten, etwa nach folgendem Plan:

(a) Der Rechner druckt einen Artikelnamen sowie den alten Preis und fragt nach dem neuen Preis.

(b) Der Benutzer gibt entweder den neuen Preis ein, oder er drückt einfach RETURN, falls nichts geändert werden soll.

(c) Der Rechner speichert den neuen Preis oder übernimmt den alten Preis.

(d) Der nächste Artikel wird aufgerufen, solange bis das ganze Sortiment abgearbeitet ist.

Dazu erstellen wir sukzessive eine neue Preisliste namens "NEU, die abschließend der Variablen "PREISLISTE zugewiesen wird.

```
TO PREISAENDERN
 LOCAL "NEU MAKE "NEU []
 AENDERN :SORTIMENT :PREISLISTE
 MAKE "PREISLISTE :NEU
END
```

```
     TO AENDERN :SORT :PREISL
      IF :SORT = [] THEN STOP
      (PRINT (FIRST :SORT) [ALTER PREIS:] (FIRST :PREISL)
      PRINT1 [NEUER PREIS?]
(*)   MAKE "ANTWORT REQUEST
      TEST :ANTWORT = []
      IFTRUE MAKE "NEU LPUT (FIRST :PREISL) :NEU
      IFFALSE MAKE "NEU SENTENCE :NEU :ANTWORT
      AENDERN BF :SORT BF :PREISL
     END
```

Die Zeile (*) erwartet vom Benutzer eine Reaktion. Es gibt zwei mögliche Antworten:

(1) Der Benutzer drückt einfach RETURN. In diesem Fall hat REQUEST die leere Liste als Funktionswert.

(2) Der Benutzer tippt eine Zahl ein und drückt RETURN. Hier ergibt REQUEST eine Liste mit einem Element.

Zeile (*) speichert zunächst die Eingabe in einer Hilfsvariablen "ANTWORT. Im weiteren Verlauf muß die Prozedur zwei Fälle unterscheiden:

(1) Wenn :ANTWORT die leere Liste ist, wird der alte Preis übernommen (d.h. der Liste :NEU angehängt).

(2) Wenn :ANTWORT eine Zahl enthält, wird diese Zahl als neuer Preis eingesetzt, d.h. die Listen :NEU und :ANTWORT werden zusammengefügt.

Beachten Sie, daß im zweiten Fall :ANTWORT keine Zahl ist, sondern eine Liste, die eine Zahl enthält; hier wäre es falsch, statt SENTENCE die Funktion

```
LPUT :ANTWORT :NEU
```

zu verwenden. Richtig wäre jedoch:

```
LPUT (FIRST :ANTWORT) :NEU
```

Die Prozedur hat noch einen Mangel: Falsche Eingaben bleiben unbemerkt (z.B. wäre die Eingabe DM 9,99 nicht erlaubt); der Fehler wirkt sich jedoch erst viel später aus. Versuchen Sie, diesen Mangel zu beheben!

Ob eine Prozedur gut ist, zeigt sich erst im Gebrauch. Wenn z.B. das Sortiment groß ist, wird PREISAENDERUNG sehr unhandlich, wenn nur ein einziger Preis zu ändern ist. Ehe der Krämer den Computer verflucht, schreiben Sie ihm ein neues, besseres Programm!

Zu einer perfekten computergesteuerten Lager-Organisation gehört noch einiges mehr. Schreiben Sie Prozeduren zu den folgenden Vorgängen:

- Verkaufen:
  a) Ein Kunde bestellt Waren. Der Bestellzettel (Liste der Stückzahlen) ist einzugeben.
  b) Prüfe, ob der Vorrat reicht. Wenn nicht, ändere den Bestellzettel.
  c) Ziehe die verkauften Waren vom Bestand ab.
  d) Schreibe eine Rechnung.

- Einkaufen:
  a) Drucke eine Liste der Waren, die nicht mehr vorrätig sind und neu eingekauft werden müssen.
  b) Angelieferte Waren sind zum Bestand zu addieren.

- Streichen: Einige Artikel sollen aus dem Bestand gestrichen werden.

14.3 Tricks und Gags

Die Themen dieses Abschnitts sind nicht "lebensnotwendig"; für gewitzte Progammierer bieten sie jedoch eine Fülle von Möglichkeiten.

a) Die Funktion RC?

Ein Beispiel: Wir wollen den Igel per Tastendruck steuern, während er über den Bildschirm wandert, wie ein ferngesteuertes Spielzeugauto.
Die Funktionen REQUEST und RC stoppen im Normalfall den Programmablauf an einer bestimmten Stelle, um auf eine Eingabe zu warten. Es gibt jedoch eine Eingabe-Funktion, die es ermöglicht, jederzeit in ein laufendes Programm einzugreifen.
Der blinkende Cursor ist ein sicheres Zeichen, daß Logo auf eine Eingabe wartet. Solange er nicht blinkt, bleibt ein Tastendruck in der Regel ohne Wirkung. Derart eingetippte Zeichen gehen jedoch nicht verloren, sondern werden im "Eingabepuffer" zwischengespeichert. Die logische Funktion

RC?

fragt nun ab, ob vor ihrem Aufruf eine Taste gedrückt wurde, d.h. sie ergibt genau dann "TRUE, wenn ein Zeichen im Eingabepuffer steht und darauf wartet, gelesen zu werden.

Eine typische Anwendung:

```
     TO IGELAUTO
(*)   IF RC? THEN DREHEN RC
      FORWARD 1
      IGELAUTO
     END

     TO DREHEN :Z
      IF :Z = "S THEN LEFT 15
      IF :Z = "D THEN RIGHT 15
     END
```

Der Igel bewegt sich zunächst geradlinig vorwärts. Tippen Sie die Taste D: Er dreht sich ein wenig nach rechts, läuft dann wieder geradlinig mit der neuen Richtung. Tippen Sie S : Er dreht sich entsprechend nach links. Tippen Sie D (bzw. S) mehrmals hintereinander: Er beschreibt einen Bogen nach rechts (bzw. links) und läuft geradeaus weiter. So kann man mit zwei Fingern der linken Hand nach Belieben den Igel über den Bildschirm führen. (Andere Tasten außer S und D heben keine Wirkung.)

In der Zeile (*) passiert folgendes: Solange keine Taste gedrückt ist, ergibt RC? den Wert "FALSE , d.h. die Zeile bleibt ohne Wirkung. Wurde jedoch eine Taste gedrückt, so wird die Anweisung DREHEN RC ausgeführt: RC liest das eingetippte Zeichen aus dem Eingabepuffer und gibt es an die lokale Variable :Z von DREHEN weiter; diese Prozedur dreht den Igel nach rechts (links), wenn das Zeichen ein D (ein S) ist. Man beachte: RC? kann kein Zeichen lesen, sondern fragt nur, ob eines da ist; RC wird nur dann ausgeführt, wenn schon ein Zeichen im Eingabepuffer steht, also braucht Logo den Ablauf nicht zu unterbrechen.

Erweitern Sie die Steuerungsmöglichkeiten: Belegen Sie weitere Tasten mit Steuerfunktionen, etwa

- Drehen um 90 Grad nach rechts bzw. nach links,
- Beschleunigen, Bremsen,
- Stift heben, senken.

Benutzen Sie das Programm zum "freihändigen" Zeichnen. Oder machen Sie ein Geschicklichkeitsspiel daraus: Geben Sie ein Labyrinth von Straßen vor und steuern Sie das Auto hindurch!

b) Löschen des Eingabepuffers

Eine weitere Anwendung von RC? ist die Warteschleife:

```
TO WARTEN
 IF RC? THEN CLEARINPUT STOP
 WARTEN
END
```

Fügt man WARTEN in irgendeine Prozedur ein, so wird an dieser Stelle der Ablauf solange gestoppt, bis eine (beliebige) Taste gedrückt wird. Der Tastendruck ist nur ein Signal, das Zeichen selbst wird nicht gebraucht; deshalb muß mit der Anweisung

CLEARINPUT

der Eingabepuffer gelöscht werden.

c) ASCII-Code

Buchstaben, Ziffern und andere Zeichen werden vom Rechner intern als Zahlen codiert. Die Zuordnung Zeichen ↔ Zahl ist standardisiert, sie heißt ASCII-Code (American Standard Code of Information Interchange). Mit der Logo-Funktion

ASCII Zeichen

können Sie die Codezahlen selbst herausfinden; z.B.:

```
ASCII "A
RESULT: 65
```

ASCII hat ein Zeichen (d.h. ein Ein-Buchstaben-Wort) als Eingabe, dessen Codezahl ist der Funktionswert. Auch Steuerzeichen (RETURN, die Cursortasten etc.) haben eine ASCII-Zahl. Testen Sie nacheinander alle Tasten des Rechners mit der folgenden Prozedur:

```
TO ASCIITEST
 PRINT ASCII RC
 ASCIITEST
END
```

Ein Anwendungsbeispiel für diese Funktion: Gesucht ist eine logische Funktion, die ein Zeichen als Eingabe hat und prüfen soll, ob es ein Buchstabe ist. Der einfachste Weg ist, zu fragen, ob der ASCII-Wert des Zeichens zwischen 65 und 90 liegt, denn die Buchstaben belegen genau diesen Bereich:

```
TO BUCHST? :Z
 OUTPUT ALLOF (ASCII :Z) > 64 (ASCII :Z) < 91
END
```

Es gibt auch eine Umkehrfunktion von ASCII, nämlich:

CHAR Zahl

Sie hat eine ganze Zahl zwischen 0 und 255 als Eingabe und gibt das zugehörige Zeichen zurück. Testen Sie CHAR ähnlich wie oben:

```
TO CHARTEST
 PRINT CHAR FIRST REQUEST
 CHARTEST
END
```

(Hier muß man jeweils eine Zahl eingeben und RETURN drücken.) Die zu den Zahlen 1,...,31 gehörenden Zeichen haben Steuerfunktionen: Sie werden nicht gedruckt, zeigen aber z.T. andere Wirkungen. Mit CHAR kann man auch Zeichen erzeugen, die nicht über die Tastatur eingegeben werden können.

Beispiel:

```
PRINT1 CHAR 7
```

erzeugt ein akustisches Signal (kurzer Piepton).

Eine weitere Anwendung der CHAR-Funktion:

```
PRINT1 CHAR 32
```

druckt ein Leerzeichen, rückt also den Cursor um eine Stelle nach rechts. (Normalerweise kann man keine Leerzeichen ausdrucken, da sie bei Wörtern als Ende-Marke dienen, bei Listen als Trennzeichen für die Elemente.) Die Prozedur

```
TO RPRINT :WORT :L
 REPEAT :L - COUNT :WORT  [PRINT1 CHAR 32]
 PRINT1 :WORT
END
```

druckt ein Wort (eine Zahl) rechtsbündig auf insgesamt :L Stellen, beginnend an der momentanen Cursorposition. Diese Methode hat gegenüber der Cursorsteuerung wie in RTAB (vgl. 14.1) einen großen Vorteil: Mit RPRINT kann man auch auf einem Drucker vernünftig Tabellen ausdrucken.

d) Selbstgemachte Eingabe-Funktionen

Wer REQUEST für ungeeignet hält, kann sich solche Eingabe-Funktionen selbst zurechtschneidern, wie der jeweilige Zweck es erfordert. Die folgende Prozedur soll als Muster dienen.

```
TO EINGABE
 LOCAL "Z  MAKE "Z RC
 PRINT1 :Z
 IF :Z = CHAR 13 THEN OUTPUT "
 OUTPUT WORD :Z EINGABE
END
```

Sie wirkt ähnlich wie REQUEST : Wird EINGABE aufgerufen, so muß der Benutzer eine Reihe von Zeichen eintippen und abschließend RETURN drücken. Der Funktionswert ist jedoch keine Liste, sondern ein Wort. Während des Eintippens wird das Wort auf dem Bildschirm ausgedruckt.

Varianten:

- Ersetzen Sie die Zeile PRINT1 :Z durch PRINT1 ". ; dann wird anstatt des Wortes nur eine Reihe von Punkten ausgedruckt (verdeckte Eingabe).
- Streichen Sie PRINT1 :Z ganz!
- Zum Verwirren: Ersetzen Sie PRINT1 :Z durch PRINTRANDOM :Z (vgl. 14.1); dann werden die Zeichen über den Bildschirm verstreut.
- Fügen Sie vor PRINT1 :Z die folgende Zeile ein:

  ```
  IF NOT NUMBER? :Z THEN OUTPUT EINGABE
  ```

  Die Funktion nimmt dann nur noch natürliche Zahlen als Eingaben an.

14.4 Jackpot

Es gibt noch eine Klasse von typischen Dialog-Programmen, die wir in diesem Kapitel noch gar nicht erwähnt haben, nämlich Spiele: Strategiespiele, Glücksspiele, Geschicklichkeitsspiele; Spiele zur Unterhaltung und zum Lernen. Die Computerindustrie versorgt uns reichlich mit unglaublich perfekten Spielprogrammen, die aber meist nach kurzer Zeit ihren Reiz verlieren; auf lange Sicht macht es mehr Spaß, selbst zu programmieren. Ein Computerspiel zu programmieren ist oft gar nicht so schwer, wie es aussieht, zumal wenn man anfangs auf Perfektion verzichtet; jedes Programm läßt sich, sobald die Grundversion läuft, nach Belieben verfeinern und variieren.

Ein Beispiel: Sie können sich die Reise nach Las Vegas ersparen, wir programmieren jetzt einen Geldspielautomaten vom Typ "Einarmiger Bandit". So funktioniert er: Nach Einwurf einer Münze beginnen drei Walzen zu rotieren; jede von ihnen trägt eine Reihe von Symbolen. Nach kurzer Zeit stoppen die Walzen und zeigen in einem Fenster je ein Symbol. Nach dieser Dreierkombination richtet sich der Gewinn.

Wir nennen unseren Apparat JACKPOT. Zur Vereinfachung starten wir die Walzen nicht gleichzeitig, sondern nacheinander, und stoppen sie auf Tastendruck. Als Symbole verwenden wir die Ziffern 0 bis 9. Wir simulieren eine rotierende Walze dadurch, daß wir die Ziffern der Reihe nach an der gleichen Stelle des Bildschirms ausdrucken (die vorherige Ziffer wird dann jeweils gelöscht); nach der 9 beginnt die Reihe wieder bei 0. Beim Stopp soll die zuletzt gedruckte Ziffer gespeichert werden. Sind alle drei Walzen durchgelaufen, wird aus der Ziffernkombination der Gewinn berechnet.

Wir können das Programm folgendermaßen gliedern:

(a) Start (Anfangszustand)

(b) Spiel (Lauf der drei Walzen)

(c) Auswertung (Gewinn)

```
TO JACKPOT
 START
 WALZE 1
 WALZE 2
 WALZE 3
 AUSWERTUNG
END
```

Zu (a): Anfangs müssen wir den Bildschirm löschen und eine Liste für das Ergebnis auf Null setzen:

```
TO START
 CLEARTEXT
 MAKE "ERG []
END
```

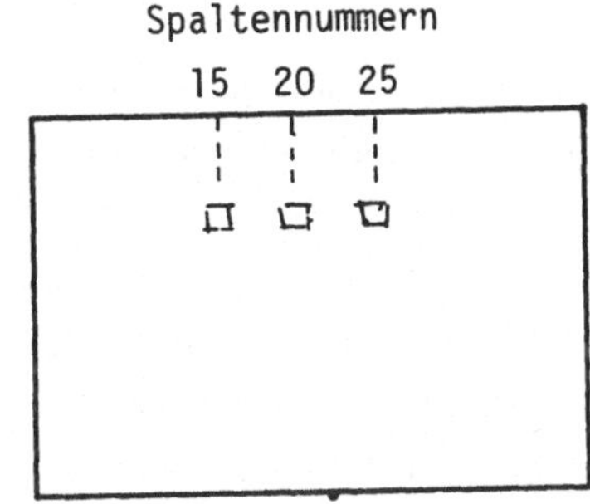

Zu (b): Für jede Walze bestimmen wir ein "Fenster", d.h. eine feste Position auf dem Textbildschirm, z.B. wie in der nebenstehenden Skizze. Die Eingabe für WALZE (1, 2 oder 3) dient zur Berechnung dieser Druckpositionen. Wir brauchen noch eine Variable für die Ziffern, deshalb definieren wir eine weitere Prozedur LAUF :ZIFFER ; sie läßt die Walze rotieren. LAUF soll auf Tastendruck die zuletzt gedruckte Ziffer speichern und stoppen.

```
TO WALZE :N
 LAUF Ø
END

TO LAUF :ZIFFER
 CURSOR (1Ø + 5 * :N) 7
 PRINT1 :ZIFFER
 IF RC? THEN CLEARINPUT MAKE "ERG LPUT :ZIFFER :ERG STOP
 IF :ZIFFER < 9 THEN LAUF :ZIFFER + 1 ELSE LAUF Ø
END
```

Zu (c): Der wesentliche Teil ist hier eine Funktion, die das Ergebnis (d.h. die Liste :ERG) als Eingabe hat und den Gewinn berechnet. Ein einfaches Beispiel, mit dem man oft gewinnt:

```
TO GEWINN :L
 OUTPUT (FIRST :L) + (LAST :L) - (FIRST BF :L)
END
```

Der Rest ist eine "Geradeaus-Prozedur":

```
TO AUSWERTUNG
 CURSOR 7 14
 (PRINT [GEWINN:] GEWINN :ERG)
 CURSOR 7 18
 PRINT1 [NOCH EIN SPIEL? (J/N)]
 IF RC = "J THEN JACKPOT
END
```

Starten Sie mit JACKPOT und machen Sie Ihr Spiel!

Variationsmöglichkeiten gibt es in Hülle und Fülle:

(1) Die Bildschirmausgabe läßt sich noch wesentlich schöner gestalten.

(2) Eine Version, bei der mehrere Mitspieler beteiligt sind: Der Spielleiter programmiert eine den anderen Spielern unbekannte Gewinnfunktion, z.B

- die obige Funktion (oder eine ähnliche),
- die Anzahl der geraden Zahlen,
- die letzte Ziffer des Produkts (der Summe)

etc. etc. (sie soll nicht zu einfach und nicht zu kompliziert sein). Die Spieler sollen mit möglichst wenig Durchläufen die Beziehung zwischen der Ziffernkombination und dem Gewinn herausfinden.
Man kann dieses Spiel mit dem obigen Programm durchführen. Besser wäre es jedoch, wenn man mehrere Durchläufe auf dem Bildschirm protokollieren könnte.

(3) Machen Sie das Spiel "realistischer":
Der Spieler soll anfangs ein Startkapital festlegen. Vermindern Sie das Kapital bei jedem Spiel um 1; addieren sie jeweils den Gewinn. Das ist natürlich nur interessant, wenn die Gewinnfunktion realistisch ist, etwa

$$\text{Gewinn} = \begin{cases} 10 & \text{bei 3 gleichen Ziffern} \\ 5 & \text{bei "Straßen" (z.B. 2-3-4, 7-6-5)} \\ 1 & \text{bei 2 gleichen Ziffern} \\ 0 & \text{sonst} \end{cases}$$

(Die Funktion muß dem Automatenaufsteller einen satten Verdienst garantieren, darf aber den Spieler nicht frustrieren.)

(4) Wechseln Sie die Walzen aus: Lassen sie nicht die Ziffern von 0 bis 9, sondern die Elemente einer fest vorgegebenen Liste (in zyklischer Reihenfolge) ausdrucken. Notwendige Änderungen:

```
TO WALZE :N :SYMBOLE
 LAUF :SYMBOLE
END

TO LAUF :LISTE
 IF :LISTE = [] THEN LAUF :SYMBOLE
 CURSOR (1Ø + 5 * :N) 7
 PRINT1 FIRST :LISTE
 IF RC? THEN CLEARINPUT MAKE "ERG LPUT (FIRST :LISTE) :ERG STOP
 LAUF BUTFIRST :LISTE
END
```

Die Walzen können jetzt verschiedene Symbolfiguren tragen. Beispiel:

```
WALZE 1  [7 Ø 7 2 7 4 7 6 7 8]
WALZE 2  [3 4 5 6 7]
WALZE 3  [1 2 3 7 8 9]
```

Beim Commodore 64 kann man reizvolle Effekte erzielen, wenn man statt der Ziffern Graphikzeichen verwendet.

15 Programme als Daten

Logo besitzt einige Sprachelemente, die man bei anderen Programmiersprachen in dieser Einfachheit nur selten antrifft: Man kann Anweisungen, Terme, sogar ganze Prozeduren behandeln wie normale Daten. Dadurch ergeben sich verblüffende Möglichkeiten, angefangen mit Prozeduren, die Funktionsterme als Eingabe akzeptieren, bis hin zu Prozeduren, die neue Prozeduren schreiben.

15.1 Ausführen von Listen: Der RUN-Befehl

Anweisungen als Listen zu verarbeiten, ist uns im Grunde genommen schon seit langem vertraut: Das Grundwort REPEAT hat als zweite Eingabe die Liste der Anweisungen, die wiederholt werden soll (vgl. Kap. 1.4). Dabei ist es gleichgültig, in welcher Form man die Liste angibt, ob als Konstante oder als Variablen- bzw. Funktionswert:

```
REPEAT 4 [FORWARD 55 RIGHT 90]
```

bewirkt das gleiche wie

```
MAKE "SEITE [FORWARD 55]
REPEAT 4 SENTENCE :SEITE [RIGHT 90]
```

Wir könnten nun, wenn es REPEAT noch nicht gäbe, eine Prozedur schreiben, die genau denselben Zweck erfüllt:

```
TO WIEDERHOLE :ANZAHL :ANWEISUNG
 IF :ANZAHL = 0 THEN STOP
 RUN :ANWEISUNG
 WIEDERHOLE :ANZAHL - 1 :ANWEISUNG
END
```

Die Zeile RUN :ANWEISUNG bewirkt nichts anderes als die Ausführung der Anweisung, die als Liste auf der lokalen Variablen :ANWEISUNG gespeichert ist.

Das Grundwort

RUN Liste

hat eine Liste als einzige Eingabe. Wenn sie Anweisungen enthält, werden diese ausgeführt:

```
RUN [FORWARD 111]
```

bewirkt dasselbe wie FORWARD 111 . Eine Liste derart als Konstante einzugeben, bringt also nichts Neues. RUN wird erst dann sinnvoll, wenn Anweisungen (oder Teile von ihnen) als Daten verfügbar sind:

```
MAKE "RICHTUNG "FORWARD
RUN SENTENCE :RICHTUNG 111
```

Die Anzahl der Anweisungen in der Liste ist im Prinzip beliebig.

RUN kann aber noch mehr, nämlich Terme auswerten:

```
RUN [SQRT 3 * 3 + 4 * 4]
RESULT: 5
MAKE "FUNKTION [3 * :X * SIN :X]
MAKE "X 11
PRINT RUN :FUNKTION
6.29669
```

Wenn die Eingabeliste für RUN einen Term enthält (d.h. einen arithmetischen bzw. logischen Ausdruck, oder eine Funktion), wird dieser Term ausgewertet, das Ergebnis wird an die aufrufende Prozedur zurückgegeben. Variablen, die eventuell in dem Term enthalten sind (z.B. :X in :FUNKTION) müssen natürlich zum Zeitpunkt der Auswertung mit einem Wert belegt sein (das gleiche gilt auch für Variablen in Anweisungen).

Wie in der Prozedur WIEDERHOLE können wir nun Anweisungen und Terme in Form von Listen als Eingabedaten verwenden. Zwei Anwendungsbeispiele:

a) WHILE-Schleifen

In Kap. 6.1 haben wir den Syracuse-Algorithmus kennengelernt, und zwar in einer "mathematischen" Sprechweise; wir könnten ihn auch stärker "algorithmisch", d.h. handlungsorientiert, formulieren (ein Algorithmus ist schließlich nichts anderes als eine Handlungsvorschrift), etwa folgendermaßen:

```
Setze die Variable A auf einen Startwert (natürliche Zahl).
Solange A > 1 , tue folgendes:
     Drucke A aus, berechne den Wert
          3*A + 1  , wenn A ungerade, bzw.
          A / 2    , wenn A gerade,
     und setze A auf diesen Wert.
```

Es wäre gut, wenn man solche Sätze unmittelbar in Logo übersetzen könnte, etwa so:

```
TO SYRACUSE :A
 WHILE  [:A > 1]   [PRINT :A  MAKE "A NEXT :A]
END

TO NEXT :A
 TEST (REMAINDER :A 2 ) = Ø
 IFFALSE OUTPUT 3 * :A + 1
 IFTRUE OUTPUT QUOTIENT :A 2
END
```

Ein solches Grundwort WHILE gibt es in Logo nicht. Der RUN-Befehl ermöglicht aber, eine entsprechende Prozedur zu schreiben und damit ein neues Sprachelement zu schaffen:

```
TO WHILE :BEDINGUNG :ANWEISUNG
 IF NOT (RUN :BEDINGUNG) THEN STOP
 RUN :ANWEISUNG
 WHILE :BEDINGUNG :ANWEISUNG
END
```

Damit können wir SYRACUSE zum Laufen bringen. (Der Startwert für den Algorithmus wird nach wie vor beim Aufruf der Prozedur eingegeben.)

Allgemein hat die Prozedur WHILE zwei Listen als Eingaben, die erste enthält eine Bedingung (einen logischen Term), die zweite eine Anweisung (oder auch mehrere); wie geplant, wird die Anweisung solange wiederholt, wie die Bedingung erfüllt ist.

b) Wertetabellen

Eine Prozedur, die Wertetabellen von Funktionen ausdruckt, sollte möglichst einfach und vielseitig zu gebrauchen sein. Zumindest sollte man eine Logo-Funktion vorsehen, die die Funktionswerte berechnet, etwa so:

```
TO TABELLE :XMIN :XMAX :XSCHRITT
 IF :XMAX > :XMIN THEN STOP
 (PRINT :XMIN FUNKTIONSWERT :XMIN)
 TABELLE :XMIN + :XSCHRITT :XMAX :XSCHRITT
END
```

Um z.B. f(x) = x/(1+x*x) zu tabellieren, müßte man im Editor die Prozedur

```
TO FUNKTIONSWERT :X
 OUTPUT :X / (1 + :X * :X)
END
```

definieren, und jede Änderung des Funktionsterms müßte dann ebenfalls im Editor durchgeführt werden. Noch einfacher ist es, den Term als Variable einzugeben:

```
TO TAB :FUNKTIONSTERM :XMIN :XMAX :XSCHRITT
 TAB1 :XMIN
END

TO TAB1 :X
 IF :X > :XMAX THEN STOP
 (PRINT :X RUN :FUNKTIONSTERM)
 TAB1 :X + :XSCHRITT
END
```

Die erste Eingabe von TAB ist eine Liste, nämlich der Funktionsterm:

```
TAB [:X / (1 + :X * :X)] 1 6 Ø.5
```

```
1 0.5
1.5 0.307692
2 0.2
2.5 0.137931
3 0.1
3.5 0.0754716
4 0.0588235
4.5 0.0470588
5 0.0384615
5.5 0.032
6 0.027027
```

Der Term muß :X als Variable enthalten. Denn TAB1 enthält eine lokale Variable :X , die beim Aufruf von RUN :FUNKTIONSTERM benutzt wird. Verwendet man einen anderen Namen, etwa :Z , so gibt es eine Fehlermeldung:

```
TAB [:Z / (1 + :Z * :Z)] 1 6 Ø.5
THERE IS NO NAME Z, IN LINE
 (PRINT :X RUN :FUNKTIONSTERM)
 AT LEVEL 2 OF TAB1.
```

Oder es gibt konstante Funktionswerte, falls "Z mit einer Zahl belegt ist.

TAB verkraftet ohne weiteres auch längere Terme (solange der Prozeduraufruf in eine einzige Logo-Zeile paßt); die Lesbarkeit wird dann aber nicht gerade erhöht. Bei komplexeren Funktionen, insbesondere wenn sie durch Fallunterscheidungen definiert sind, ist es immer noch sinnvoll, die Prozedur TABELLE zu verwenden.

Ein weiterer Nachteil von RUN : Prozeduren, die bei ihrer Ausführung häufig den RUN-Befehl aufrufen, brauchen eine wesentlich längere Laufzeit als gleichwertige Prozeduren, die ohne ihn auskommen.

15.2 Prozedurtexte

Prozeduren werden im Arbeitsspeicher als Listen von Logo-Zeilen abgelegt. Mit der Funktion

TEXT Name

kann man auf diese Listen direkt zugreifen, ohne den Umweg über den Editor; z.B.:

PRINT TEXT "TABELLE

```
[:XMIN :XMAX :XSCHRITT] [IF :XMAX > :XMIN THEN STOP] [(
 PRINT :X FUNKTIONSWERT :X )] [TABELLE :XMIN + :XSCHRIT
T :XMAX :XSCHRITT]
```

TEXT hat ein Wort als Eingabe, nämlich den Prozedurnamen; das Ergebnis ist eine Liste von Listen:

(1) Das erste Element ist die Liste der lokalen (Eingabe-) Variablen der Prozedur; falls keine da sind, steht hier die leere Liste.

(2) Alle folgenden Elemente sind die Zeilen der Prozedur, jeweils als Listen dargestellt.

Sicherlich wollten Sie schon immer einmal einzelne Prozeduren über den Drucker ausgeben. Die Anweisung PRINTOUT erlaubt das nicht (vgl. 10.2). Mit

PRINT TEXT Name

ist es jetzt möglich. Allerdings ist der Text schlecht lesbar, denn die Zeilen der Prozedur werden nicht in Druckzeilen gegliedert (der Drucker macht zwischen den Listenelementen keinen Zeilenvorschub). Um ein Bild wie im Editor zu erhalten, schreiben wir die Listenelemente untereinander, ähnlich wie in 14.1 ; anfangs wird noch der Prozedurname ausgedruckt, gefolgt von den Eingabevariablen:

```
TO DRUCK1 :PRNAME
 (PRINT "TO :PRNAME FIRST TEXT :PRNAME)
 DRUCK2 BUTFIRST TEXT :PRNAME
 PRINT "END
END

TO DRUCK2 :LISTE
 IF :LISTE = [] THEN STOP
 PRINT FIRST :LISTE
 DRUCK2 BUTFIRST :LISTE
END
```

Zumeist bilden mehrere Prozeduren eine Einheit, deswegen wäre es sinnvoll, eine ganze Liste von Prozedurnamen eingeben zu könnnen:

```
TO DRUCKE :PRLISTE
 IF :PRLISTE = [] THEN STOP
 DRUCK1 FIRST :PRLISTE
 (PRINT)
 DRUCKE BUTFIRST :PRLISTE
END
```

Mit der Anweisung

```
DRUCKE [DRUCKE DRUCK1 DRUCK2]
```

werden die obigen drei Prozeduren in derselben Form wie mit PRINTOUT ausgedruckt, jeweils durch eine Leerzeile getrennt. (Die Leitung zum Drucker muß geöffnet sein; vgl. 10.1).

Zwei Ergänzungen zur Funktion TEXT :

- Wenn das eingegebene Wort ein Grundwort ist, wird das Wort selbst zurückgegeben:

  TEXT "FORWARD

  RESULT: FORWARD
- Ist die Eingabe weder ein Prozedurname noch ein Grundwort, so wird die leere Liste zurückgegeben.

Man kann nicht nur den Text einer bereits definierten Prozedur abrufen; umgekehrt wird eine Liste von Logo-Zeilen als neue Prozedur definiert durch die folgende Anweisung:

DEFINE Name Liste

Zum Beispiel hat

```
DEFINE "QUAD [[:S] [REPEAT 4 [ FORWARD :S RIGHT 90]]]
```

die gleiche Wirkung, als wenn man die Prozedur

```
TO QUAD :S
 REPEAT 4 [FORWARD :S RIGHT 90]
END
```

wie üblich mit Hilfe des Editors definiert.

DEFINE hat zwei Eingaben: Die erste (ein Wort) wird dem internen Verzeichnis der Prozedurnamen hinzugefügt, die zweite (eine Liste) wird diesem Namen als Prozedurtext zugeordnet. Die Liste muß die gleiche Form haben wie die von TEXT ausgegebenen Listen (erstes Element: Liste der Eingabevariablen, evtl. die leere Liste; alle weiteren Elemente: Zeilen der Prozedur, jeweils als Listen).

Damit ist es möglich, Prozeduren zu schreiben, die neue Prozeduren erzeugen oder bestehende Prozeduren verändern. Ein Anwendungsbeispiel dieser Technik ist das folgende Übersetzungsprogramm. (Vgl. [8] .)

Angenommen, wir möchten eine Igelgraphik-Prozedur so umschreiben, daß sie eine spiegelbildliche Figur erzeugt, indem wir RIGHT durch LEFT und LEFT durch RIGHT ersetzen. Wir können die Prozedur natürlich Zeile für Zeile im Editor ändern, aber diese schematische, lästige Arbeit wollen wir lieber dem Rechner überlassen.

Wir benötigen dazu zwei Prozeduren:

a) Die erste von ihnen (übrigens ein typisches Beispiel für rekursive Listenverarbeitung) tauscht in einer Liste gewisse Wörter gegen Ersatzwörter aus, gleichgültig an welcher Stelle sie vorkommen. Sie geht davon aus, daß die auszutauschenden Wörter als (globale) Variablennamen definiert sind, und zwar mit den Ersatzwörtern als Werten:

```
MAKE "RIGHT "LEFT
MAKE "LEFT  "RIGHT
MAKE "LT    "RT
MAKE "RT    "LT
```

(Man kann diese Wertzuweisungen auch im Editor durchführen.) Die folgende Prozedur hat eine Liste oder ein Wort als Eingabe:

```
TO AUSTAUSCH :X
 IF :X = [] THEN OUTPUT []
 IF LIST? :X THEN OUTPUT FPUT (AUSTAUSCH FIRST :X) (AUSTAUSCH BF :X)
 IF THING? :X THEN OUTPUT THING :X
 OUTPUT :X
END
```

Falls die Eingabe eine Liste ist, wird diese elementeweise weiterverarbeitet, solange bis die Grundbausteine von Listen, nämlich Wörter, erreicht sind. Falls die Eingabe ein Wort ist, wird geprüft, ob dieses Wort als Variablennamen vorkommt: Wenn ja, wird der zugehörige Variablenwert (d.h. die Übersetzung) ausgegeben; wenn nein, wird das Wort unverändert zurückgegeben. Zu der o.g. Abfrage, ob ein Wort als Variablenname vorkommt, wird eine Funktion benutzt, die bisher noch nicht erwähnt wurde:

Die logische Funktion

THING? Wort

hat ein Wort als Eingabe und ergibt "TRUE genau dann, wenn eine Variable mit diesem Namen existiert.

b) Die zweite Prozedur soll den geänderten Text einer Graphik-Prozedur unter dem alten Namen definieren:

```
TO UEBERSETZE :PRNAME
 DEFINE :PRNAME AUSTAUSCH TEXT :PRNAME
END
```

Als Beispiel testen wir die obige Prozedur QUAD:

UEBERSETZE "QUAD

Zur Kontrolle:

TEXT "QUAD

RESULT: [[:S] [REPEAT 4 [FORWARD :S LEFT 9Ø]]]

Das Wort RIGHT ist jetzt durch LEFT ersetzt.

Reizvolle Testobjekte sind Prozeduren zum Zeichnen von Buchstaben (Kap.2, Aufg. 1): Die übersetzten Prozeduren schreiben in Spiegelschrift!

Varianten und Anmerkungen:

(1) Manchmal ist es sinnvoll, einen neuen Namen zu wählen, so daß die alte Prozedur erhalten bleibt. Ändern Sie UEBERSETZE entsprechend!

(2) Wie kann man erreichen, daß UEBERSETZE auch eine ganze Liste von Prozeduren als Eingabe nimmt?

(3) Was muß man tun, damit das Übersetzungsprogramm nicht RIGHT durch LEFT etc. ersetzt, sondern FORWARD durch BACK , BACK durch FORWARD ?

(4) Wenn außer den auszutauschenden Wörtern noch andere Variablennamen existieren, könnte es unerwünschte Nebeneffekte ergeben. Hat man z.B. eine globale Variable namens "BL definiert durch

MAKE "BL 5 ,

so steht in allen übersetzten Prozedurtexten statt BL (Abk. für BUTLAST) eine 5.

(5) Die Prozedur AUSTAUSCH ist universell verwendbar, um in einer Liste Wörter gegen andere auszutauschen. Wer statt der englischen Logo-Version lieber die deutsche benutzt, kann damit sogar englische Prozedurtexte in deutsche übersetzen; man braucht dazu natürlich eine ganze Menge globaler Variablen: MAKE "FORWARD "VORWAERTS usw. usw.

Aufgaben

1) Verfeinern Sie die Prozedur TAB so, daß die Tabelle formatiert ausgedruckt wird: In den Spalten sollen die Dezimalpunkte genau untereinander stehen, und zwar nicht nur bei der Ausgabe auf dem Bildschirm, sondern auch auf dem Drucker (vgl. 14.3).

2) Schreiben Sie eine Prozedur zum Zeichnen von Funktionsgraphen (vgl. 11.2) so, daß sie einen Funktionsterm als Eingabe hat!

3) Hier ist eine Prozedur, die Prozedurnamen ändern kann:

```
TO AENDERE :ALT :NEU
 DEFINE :NEU TEXT :ALT
 ERASE :ALT
END
```

Beispiel:

```
AENDERE "QUAD "SQUARE
```

Bei rekursiven Prozeduren zeigt sich jedoch ein erheblicher Mangel. Wieso? Wie kann man ihn beheben?

16 Projekt „Funktionsgraphen"

16.1 Exkurs über Programmentwicklung

Die bisherigen Programmieraufgaben waren noch relativ klein und übersichtlich. Wenn man ein größeres Projekt verwirklicht, braucht man im allgemeinen mehr Zeit für eine gründliche Vor- und Nachbereitung als für das Programmieren selbst. Das ist nicht zwangsläufig so, aber es zahlt sich aus; wenn man sich nämlich gleich an den Rechner setzt, verliert man allzu leicht den Überblick. Übrigens gilt das für jede Programmiersprache, aber nicht jede ist für ein systematisches Vorgehen so gut geeignet wie Logo. Denn:

Logo ist modular.

Im Klartext: Ein Logo-Programm besteht (in der Regel) aus mehreren Prozeduren, die sich mosaikartig zu einem Ganzen zusammenfügen. Diese Bausteine (Moduln) bilden ihrerseits selbständige Einheiten, führen ihre Spezialaufgaben aus.

Logo unterstützt daher strukturiertes Programmieren, d.h. man kann ein Problem in Teilaufgaben zergliedern, die dann getrennt voneinander bearbeitet werden (top-down-Strategie); ein solches Vorgehen empfiehlt sich besonders dann, wenn das Projekt ein klar umrissenes Ziel hat.

Aber nicht nur das: Ebensogut kann man zunächst die kleinen Bausteine bereitstellen und diese dann nach Belieben zusammensetzen, variieren, ergänzen (bottom-up-Strategie); das ist sinnvoll bei einem Projekt, dessen Ziel eher offen ist.

Welchen Weg man einschlägt, hängt von vielen Dingen ab, z.B. vom Thema des Projekts, vom geplanten Verwendungszweck, von der Arbeitsform (Einzel- oder Gruppenarbeit) oder von der Laune des Programmierers. Jedenfalls ist Logo in dieser Hinsicht anpassungsfähig.

Soweit einige Stichworte. Programmentwicklung im allgemeinen ist jedoch ein so umfangreiches Thema, daß man ganze Bücher damit füllen kann. Dieses

Buch handelt aber in erster Linie vom Programmieren (diese beiden Themen haben eine ähnliche Beziehung zueinander wie Geometrie und Zeichnen); dabei muß man sich stärker mit den Eigenarten einer speziellen Programmiersprache oder eines speziellen Rechners auseinandersetzen.

Wer mehr über Programmentwicklung wissen möchte, kann in zahlreichen Büchern über Informatik etwas zu diesem Thema finden (nicht zuletzt in Schulbüchern, z.B. [9] oder [10]). In dem vorliegenden Kapitel sind diese Aspekte eher implizit enthalten; das Schwergewicht liegt wie immer auf der Mathematik und der Programmierung in Logo.

16.2 Idee und Plan

An dieser Stelle war ursprünglich eine Liste möglicher Themen für Projekte geplant, aber jede Vorschlagsliste würde vermutlich den Blick einengen. Der Phantasie sind keine Grenzen gesetzt: Alles, was programmierbar ist, kann auch mit Logo programmiert werden (jedenfalls fast alles), von Planetenbahnen über Casino-Roulette bis zum Geläut des Big Ben. Ideen gibt es (hoffentlich) genügend; wichtig ist nur, daß sie reizvoll sind.

Zum Beispiel könnte jemand im Mathematikunterricht, Kurs "Analysis", auf die nützliche Idee kommen, Funktionsgraphen vom Rechner zeichnen zu lassen. Denn damit kann man sich eine Menge mühseliger Arbeit ersparen; mehr noch: Mit einem schnellen, flexiblen Programm kann man einfach mal mit ein paar Funktionen experimentieren, ohne großen Zeitaufwand.

Der Rechner soll also Funktionen graphisch darstellen, auch ihre Ableitungen und Stammfunktionen. Das Programm soll natürlich alle gebräuchlichen Funktionen verarbeiten können, aber trotzdem leicht zu handhaben sein. Es gibt zwar vorgefertigte Programme hierfür, aber nehmen wir an, es ist weit und breit keines greifbar, oder sie sind zu teuer, oder sie taugen nichts. Also schreiben wir selbst eines! Das Projekt "Funktionsgraphen" ist geboren.

Das Ziel des Projekts ist noch ziemlich diffus; unsere erste Aufgabe ist also, das Ziel (oder auch die Ziele) und den Weg dahin klarer zu formulieren. Dazu gehört auch schon eine Gliederung in Teilaufgaben. Wie man diese

Gliederung vornimmt, hängt natürlich in erster Linie vom Projekt selbst ab, aber zum Teil ist es notwendig, schon an dieser Stelle die Eigenschaften der Sprache oder des Rechners mit in die Planung einzubeziehen (z.B. die speziellen Merkmale der Logo-Graphik). Ein Vorschlag:

(A) Skalierung (Bildschirmgrenzen):
Der Logo-Graphikbildschirm hat ein festes Koordinatensystem (vgl. 11.1, 11.2). Wir möchten aber das "Fenster" (d.h. den Ausschnitt der Ebene, in dem gezeichnet wird) der jeweiligen Funktion anpassen: Die Koordinaten der Bildschirmgrenzen müssen frei wählbar sein.

(B) Koordinatenachsen:
Um die Funktionswerte oder die Lage kritischer Punkte (Extrema, Nullstellen) abschätzen zu können, möchten wir waagerechte und senkrechte Achsen zeichnen, mit Skalenmarkierungen.

(C) Standardfunktionen:
Logo enthält nur wenige Standardfunktionen (vgl. 12.2), deshalb bleibt uns nichts anderes übrig, als selbst einen Grundvorrat an Funktionen bereitzustellen (Polynome, allgemeine Wurzeln, exp, log usw.)

(D) Graphen:
Das ist der eigentliche Kern unseres Projekts: Der Graph einer Funktion soll gezeichnet werden, ebenso ihre Ableitung und Stammfunktion. Der Funktionsterm soll möglichst einfach einzugeben sein.

Die Einzelaufgaben sind zwar getrennt voneinander zu lösen, aber durchaus nicht unabhängig. Beispiel: Wie das Problem der Skalierung in (A) gelöst wird, hat Einfluß auf alle Teile, die etwas zeichnen, also (B) und (C). Die wechselseitigen Beziehungen müssen von vornherein bei der Planung berücksichtigt werden. Eine Skizze ist nützlich:

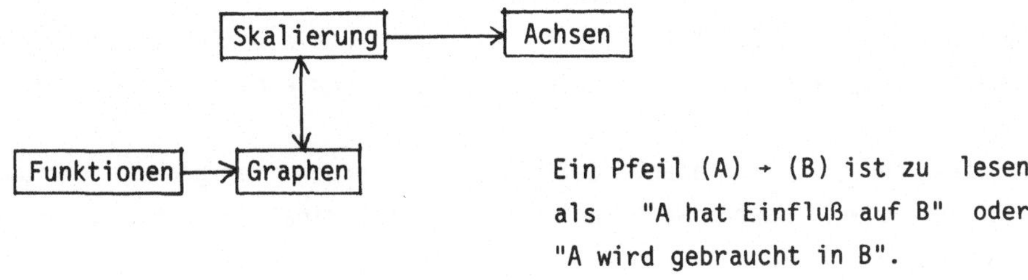

Ein Pfeil (A) → (B) ist zu lesen als "A hat Einfluß auf B" oder "A wird gebraucht in B".

Ein solcher Plan muß nicht endgültig sein, im weiteren Verlauf können sich neue Aspekte ergeben, die eine Änderung des ursprüglichen Konzepts notwendig machen. (Das ist jedoch kein Argument gegen eine gründliche Planung.)

16.3 Ausführliche Planung der Teilaufgaben

Der Teufel steckt nicht selten in Detail, deswegen werden wir jetzt ohne lange Vorrede beginnen. (Einige der Probleme sind auch schon in den früheren Kapiteln angesprochen worden.)

(A) Skalierung

Für die Koordinatengraphik ist in Logo die Anweisung SETXY zuständig; ihre Eingaben, die Koordinaten des Zielpunktes, beziehen sich auf das Standard-Fenster:

Beim Commodore 64: $-160 <= x < 160$, $-130 < y < 130$

Beim Apple II: $-140 <= x < 140$, $-120 < y < 120$

Wir brauchen eine Anweisung, die im Prinzip genauso wirkt wie SETXY, aber innerhalb eines frei definierbaren Fensters:

xmin < x < xmax

ymin < y < ymax

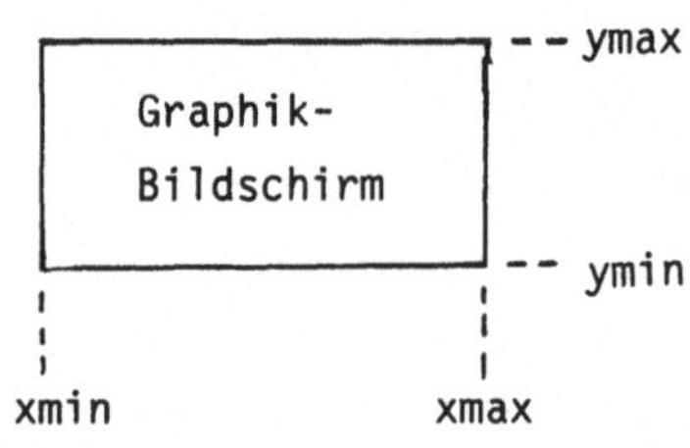

Diese Anweisung, nennen wir sie MOVE , soll also ebenfalls die Koordinaten x und y als Eingaben haben und den Zeichenstift zum Punkt (x,y) bewegen, wobei sich x , y allerdings auf das selbstgewählte Fenster beziehen. Sie muß deshalb x, y umrechnen auf die Standardkoordinaten

x' = -160 + 320 * (x - xmin)/(xmax - xmin)

y' = -130 + 260 * (y - ymin)/(ymax - ymin)

und anschließend SETXY (x') (y') ausführen. (Die Zahlen gelten für den Commodore 64; beim Apple II sind entsprechende Werte einzusetzen, s.o.)

Um das Fenster festzulegen, definiere man einfach vier globale Variablen (:XMIN usw.), deren Werte bei der o.g. Koordinatenumrechnung benutzt werden.

Es gibt noch ein Problem: Wenn der Zielpunkt außerhalb des Fensters liegt, dann verursacht SETXY einen Randsprung. Bei Funktionsgraphen ist dieser Effekt unangenehm; wünschenswert wäre, daß man den Zeichenstift auch außerhalb des Fensters "bewegen" könnte, ohne Randsprung und ohne Fehlermeldung, so daß der Graph weitergezeichnet wird, sobald er wieder innerhalb des Fensters liegt. (Abschalten des Randsprungs mit NOWRAP nützt nichts, denn dann bricht der Ablauf ab, wenn der Rand überschritten wird.)

(B) Koordinatenachsen

Um die x-Achse zu zeichnen, geht man einfach zum Punkt (xmin,0) und zeichnet einen waagerechten Strich. Das einzige Problem ist, die Skalenmarkierungen zu zeichnen.

Gewöhnlich zeichnet man eine Skaleneinteilung so, daß die markierten Punkte den ganzzahligen Vielfachen einer "Einheit" Dx entsprechen; Dx soll frei wählbar sein. Nun ist aber xmin nicht unbedingt ein Vielfaches von Dx , d.h. die erste Marke muß nicht unbedingt am linken Rand sitzen (vgl. Skizze). Man kann jedoch die Position x1 der ersten Marke mit Hilfe der integer-Funktion wie folgt ausrechnen:

x1 = Dx * integer(xmin/Dx)

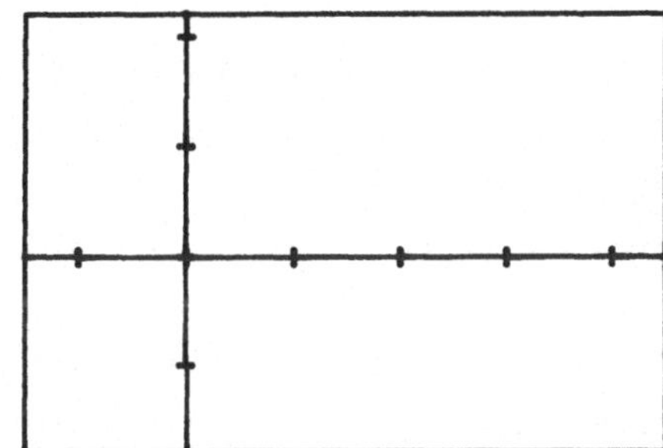

Die weiteren Marken haben die x-Werte

x1 + n * Dx , n = 1,2, ...

Für den Fall, daß man keine Marken zeichnen möchte, könnte man Dx = 0 setzen und im Programm entsprechend verzweigen. Mit der y-Achse verfährt man analog.

Wenn der Nullpunkt des Koordinatensystems nicht innerhalb des gewählten Fensters liegt, könnte man kein Koordinatenkreuz zeichnen, sondern höchstens eine der Achsen. Deswegen sollte man eine Möglichkeit vorsehen, die Achsen zu verschieben, d.h. die Koordinaten x0 , y0 des Achsenschnittpunkts zu bestimmen.

(C) Standardfunktionen

Man könnte mit diesem Thema das halbe Buch füllen, es enthält eine Menge reizvoller Probleme. Wir wollen hier aber nicht über das hinausgehen, was früher dazu gesagt worden ist (Kap. 12 , 13.4).

(D) Graphen

Wie man den Graphen einer (stetigen) Funktion f über einem Intervall [a,b] zeichnen kann, haben wir schon in Kap. 11.2 diskutiert; wir können dieses Konzept auch hier zugrundelegen.

Um die Ableitung f' zu zeichnen, geht man ähnlich vor. Die Werte f'(x) werden angenähert durch Differenzenqotienten:

$$f'(x) \approx (f(x+h) - f(x))/h$$

Für die Konstante h können wir den gleichen Wert nehmen wie für die Schrittweite, mit der der Graph gezeichnet wird, etwa

$$h = (b - a)/100 \quad .$$

Zur Darstellung des Integrals wählen wir eine Stammfunktion aus: Das Musterexemplar aller Stammfunktionen ist die Flächenfunktion, d.h. die Funktion s(x) , die die Fläche unterhalb des Graphen von f über dem Intervall [a,x] angibt. Sie wird näherungsweise berechnet durch die Rechteckssummen:

$$s(a) = 0 \ , \quad s(x+h) = s(x) + h * f(x)$$

Die Näherungswerte s(x) werden also rekursiv berechnet, und zwar für

$$x = a \ , \ a+h \ , \ a+2h \ , \ \ldots \qquad (h \text{ wie oben}) \ .$$

Wir fassen die Prozeduren, die hieraus entstehen sollen, unter der Bezeichnung "Graph-Prozeduren" zusammen.

Ein mehr oder weniger technisches Problem ist: Wie teilt man den Graph-Prozeduren mit, welche Funktion zu zeichnen ist? Diese Frage ist jedoch für das Gelingen des Projekts nicht unwichtig, denn das schönste Programm taugt nichts, wenn es unhandlich und schwierig zu bedienen ist. Deswegen lohnt es sich, hierüber etwas intensiver nachzudenken und eine neue Teilaufgabe (E) einzurichten:

(E) Eingabe der Funktionen

Nichts leichter als das: Man definiert eine Funktionsprozedur, etwa mit dem Namen FUNK , die dann von den Graph-Prozeduren benutzt wird. Das ist die einfachste Lösung, hat aber einen Nachteil: Um die Funktion zu ändern, muß man den Editor benutzen. Erstens ist das nicht sehr handlich, und zweitens könnte man nicht zwei verschiedene Funktionen in das gleiche Bild zeichnen, denn beim Editieren wird der Graphikbildschirm gelöscht.

Eine andere Möglichkeit: Beim Aufruf einer Graph-Prozedur wird der Funktionsterm als Liste eingegeben, die dann mit RUN ausgewertet wird. Auch das bringt Nachteile:

- Es ist zeitaufwendig, da der Term relativ häufig ausgewertet werden muß. (RUN ist langsam!)
- Komplexere Funktionen (etwa mit Fallunterscheidungen) sind schwierig zu realisieren.
- Wenn man dieselbe Funktion mehrmals benutzen möchte, muß man jedesmal den Term neu eintippen; das ist umständlich, besonders bei längeren Termen.

Wir sollten also unsere Ziel noch einmal genau formulieren:

(a) Die Graph-Prozeduren sollen eine Funktion als Eingabe haben.
(b) Die Funktion soll entweder durch ihren Namen oder als Term eingegeben werden können.
(c) Es soll ohne Umstände möglich sein, dieselbe Funktion mehrmals nacheinander zu benutzen.
(d) Die Funktion soll programmtechnisch (innerhalb der Graph-Prozeduren) einfach zu handhaben sein; der Ablauf darf nicht verlangsamt werden.

Punkt (d) bedingt, daß wir nicht einen Term mit RUN auswerten, sondern eine Logo-Funktion mit einem festen Namen (etwa FUNK) aufrufen. FUNK soll aber nicht im Editor definiert werden. Als Alternative bietet sich die Anweisung DEFINE an (vgl. 15.2): Mit ihrer Hilfe kann man FUNK programmgesteuert definieren, und zwar entweder durch Umbenennen einer bestehenden Funktion (deren Text mit TEXT abgerufen wird), oder indem man einen Term zum kompletten Prozedurtext ergänzt und diesen unter dem Namen FUNK definiert.

Damit kann (b) realisiert werden: Die Graph-Prozeduren sollen eine Eingabevariable haben, die entweder ein Wort (Funktionsname) oder eine Liste (Funktionsterm) als Wert enthält; vor dem eigentlichen Zeichnen des Graphen wird dann FUNK entsprechend definiert. Um (c) zu lösen, kann man vereinbaren, daß bei Übernahme der bestehenden Funktion ein leeres Objekt eingegeben werden soll.

16.4 Programmierung, Zusammenbau der Einzelteile

Es ist nun größtenteils eine Sache der Programmiertechnik, diese Konzepte in Prozeduren umzusetzen. Vergessen wir dabei nicht, daß die Technik kein Selbstzweck ist: Nur in seltenen Ausnahmefällen ist es notwendig, das gesteckte Ziel aus technischen Gründen aufzugeben oder wesentlich zu verändern. Um die Möglichkeiten einer Programmiersprache voll auszunutzen, braucht man allerdings etwas Übung.

Die Teilaufgaben sind zwar nicht unabhängig voneinander, trotzdem kann die Programmierung (wie auch vorher die detaillierte Planung) getrennt erfolgen, sogar arbeitsteilig in verschiedenen Gruppen. Notfalls kann man, wenn in Teil X eine Prozedur aus Teil Y gebraucht wird, eine vorläufige Prozedur definieren, die sich etwa so verhält wie geplant. Ein Beispiel: Teil A soll eine Prozedur MOVE bereitstellen, die innerhalb des selbstgewählten Fensters zeichnet wie SETXY . Sie wird in B und C gebraucht. Vorläufig kann man definieren:

```
TO MOVE :X :Y
 SETXY  :X :Y
END
```

Damit können die Prozeduren in B ubd C schon geschrieben und getestet werden, und man braucht sie nicht zu ändern, wenn die Endfassung von MOVE fertiggestellt ist.

Zu dieser Phase des Projekts gehört eine Menge an Kleinarbeit (Debugging, Anpassen der Einzelteile etc.). Aus Platzgründen können wir hier nicht auf jedes Detail eingehen, sondern müssen uns auf eine Zusammenstellung der Ergebnisse beschränken, mit kurzen Erläuterungen versehen. Natürlich gibt es beim Programmieren keine "eindeutigen Lösungen"; die folgenden Prozeduren sind deshalb eher als Lösungsvorschläge zu verstehen.

(A) Skalierung

```
TO FENSTER :XL :XR :YU :YO
 MAKE "XMIN :XL
 MAKE "XMAX :XR
 MAKE "YMIN :YU
 MAKE "YMAX :YO
 .ASPECT 0.768
 MAKE "XFAK 320 / ( :XMAX - :XMIN )
 MAKE "YFAK 260 / ( :YMAX - :YMIN )
END

TO MOVE :X :Y
 IF ( ANYOF :X < :XMIN NOT :X < :XMAX :Y < :YMIN :Y > :
YMAX ) THEN PENUP STOP
 SETXY ( - 160 ) + :XFAK * ( :X - :XMIN ) ( - 129.5 ) +
 :YFAK * ( :Y - :YMIN )
 PENDOWN
END
```

FENSTER setzt die Werte für die Bildschirmgrenzen, d.h. definiert vier globale Variablen :XMIN , :XMAX , :YMIN , :YMAX . Außerdem werden zwei Konstanten :XFAK und :YFAK berechnet, die später in MOVE gebraucht werden.

MOVE führt die Koordinatentransformation aus und bewegt den Zeichenstift zum Zielpunkt. Das Problem des Randsprungs wird folgendermaßen gelöst: Liegt der Zielpunkt außerhalb des Fensters, so wird PENUP ausgeführt, sonst passiert gar nichts. Sobald also bei einer der folgenden Anweisungen der Zielpunkt wieder innerhalb liegt, bewegt sich der Igel zum Zielpunkt, ohne zu zeichnen, und das nachfolgende PENDOWN bewirkt, daß anschließend normal weitergezeichnet wird. Das hat zur Folge, daß ein Streckenzug nicht unbedingt am Bildschirmrand abgeschnitten wird, sondern er beginnt beim ersten und endet beim letzten Punkt, der innerhalb liegt. (Im allgemeinen stört das nicht, wenn die Linie aus sehr kleinen Strecken besteht.)

Achtung Apple-Benutzer: Die obigen Prozeduren sind auf das Standardfenster des Commodore 64 abgestimmt. Für den Apple II ersetzen Sie bitte

in FENSTER	0.768	durch	0.8
	320	"	280
	260	"	239
in MOVE	-160	"	-140
	-129.5	"	-119

(B) Achsen:

```
TO ACHSEN :X0 :Y0 :DX :DY
 IF NOT ANYOF :Y0 < :YMIN :Y0 > :YMAX THEN XACHSE
 IF NOT ANYOF :X0 < :XMIN :X0 > :XMAX THEN YACHSE
END

TO XACHSE
 PENUP MOVE :XMIN :Y0 SETX 160
 IF :DX > 0 THEN SETHEADING 0 PENUP XACHSE1 :DX * ( INT
EGER :XMIN / :DX )
END

TO XACHSE1 :X
 IF :X > :XMAX THEN STOP
 MOVE :X :Y0
 FORWARD 3 BACK 6 FORWARD 3
 XACHSE1 :X + :DX
END

TO YACHSE
 PENUP MOVE :X0 :YMIN SETY 130
 IF :DY > 0 THEN SETHEADING 90 PENUP YACHSE1 :DY * ( IN
TEGER :YMIN / :DY )
END

TO YACHSE1 :Y
 IF :Y > :YMAX THEN STOP
 MOVE :X0 :Y
 FORWARD 3 BACK 6 FORWARD 3
 YACHSE1 :Y + :DY
END
```

Die Eingaben für ACHSEN sind die Koordinaten x0, y0 des Achsenschnittpunkts und die Abstände Dx, Dy der Skalenmarkierungen. Wenn ymin <= y0 <= ymax , wird XACHSE aufgerufen: Zunächst wird ein waagerechter Strich gezeichnet; wenn Dx > 0 , werden mit XACHSE1 die Markierungen hinzugefügt, und zwar mit Hilfe der Igelbefehle FORWARD und BACK , damit sie immer die gleiche Größe haben (unabhängig von den Fensterkoordinaten). Die y-Achse wird ähnlich gezeichnet.

(C) Funktionen:

Welche Standardfunktionen man vorsieht, hängt u.a. von dem jeweiligen Interessengebiet ab. Hier sei nur noch eine Kleinigkeit erwähnt: In der Analysis ist es sinnvoll, bei den trigonometrischen Funktionen Winkel im Bogenmaß zu verwenden, daher sollte man definieren (mit $180/\pi = 57.2958$):

```
TO BSIN :X
 OUTPUT SIN 57.2958 * :X
END
```

```
TO BCOS :X
 OUTPUT COS 57.2958 * :X
END
```

(D) Graph-Prozeduren:

```
TO FGRAPH :FKTN :A :B
 FUNKDEF :FKTN
 MAKE "H ( :B - :A ) / 100
 HIDETURTLE PENUP
 FGRAPH1 :A
END

TO FGRAPH1 :X
 IF :X > :B THEN STOP
 MOVE :X FUNK :X
 FGRAPH1 :X + :H
END

TO DGRAPH :FKTN :A :B
 FUNKDEF :FKTN
 MAKE "H ( :B - :A ) / 100
 HIDETURTLE PENUP
 DGRAPH1 :A FUNK :A FUNK :A + :H
END

TO DGRAPH1 :X :Y1 :Y2
 IF :X > :B THEN STOP
 MOVE :X ( :Y2 - :Y1 ) / :H
 DGRAPH1 :X + :H :Y2 FUNK :X + 2 * :H
END

TO SGRAPH :FKTN :A :B
 FUNKDEF :FKTN
 MAKE "H ( :B - :A ) / 100
 HIDETURTLE PENUP
 SGRAPH1 :A 0
END

TO SGRAPH1 :X :S
 IF :X > :B THEN STOP
 MOVE :X :S
 SGRAPH1 :X + :H :S + ( FUNK :X ) * :H
END
```

Die Graph-Prozeduren haben jeweils drei Eingaben, nämlich die Funktion (in welcher Form, wird in Teil E festgelegt) und die Intervallgrenzen a und b . (Bei der Programmentwicklung könnte man die erste Eingabe und die Anweisung FUNKDEF :FKTN vorläufig weglassen.) Die zu zeichnende Funktion soll als Logo-Funktion namens FUNK vorliegen. (Vorläufig könnte man irgendeine Testfunktion als FUNK definieren.) Einige Anmerkungen:

- HIDETURTLE soll den Ablauf beschleunigen.
- Zu DGRAPH1 : Man könnte den Differenzenquotienten auch in der Form

  ((FUNK :X + :H) - (FUNK :X))/ :H

  berechnen. Dann muß aber FUNK :X + :H im nächsten Schritt noch einmal berechnet werden (nämlich als FUNK :X). Um diese doppelte Auswertung von FUNK zu vermeiden, werden die Funktionswerte auf lokalen Hilfsvariablen :Y1 und :Y2 gespeichert, und :Y2 wird beim rekursiven Aufruf auf :Y1 gesetzt.

- Der jeweilige Näherungswert s(x) für die Stammfunktion steht auf der lokalen Variablen :S ; beim ersten Aufruf von SGRAPH1 (in SGRAPH) wird der Startwert s(a) = 0 gesetzt.

(E) Eingabe der Funktionen:

```
TO FUNKDEF :FKTN
 IF ANYOF :FKTN = " :FKTN = [] THEN STOP
 IF WORD? :FKTN THEN DEFWORT :FKTN ELSE DEFLISTE :FKTN
END

TO DEFWORT :NAME
 IF NUMBER? :NAME THEN PRINT [FALSCHE EINGABE DER FUNKT
ION] TOPLEVEL
 IF ( TEXT :NAME ) = [] THEN ( PRINT [FUNKTION] :NAME [
UNBEKANNT] ) TOPLEVEL
 IF :NAME = TEXT :NAME THEN DEFLISTE LIST :NAME ":X STO
P
 DEFINE "FUNK TEXT :NAME
END

TO DEFLISTE :TERM
 DEFINE "FUNK LIST [:X] SENTENCE "OUTPUT :TERM
END
```

FUNKDEF hat entweder einen Funktionsnamen (Wort) oder einen Funktionsterm (Liste) als Eingabe.

Im ersten Fall geht DEFWORT folgendermaßen vor:

- Wenn das Wort eine Zahl ist oder wenn keine Funktion dieses Namens existiert, wird der Ablauf mit einer Fehlermeldung abgebrochen.
- Wenn der Name ein Grundwort ist (etwa SQRT), wird ein Term gebildet (etwa SQRT :X), und dieser Term wird wie im zweiten Fall behandelt (s.u.).
- Sonst wird die zugehörige Funktion unter dem Namen FUNK neu definiert (bleibt aber auch unter dem alten Namen erhalten).

Im zweiten Fall wird dem Term einfach das Grundwort OUTPUT vorangestellt, und die so entstandene Anweisung wird zur (einzigen) Prozedurzeile von FUNK . Der Term muß :X als Variable enthalten, denn FUNK enthält die Eingabevariable :X . Es wird nicht geprüft, ob die Liste tatsächlich ein Logo-Term ist (eine solche Kontrolle wäre nicht ganz einfach); hier muß man also selbst aufpassen, daß die formalen Regeln beachtet werden.

Beispiel:

```
FENSTER (-2) 3 (-2) 4
ACHSEN Ø Ø 1 1
FGRAPH [:X*:X - :X - 1] :XMIN :XMAX
SGRAPH " (-1.5) 3
DGRAPH " :XMIN :XMAX
```

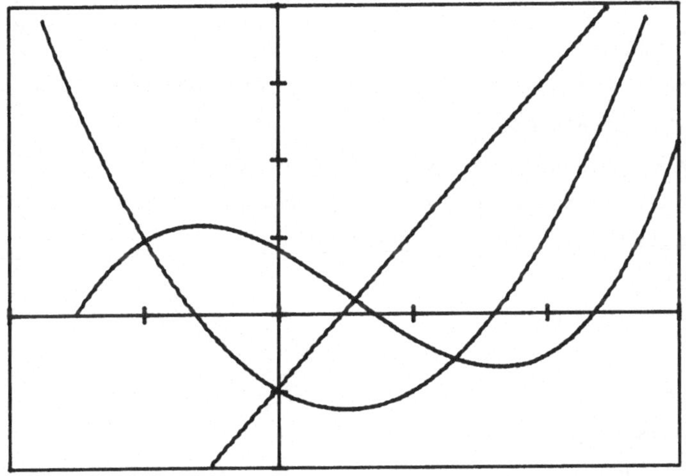

Damit ist das Projekt "Funktionsgraphen" schon recht umfangreich geworden. Es ist jetzt Zeit, das Programm auch zu dokumentieren; die bisherige Arbeit wäre sonst vergebens.

16.5 Dokumentation

Zunächst gehört eine Gebrauchsanweisung dazu, d.h. eine kurze Darstellung, wie die zentralen Prozeduren zu benutzen sind, etwa in der Art, wie man die Grundwörter beschreibt:

a) **FENSTER** xmin xmax ymin ymax

definiert den Bildschirmausschnitt, das "Fenster" der Ebene, in dem gezeichnet wird. Die vier Eingaben sind die x-Koordinaten des linken und rechten Randes (xmin und xmax) sowie die y-Koordinaten des unteren und oberen Randes (ymin und ymax) . Beispiel:

```
FENSTER (-2) 3 (-1Ø) 1Ø
```

Nach der Ausführung von FENSTER stehen die eingegebenen Werte als globale Variablen :XMIN , :XMAX , :YMIN , :YMAX zur Verfügung. Das Fenster kann jederzeit durch eine erneute FENSTER-Anweisung geändert werden.
Für eine unverzerrte Darstellung (gleiche Maßstäbe auf der x- und y-Achse) muß gelten:

(xmax - xmin)/(ymax - ymin) = 3/2

b) **ACHSEN** x0 y0 Dx Dy
zeichnet die Koordinatenachsen, mit Markierungen (falls gewünscht). Die vier Eingaben sind:

- die Koordinaten x0 , y0 des Achsenschnittpunkts,
- die Abstände Dx , Dy der Skalenmarkierungen (falls keine Marken gewünscht sind, ist 0 einzugeben).

Beispiel:

```
ACHSEN Ø Ø 1 1
```

c) **FGRAPH** / **DGRAPH** / **SGRAPH** } Funktion a b
zeichnet den Graphen einer Funktion, bzw. ihrer Ableitung, bzw. ihres Integrals (genauer: ihrer Stammfunktion s mit s(a) = 0), jeweils über dem Intervall [a,b] .
Die Funktion kann auf zwei verschiedene Arten eingegeben werden:

- Mit ihrem Namen (Grundwort oder Prozedurnamen), d.h. als Wort; z.B.

```
FGRAPH "SQRT Ø 5
FGRAPH "BSIN :XMIN :XMAX      (mit BSIN aus 16.4 ) ;
```

oder

- als Term, in Form einer Liste; der Term muß :X als Variable enthalten.
  Beispiel:

```
FGRAPH [:X * :X - :X - 1] (-2) 2
```

Wenn die zuletzt eingegebene Funktion noch einmal gezeichnet werden soll, kann man ein leeres Objekt (Wort oder Liste) eingeben. Beispiel:

```
DGRAPH " (-2) 2
```

zeichnet nach der letzten FGRAPH-Anweisung die Ableitung des dort eingegebenen Polynoms.

Damit kann jeder, der elementare Logo-Kenntnisse hat, diese Prozeduren für seine eigenen Zwecke nutzen, ohne im einzelnen zu wissen, wie sie funktionieren. Denn wer den Rechner ausschließlich als Werkzeug gebrauchen möchte, fragt nur danach, was er macht (und was man damit anfangen kann), und nicht, wie er es macht. Programme derart als "black box" zu benutzen, ist durchaus nicht ungewöhnlich, denn wir wissen ja auch nicht, was intern alles passiert, wenn wir die Anweisung FORWARD 5Ø ausführen; im Prinzip ist die ganze Igel-Geometrie nichts anders als ein solches Paket von Prozeduren.

Besser als eine reine Gebrauchsanweisung ist jedoch eine ausführlichere Darstellung des Projekts, etwa im Umfang des vorigen Abschnitts 16.5 . Neugierige Benutzer erhalten damit zumindest einige Hinweise darauf, "wie es funktioniert" und welche Schwierigkeiten beim Erstellen des Programms auftraten. Noch ein wichtiger Grund: Wer etwas Programmier-Erfahrung hat, kann mit Hilfe solcher Beschreibungen die Prozeduren nach seinen eigenen Vorstellungen modifizieren und ausbauen. Siehe unten.

16.6 Varianten und Erweiterungen

Kein Programm ist so perfekt, daß es für alle Aufgaben gleich gut geeignet ist. Ein fertiges Programm, das keine Eingriffsmöglichkeiten bietet, ist aber nur wie ein Videospiel zu benutzen, man muß seine (schlechten oder guten) Eigenschaften einfach hinnehmen. Demgegenüber bieten Logo-Programme (wenn sie gut strukturiert sind) wegen ihres modularen Aufbaus zwei entscheidende Vorteile:

- Man kann die fertigen Prozeduren als Bausteine in eigenen Prozeduren verwenden und so das Programm weiterentwickeln.
- Auch die "fertigen" Prozeduren können mit etwas Geschick so abgewandelt werden, daß sie dem jeweiligen Verwendungszweck besser angepaßt sind.

Hierzu einige Beispiele:

a) Kleine technische Änderungen sind zumeist schnell zu verwirklichen.

- Wie verhalten sich die Differenzenquotienten einer Funktion f , wenn man die Schrittweite h ändert? Um dies zu untersuchen, könnte man in DGRAPH die Variable :H als weitere Eingabevariable vereinbaren.
- Zum Zeichnen der Stammfunktion könnte man deren Anfangswert s(a) beim Start von SGRAPH eingeben, statt in jedem Falle s(a) = 0 zu setzen. Damit würde deutlich, daß man nicht "die" Stammfunktion von f zeich-

net, sondern "eine".

- Wer die Eingabe der Funktion beim Aufruf der Graph-Prozeduren zu unhandlich findet, kann in FGRAPH usw. die Eingabevariable :FKTN streichen und FUNKDEF als eigenständige Prozedur benutzen.

b) Um ein neues Fenster zu definieren, möchte man oftmals die bestehenden Werte nur zum Teil ändern; außerdem möchte man überprüfen können, welches Fenster momentan definiert ist. Schreiben Sie eine Prozedur zur vereinfachten Eingabe:

```
TO FENSTERDEF
 ZAHLEINGABE "XMIN
 ZAHLEINGABE "XMAX
 ZAHLEINGABE "YMIN
 ZAHLEINGABE "YMAX
 .ASPECT 0.768
 MAKE "XFAK 320 / ( :XMAX - :XMIN )
 MAKE "YFAK 260 / ( :YMAX - :YMIN )
END

TO ZAHLEINGABE :VAR
 ( PRINT1 :VAR CHAR 32 "= CHAR 32 )
 IF THING? :VAR THEN PRINT1 THING :VAR
 ( PRINT1 CHAR 32 "? CHAR 32 )
 MAKE "ANTW REQUEST
 IF :ANTW = [] THEN STOP
 IF NOT NUMBER? FIRST :ANTW THEN PRINT [FALSCHE EINGABE
] ZAHLEINGABE :VAR STOP
 MAKE :VAR FIRST :ANTW
END
```

Beim Aufruf von FENSTERDEF (ohne Eingabe) werden zunächst der Name XMIN sowie der momentane Wert dieser Variablen ausgedruckt (falls einer existiert); der Benutzer kann entweder diesen Wert bestätigen (einfach RETURN drücken) oder ändern (neuen Wert eintippen und RETURN drücken); anschließend wird mit XMAX , YMIN , YMAX genauso verfahren.
Die Prozedur ZAHLEINGABE , die die Eingabe regelt, enthält eine Fehlerkontrolle: Wenn man keine Zahl eintippt, gibt es eine Fehlermeldung; der Ablauf bricht aber nicht ab, sondern der Rechner verlangt erneut eine Zahl.

Zum interaktiven Arbeiten ist FENSTERDEF besser geeignet als FENSTER ; allerdings kann man mit FENSTER auch programmgesteuert die Fensterkoordinaten verändern (s.u.).

c) Nehmen wir an, wir möchten uns einen Funktionsgraphen an einer bestimmten Stelle etwas genauer ansehen. Dazu kann man das Fenster entsprechend einrichten. Die folgende Prozedur LUPE vereinfacht dies:

```
TO LUPE :X0 :Y0 :VERGR
 DRAW
 IF NOT NUMBER? :X0 THEN MAKE "X0 ( :XMIN + :XMAX ) / 2
 IF NOT NUMBER? :Y0 THEN MAKE "Y0 ( :YMIN + ; YMAX)/2
 LOCAL "DX
 MAKE "DX ( :XMAX - :XMIN ) / ( 2 * :VERGR )
 LOCAL "DY
 MAKE "DY ( :YMAX - :YMIN ) / ( 2 * :VERGR )
 FENSTER ( :X0 - :DX ) ( :X0 + :DX ) ( :Y0 - :DY ) ( :Y
0 + :DY )
END
```

LUPE hat drei Eingaben, nämlich die Koordinaten x0 , y0 eines Punktes, dessen Umgebung vergrößert werden soll, und den Vergrößerungsfaktor. (Wenn man statt x0 , y0 jeweils das leere Wort eingibt, wird die Bildschirmmitte als Bezugspunkt angenommen.) LUPE richtet das Fenster so ein, daß (x0,y0) in seiner Mitte liegt und daß die Skalen in x- und y-Richtung linear um den angegebenen Faktor vergrößert werden. Beispiel: Mit

LUPE 1 1 5

wird die Umgebung des Punktes (1,1) fünffach vergrößert.

Eine Anwendung: Wir wollen uns die Funktion

$$f(x) = \begin{cases} x / \sin(1/x) & \text{für } x \neq 0 \\ 0 & \text{für } x = 0 \end{cases}$$

in der Umgebung des Nullpunktes genauer ansehen. Definieren Sie im Editor

```
TO FN1 :X
 IF :X = Ø THEN OUTPUT Ø
 OUTPUT :X * BSIN 1/:X
END
```

(mit BSIN aus 16.4) und führen Sie die folgenden Anweisungen aus:

```
FENSTER (-3) 3 (-2) 2
FGRAPH "FN1 :XMIN :XMAX
LUPE Ø Ø 2
FGRAPH " :XMIN :XMAX
```

Wiederholen Sie die letzten beiden Zeilen mehrmals. (Vgl. die Bilder auf der folgenden Seite.)

Schreiben Sie eine Prozedur MIKROSKOP , die es erlaubt, eine Funktion derart zu "mikroskopieren"!

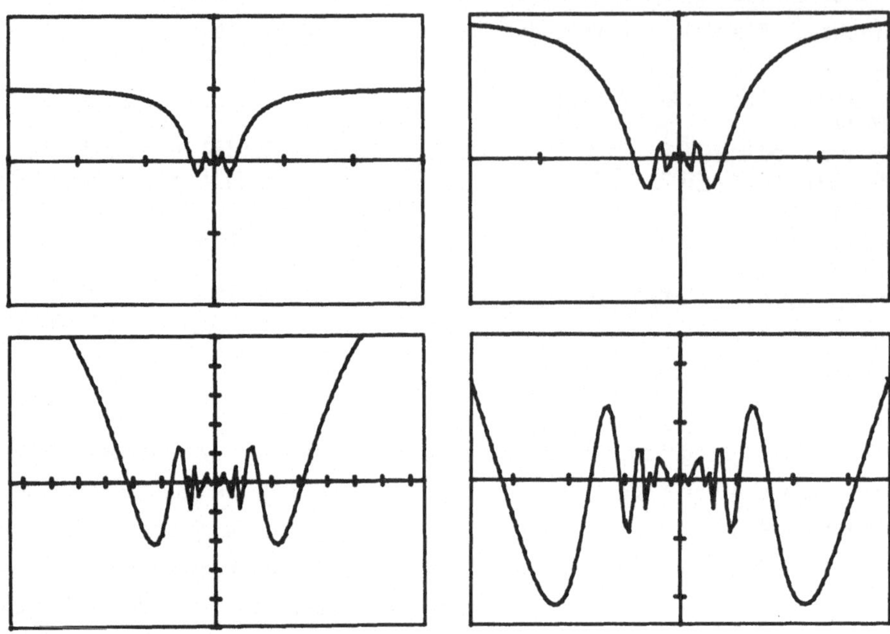

d) Eine weitere Ergänzung ist eine Logo-Funktion

NULLSTELLE Funktion a b ,

die eine Nullstelle einer (stetigen) Funktion f im Intervall [a,b] zurückgibt, wenn f(a) und f(b) verschiedene Vorzeichen haben:

```
TO NULLSTELLE :FKTN :A0 :B0
 FUNKDEF :FKTN
 LOCAL "S MAKE "S SGN FUNK :B0
 IF :S = SGN FUNK :A0 THEN PRINT [GLEICHE VORZEICHEN DE
R FUNKTIONSWERTE AN DEN INTERVALLGRENZEN] TOPLEVEL
 LOCAL "M
 SUCH.IN :A0 :B0
 OUTPUT :M
END

TO SUCH.IN :A :B
 MAKE "M ( :A + :B ) / 2
 IF ANYOF :A = :M :B = :M THEN STOP
 TEST ( FUNK :M ) * :S > 0
 IFTRUE SUCH.IN :A :M STOP
 IFFALSE SUCH.IN :M :B
END
```

(Vgl. 12.3 ; zu SGN vgl. 4.2 .) Beispiel:

```
NULLSTELLE [:X * :X + :X - 1] Ø 1
RESULT: Ø.618Ø32
```

Bei der Suche nach geeigneten Intervallgrenzen kann FGRAPH nützlich sein: Zeichnen Sie die Funktion und bestimmen Sie die ungefähre Lage einer Nullstelle mit Hilfe von ACHSEN ! Entsprechend kann man Funktionen MAXIMUM und MINIMUM definieren, die Extremwerte bestimmen können.

e) Letztendlich kann jeder, dem es Spaß macht, die vorhandenen Prozeduren zu einem "Videospiel" zusammenbauen, mit dem alle Programmelemente (Fensterdefinition, Graphen, Lupe etc.) auf einfachen Tastendruck abrufbar sind. Derartige Programme haben natürlich auch ihre Berechtigung: Sie können auch ohne Logo-Kenntnisse benutzt werden.

Wenn ein Programm verschiedene Wahlmöglichkeiten bietet, die per Tastendruck aufgerufen werden, spricht man von einer "Menü-Steuerung". Oberstes Ziel eines solchen Programms ist eine einfache, schnelle und sichere Handhabung. Man braucht hierzu einige Prozeduren zur Ablaufsteuerung und zum Schutz gegen falsche Eingaben, die zumeist nicht sehr kompliziert sind, aber recht umfangreich werden können.

Bei der Planung ist eine top-down-Strategie (vgl. 16.1) unbedingt empfehlenswert, wenn nicht sogar notwendig.

Man kann die Aufrufstruktur (d.h. die Wahlmöglichkeiten, die jeweils angeboten werden) in Form eines Baumes skizzieren, etwa folgendermaßen:

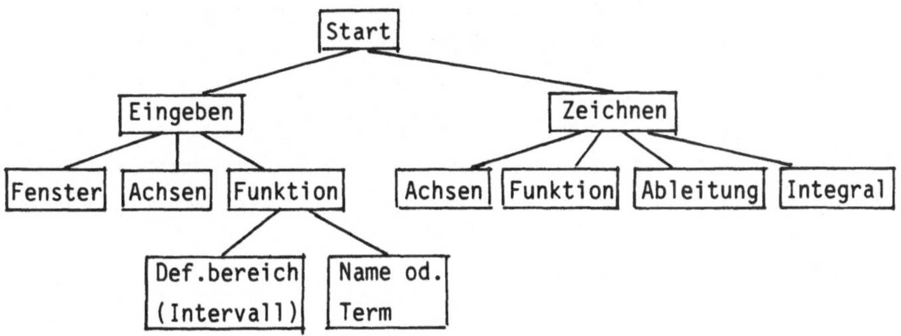

Jeder Knoten, bei dem weiterverzweigt wird (z.B. "Zeichnen"), entspricht einer Prozedur, die folgendes enthält:

1. Ausdrucken der Wahlmöglichkeiten (jedem Zweig des entsprechenden Knotens wird dabei ein Codebuchstabe zugeordnet);
2. Eingabe des Codebuchstabens vom Benutzer;
3. Aufruf der zugehörigen Prozedur (die Verzweigung wird mit IF-Anweisungen gesteuert, die jeweils den Codebuchstaben aus 2. abfragen und die entsprechende Prozedur aufrufen).

Einige Tips zum Programmieren:
- Für die Eingabe in 2. verwendet man am besten RC (vgl. 14.2).
- Beim "Zeichnen" ist sicherlich ein weiterer Zweig "Bild löschen" sinnvoll.
- Wie man die Dateneingabe (Zweige von "Eingeben") interaktiv und mit Fehlerkontrolle durchführen kann, zeigt die Prozedur FENSTERDEF (s. b)).
- Man kann das Programm so einrichten, daß man nach einem Zeichenvorgang wieder zum Knoten "Zeichnen" zurückkehrt, damit man verschiedene Zeichnungen direkt nacheinander ausführen kann. In diesem Fall muß man einen Zweig "Beenden" vorsehen, der zum "Start" zurückführt.
- Weitere Zweige kann man nach Belieben anfügen (z.B. "Lupe").

So weit, so gut. Aus Platzgründen müssen wir leider auf eine komplette Ausführung verzichten.

Mit einem solchen Programm stößt man schon an die Grenzen der Speicherkapazität unserer Rechner. In Logo wird der Speicherplatz in "nodes" gemessen (auf deutsch: Knoten); was das bedeutet, sei dahingestellt, auch die Handbücher geben hierüber wenig Auskunft. Mit der Funktion

.NODES

kann man jedoch feststellen, wieviel Platz noch verfügbar ist. Tippen Sie unmittelbar nach dem Start des Logo-Systems:

```
.NODES
RESULT: 2871
```

Das ist ein Maß für die gesamte Kapazität. Wieviel Platz brauchen z.B. alle Prozeduren aus 16.4 zusammen? Nach dem Definieren tippe man die beiden Zeilen

```
.GCOLL
.NODES
RESULT: 1946
```

Das heißt: Ca. 2/3 des insgesamt verfügbaren Platzes ist noch frei. (Die obigen Zahlen gelten für den C. 64 ; beim Apple II sind sie ähnlich.)

17 Rückblick: Plus und Minus

Logo stammt ab von der Programmiersprache LISP (Abk. für List Processing); diese unterscheidet sich in wesentlichen Punkten von den anderen gängigen Sprachen. Das gilt auch für Logo, denn der Apfel fällt nicht weit vom Stamm; allerdings sind die Unterschiede nicht so schwerwiegend, daß man mit Logo völlig isoliert dasteht. Jedenfalls muß eine Sprache, die sich durchsetzen will, zumindestens einem Vergleich mit ihren Hauptkonkurrenten standhalten und sogar noch einiges mehr bieten. Logo ist zum Lernen (im weitesten Sinne) entwickelt worden, deshalb sollte man als Vergleichsobjekte die in diesem Bereich gebräuchlichen Sprachen heranziehen: Da wäre zum einen das allgegenwärtige BASIC zu nennen, zum anderen Pascal; letzteres ist in vielen Bereichen zum Standard geworden (u.a. im Informatikunterricht). Eines sei vorweggenommen: Logo braucht den Vergleich nicht zu scheuen.

Um diesen Vergleich anzustellen, muß ich natürlich Grundkenntnisse über BASIC und Pascal voraussetzen; ich möchte alle Leser, die diese Sprachen nicht kennen, hierfür um Verständnis bitten.

Im ersten Abschnitt dieses Kapitels werden allgemeine Merkmale zusammengestellt, daraus werden Folgerungen gezogen, insbesondere was den Einsatz im Unterricht angeht. Der zweite Abschnitt enthält einige (zumeist kritische) Anmerkungen zu unserer speziellen Logo-Version: Sie hat einige Schwachstellen, die aber durchaus zu beseitigen sind. Die Kritik ist deshalb auch als Verbesserungsvorschlag für zukünftige Versionen zu verstehen (hoffentlich landet sie in den richtigen Ohren). Andere existierende Logo-Versionen werden ebenfalls kurz erwähnt.

17.1 Allgemeines

a) Logo ist interaktiv. Unmittelbar nach dem Start des Systems kann man Anweisungen ausführen und sieht sofort deren Wirkung. Für Einsteiger ist das ein großer Vorteil gegenüber Compilersprachen wie Pascal, bei denen man sich zuerst mit vielen technischen Einzelheiten vertraut machen muß, ehe ein Programm läuft. Auch BASIC ist interaktiv; Logo hat jedoch einen wesentlich größeren Vorrat an Grundwörtern, und auch vorgefertigte Prozeduren lassen sich genauso einfach wie Grundwörter benutzen (siehe b)).

b) Logo ist modular (Stichwort: Baukastenprinzip). Prozeduren sind einfach zu definieren, und man gelangt relativ schnell zu strukturierten Programmen (vgl. 16.1). Hierin liegt der entscheidende Vorteil gegenüber BASIC, denn dort sind die Programme linear aufgebaut (numerierte Zeilen!) und deshalb schwierig zu strukturieren.

c) Das Prinzip der Rekursion wird bei Logo in der Regel relativ früh eingeführt, nämlich als "last line recursion" zur Wiederholung von Anweisungsfolgen; in dieser Form ist sie auch problemlos zu gebrauchen (keine Beschränkung der Rekursionstiefe).
Man kann dieses Konzept ausbauen zur allgemeinen Rekursion, die z.T. verblüffende Problemlösungen ermöglicht. In der Mathematik werden rekursive Strategien häufiger angewandt, als man oberflächlich vermutet, oftmals werden sie erst dann richtig bewußt, wenn man sie in rekursive Prozeduren umsetzt (etwa bei der Primfaktorzerlegung; vgl. 3.3). Sprachen, wie BASIC, die keine Rekursionen ermöglichen, benötigen hier z.T. erheblich aufwendigere Programme.
Allerdings ist die LL-Rekursion in Logo praktisch die einzige Möglichkeit, Schleifen zu programmieren (abgesehen von REPEAT); das kann zu unnatürlichen oder umständlichen Formulierungen führen. Für manche Probleme wünscht man sich indizierte (FOR-)Schleifen oder WHILE- bzw. REPEAT-UNTIL-Schleifen. Man kann diese zwar simulieren (vgl. 15.1), die Prozeduren hierzu sind aber unhandlich und langsam. Vom Standpunkt der Informatik ist hier ein echtes Defizit von Logo zu sehen (zumindest in der vorliegenden Fassung).

d) Der Umgang mit Variablen ist in Logo recht unkompliziert, wenn man sich zuerst auf lokale (Eingabe-) Variablen beschränkt. Die Schreibweise mit dem vorgestellten Doppelpunkt wirkt etwas unkonventionell.
In Logo wird streng unterschieden zwischen Namen und Wert einer Variablen (besonders deutlich sichtbar bei der Wertzuweisung MAKE). Das ist für Einsteiger vorteilhaft, vom mathematischen Standpunkt vorbildlich, jedoch für versierte Programmierer eher ungewohnt und umständlich.
Ein Pluspunkt ist die Unterscheidung zwischen lokalen und globalen Variab-

len sowie zwischen Werte- und Variablenparametern, zwei wichtige Dinge beim strukturierten Programmieren.

e) Es gibt im Grunde genommen nur zwei verschiedene Datentypen, nämlich Wort und Liste (elementar und strukturiert), sogar Zahlen werden zu den Wörtern eingeordnet; die Variablen sind außerdem nicht typgebunden. In diesem Punkt ist Logo anders als alle anderen.
Auch hier liegt in der Einfachheit ein Vorteil für Einsteiger. Daß man Zahlen als Wörter auffassen kann, ergibt z.T. verblüffende Lösungen bei Aufgaben mit Stellenwertsystemen. Dieses Konzept ist einzigartig, sogar BASIC, die einfachste der anderen Sprachen, unterscheidet streng zwischen Zahlen und Zeichenketten.
Einfache Listen (mit Wörtern als Elementen) sind in ihrer Verarbeitung den Wörtern sehr ähnlich; das erleichtert den Übergang zu strukturierten Datentypen. Listen sind rekursiv aufgebaut und werden rekursiv verarbeitet; hier zeigt sich wieder einmal die enge Beziehung zwischen Programm- und Datenstruktur.
Aus Listen läßt sich im Prinzip jede beliebige Datenstruktur aufbauen; man kann also damit auskommen. Allerdings sind für zahlreiche Probleme andere Strukturen angemessener; etwa eine Matrix als Liste von Zeilen- oder Spaltenvektoren zu schreiben, ist unnatürlich. (Oder versuchen Sie einmal, das "Sieb des Eratosthenes" mit Listen zu programmieren!) Auch die Informatiker sind von dieser Einseitigkeit nicht begeistert. (BASIC ist hier mit den Feldern in einer anderen Art einseitig.)
Daß Variablen nicht typgebunden sind, steht im krassen Gegensatz zum Pascal-Konzept der Typendeklaration. Logo ist zwar dadurch sehr flexibel, was den Umgang mit Daten angeht; es ist aber nicht empfehlenswert, komplexe Daten mit Logo zu handhaben. (Grundsätzlich kann man mit jeder Sprache alles machen, man muß sich aber fragen, ob die Mittel angemessen sind.)

f) Logo ist funktional: Logo-Funktionen können beliebige Objekte als Wert haben; zur Veränderung eines Objekts ist es manchmal einfacher, eine Funktion zu schreiben als eine gleichwertige Anweisung. (Typische Beispiele sind die Listenoperationen aus 13.3 .)
Das wirkt sich auf die Programmstrukturen aus. Beispiel: "Die sortierte Liste", mit einer Funktion programmiert, ist grammatisch etwas völlig anderes als eine Anweisung "Sortiere die Liste" . Funktionale Sprachen

betonen stärker die Objekte, während bei imperativen (d.h. anweisungsorientierten) Sprachen mehr die Prozesse im Vordergrund stehen.
Das ermöglicht z.T. "mathematiknahe" Formulierungen; schließlich gehört der Begriff der Funktion zu den fundamentalen Begriffen der Mathematik. Zum Vergleich: In BASIC kann man nur einfache Terme als Funktionen definieren; Pascal erlaubt nur Funktionen mit skalaren Werten (d.h. ganzzahlige, reelle, logische u.ä.).

Fazit:

Vorweg sei gesagt, daß es die ideale Programmiersprache nicht gibt und auch nicht geben wird. Jede Sprache hat ihre speziellen Eigenschaften, mit denen sie in dem einen Bereich gut geeignet ist, in dem anderen weniger gut.

Wie schon im Vorspann diese Kapitels erwähnt, ist Logo als "Lernsprache" entwickelt worden. In der obigen Einzelwertung zeigt sich an vielen Stellen, daß sich Logo für Einsteiger sehr gut eignet; hier macht das Programmieren einfach Spaß, und zwar nicht nur den "Computer-Freaks" (ein Punkt, den man nicht unterschätzen sollte). Man würde dieser Sprache aber nicht gerecht, wenn man sie als "Anfängersprache" oder "Sprache für Kinder" abtun würde, denn hinter ihr steht das ausgereifte Konzept von LISP. Was Anpassungs- und Ausbaufähigkeit angeht, ist Logo sicherlich "erwachsener" als BASIC: Logo hat nach oben und nach unten keine Grenzen (frei nach S. Papert [1] , wörtlich "no threshold, no ceiling"). In bezug auf Anwendungen im wissenschaftlichen oder kommerziellen Bereich muß man jedoch Abstriche machen; dort sind andere Dinge wichtig (z.B. Schnelligkeit).

Für den Mathematikunterricht bietet Logo eine ganze Reihe von Vorteilen. Hier wird nämlich der Computer hauptsächlich als Werkzeug benutzt, um Zahlenmaterial zu sammeln, graphische Darstellungen zu erzeugen, Vermutungen zu testen usw.; kurz: Für eine "experimentelle Mathematik" werden gute Voraussetzungen geboten. Noch einmal die wichtigsten Gründe: Logo ist
- interaktiv (Ergebnisse stehen schnell zur Verfügung),
- modular (Programme werden nach dem Baukastenprinzip aufgebaut),
- erweiterbar (Prozeduren können als "black boxes" wie Grundwörter benutzt werden).

Außerdem kommen einige Wesenszüge von Logo der Mathematik sehr entgegen (Stichworte: Funktionen, Rekursion; s.o. unter c) und f)). Übrigens beziehen sich diese Überlegungen auf alle Schulstufen, nicht nur auf die unteren (vgl. Kap. 16).

Etwas anders ist die Situation im Informatikunterricht, denn hier stehen Algorithmen, Datenstrukturen etc. im Mittelpunkt; in dieser Hinsicht ist Logo doch relativ einseitig orientiert (vgl. die obigen Punkte c) und e)). Logo eignet sich allenfalls für den elementaren Informatikunterricht in der Sekundarstufe I , wenn man nicht gleich mit Pascal oder ähnlichen Sprachen beginnen möchte. In diesem Fall hat Logo wiederum Vorteile gegenüber BASIC, u.a. wegen des modularen Aufbaus (strukturiertes Programmieren) und wegen der Erweiterbarkeit (selbstdefinierbare Kontrollstrukturen, vgl. 15.1); einen weiteren wichtigen Punkt in diesem Zusammenhang nennt der folgende Absatz.

Auch Logo ist also nicht die ideale Sprache für alle Fächer und Schulstufen. Wie verträgt sich dann Logo mit den anderen Sprachen? Nehmen wir einmal Pascal als Standard auf höheren Niveau: Wenn man von Logo auf Pascal umsteigt, wird man einige Merkmale wiederentdecken (Prozeduren und Funktionen, lokale und globale Variablen, Rekursion, Listen etc.), etwas völlig Neues kommt hinzu (z.B. Typdekleration), und einiges andere kann ansatzweise vorhanden sein (Kontroll- und Datenstrukturen etc.). Man wird also mit dem Übergang keine wesentlichen Schwierigkeiten haben, außer daß man ein paar Gewohnheiten aufgeben muß (andere Form von Variablen und Wertzuweisungen u.ä.). Wer dagegen von BASIC zu Pascal übergeht, muß in der Regel in wichtigen Punkten seine Denkweise ändern; es ist im allgemeinen schwierig, von einer unstrukturierten Sprache auf eine strukturierte umzusteigen.

Wie sich Logo mit BASIC verträgt, ist kurz gesagt: Gar nicht. Es ist nicht zu empfehlen, beide Sprachen parallel zu benutzen, die Denkweisen sind zu verschieden. Wer von BASIC zu Logo wechselt, wird einige Mühe haben, die Feinheiten von Logo zu entdecken; in umgekehrter Richtung wird man in BASIC einige Dinge schmerzlich vermissen.

17.2 Spezielles

a) Logo ist langsam (zumindest in der vorliegenden Version). Das ist kein Nachteil bei interaktiver Arbeitsweise. Aber bei mathematischen Problemen, die einen hohen Rechenaufwand erfordern, oder bei komplexen rekursiven Verfahren (z.B. Backtrack-Algorithmen) macht sich der erhöhte Zeitaufwand doch bemerkbar.

b) Der Speicherplatz ist nicht sehr reichlich bemessen. Im Normalfall reicht er jedoch aus, nur bei sehr umfangreichen Programmen kann man in Schwierigkeiten kommen. (Es ist schwierig, ein Maß für den maximalen Umfang anzugeben, man muß sich hier mit Erfahrungswerten begnügen; vgl. den Schluß von 16.6 .) Nachteilig ist, daß Kommentare in Prozeduren den Speicher erheblich belasten, d.h. daß man für die Kommentierung eines Programms gewissermaßen bestraft wird.

c) Der Editor ist einfach zu bedienen, man braucht nur wenige Tastenfunktionen zu lernen. (Es ist bemerkenswert: Immer wieder entdeckt man Vorteile für Einsteiger.)
Bezüglich der Tastatur ist hier der Commodore 64 leicht im Vorteil gegenüber dem Apple II (beim C. 64 gibt es einige Spezialtasten, z.B. Cursortasten, RUN/STOP zum Definieren).
Wünschenswert wäre, daß man Prozeduren auch optisch strukturieren kann (Einrücken einzelner Zeilen u.ä.); lange Prozeduren würden dadurch übersichtlicher. Mit EDIT ALL werden alle Prozeduren in willkürlicher Reihenfolge aufgelistet; auch das erschwert den Überblick bei Programmen mit vielen Prozeduren.

d) Der Vorrat an mathematischen Standardfunktionen ist sehr knapp bemessen, die vorhandenen könnten außerdem schneller und genauer sein. Für mathematische Anwendungen wünscht man sich hier eine wesentliche Verbesserung.

e) Die formatierte Ausgabe von Daten ist zwar nicht unmöglich, aber nicht ganz einfach; man braucht zusätzliche Prozeduren (vgl. 14.1 , 14.3).

f) Auch die Bedienung der Peripheriegeräte (Diskettenlaufwerk, Drucker) ist problemlos, lange Bedienungsvorschriften sind nicht erforderlich. Die

Speicherung großer Datenmengen auf Disketten (z.B. eine Logarithmentafel oder ein Telefonbuch) ist allerdings nur über Umwege möglich.

g) Es gibt noch einige Sprachelemente, die nicht erwähnt worden sind, weil sie über den Rahmen dieses Buches hinausgehen. Zum Beispiel hat man direkten Zugriff auf den Speicher des Rechners mit .EXAMINE und .DEPOSIT (entsprechend den BASIC-Befehlen PEEK und POKE); die "Utilities-Diskette" enthält einen Assembler, mit dem man kleine Programme in Maschinensprache schreiben kann; man kann Musik machen, mit Steuerknöpfen (Joysticks) umgehen etc. etc. . Auch "Bastler" können sich also mit Logo austoben. (Einzelheiten entnehme man den Handbüchern. Anhang C enthält außerdem ein komplettes Verzeichnis der Grundwörter.)

Zum Schluß noch einige Anmerkungen über die Verwandten unserer Logo-Version:

Wie in der Einleitung erwähnt, gibt es unser Logo in einer deutschen Übersetzung: FORWARD heißt dann VORWAERTS (sinnigerweise mit der Abkürzung VW), REMAINDER heißt REST , SIN heißt SIN etc.; ansonsten ist sie völlig identisch mit der englischen Orginalfassung (bezogen auf den jeweiligen Rechner, Commodore oder Apple). Wer also lieber mit der deutschen Version arbeitet, braucht nur die englischen Grundwörter durch die entsprechenden deutschen zu ersetzen. (Natürlich muß man, wenn man auf englisch gelernt hat und anschließend auf deutsch programmiert, einige Gewohnheiten überwinden.) Übrigens kann man Prozeduren auch vom Computer übersetzen lassen; vgl. 15.2 .

Es gibt noch einige Logo-Dialekte für vergleichbare Home-Computer; sie sind aber größtenteils derart abgemagert, daß sie sich wirklich nur noch für elementare Programmierübungen eignen: z.T. gibt es keine Listen, also keine strukturierten Daten, oder man kann nur ganzzahlig rechnen. Solche Dialekte unterstützen natürlich das Bild von Logo als Kindersprache; sie sind nicht ausbaufähig, also für den Einsatz im Unterricht wenig geeignet. Bei der Auswahl des Rechners muß man also vorsichtig sein: Logo ist nicht gleich Logo.

Für Mikrocomputer der neuen Generation (IBM Personal Computer u.ä.) sind bereits mehrere Logo-Dialekte vorhanden, die wesentlich leistungsfähiger sind als unserer; denn diese Rechner sind schneller und bieten mehr Speicherplatz. Die Hersteller erwarten sogar, daß Logo demnächst nicht nur in Schule und Ausbildung, sondern auch im kommerziellen Bereich Anwendung findet. Für die Zukunft von Logo ist also gesorgt.

Im diesen Sinne:

```
GOODBYE
```

Denn das bedeutet in Logo keinen Abschied, sondern einen Neubeginn; allerdings hoffe ich, daß Sie dabei nicht wieder ganz von vorne anfangen müssen (siehe 10.2).

Anhang

A Laden des Systems

Commodore 64:

1. Geräte einschalten (Computer, Laufwerk, Monitor).
2. Systemdiskette ins Laufwerk einlegen, Klappe schließen.
3. LOAD"*",8 RETURN
   RUN RETURN
   Der Bildschirm zeigt:
   Loading, please wait...
   Nach ca. einer Minute ist das System geladen.
4. Bei Schwarzweiß-Monitoren ist der Textbildschirm besser lesbar, wenn man die Schrift- und Hintergrundfarbe ändert:
   ctrl-2 (Schriftfarbe weiß)
   TEXTBG Ø RETURN (Hintergrundfarbe schwarz)

Apple II:

1. Systemdiskette ins Laufwerk einlegen (bei Geräten mit mehr als einem Laufwerk in "drive 1"), Klappe schließen.
2. Geräte einschalten (Computer, Monitor). Der Bildschirm zeigt:
   LOADING, PLEASE WAIT...
   Nach ca. einer halben Minute ist das System geladen.

Anmerkung zur Tastatur des Apple II:
Die eckigen Klammern sind versteckt als shift-N und shift-M .

B Fehlermeldungen

Die folgende Liste ist alphabetisch geordnet nach dem ersten Wort der Fehlermeldung, das kein Grundwort oder Prozedurname ist. Häufig vorkommende Meldungen sind fett gedruckt.
Diese Liste ist nicht ganz vollständig: Einige Meldungen, die in der Praxis nicht vorkommen, sind weggelassen (Beispiel: Prozeduren mit mehr als 100 Eingaben werden nicht akzeptiert). Ebenso sind einige Meldungen, die sich selbst erklären, nicht aufgeführt (Beispiel: THE DISK IS FULL).

CANT DIVIDE BY ZERO

Divisor 0 in QUOTIENT , REMAINDER oder / .

... DIDNT OUTPUT

Anweisung wie eine Funktion verwendet (vgl. 4.4); Beispiel:

IF :N = 1 THEN FORWARD STOP

STOP DIDNT OUTPUT

DISK ERROR

Fehler in CATALOG , READ oder SAVE , z. B. bei beschädigten oder nicht richtig eingelegten Dieketten.

... DOESNT LIKE ... AS INPUT

Falsche Eingabe für Grundwörter oder Operationszeichen:

FIRST BUTFIRST "X (leeres Wort als Eingabe für FIRST)

FIRST DOESNT LIKE AS INPUT

PRINT "N + 1 (Wort als Eingabe für +)

+ DOESNT LIKE N AS INPUT

Häufige Ursache: Klammerfehler (vgl. 4.2); z.B.:

IF RANDOM 2 = 1 THEN LEFT 99

RANDOM DOESNT LIKE FALSE AS INPUT

END SHOULD BE USED ONLY INSIDE THE EDITOR (Klar.)

ELSE IS OUT OF PLACE

ELSE muß in einer IF- Anweisung stehen. Beispiel:

IF :N = 1 THEN FORWARD 55

ELSE BACK 55 (hier steht ELSE am Zeilenanfang)

FILE NOT FOUND

Fehler in READ , meist Tippfehler im Dateinamen.

... IS A LOGO PRIMITIVE

Versuch, eine Prozedur mit einem Grundwort als Namen zu definieren.

MISSING INPUTS INSIDE ()'S

Fehlende Eingaben innerhalb runder Klammern, z.B.:

```
PRINT (1 + SQRT) / 2
```

... NEEDS MORE INPUTS

Fehlende Eingaben für Grundwörter oder Prozeduren:

FORWARD

FORWARD NEEDS MORE INPUTS

Negative Zahlen als zweite Eingabe müssen geklammert werden:

SETXY 65 -28 (Vorzeichen wird als Operation gedeutet)

SETXY NEEDS MORE INPUTS

Häufig auch bei Grundwörtern mit variabler Anzahl von Eingaben (wie PRINT , WORD), wenn die "Klammer zu" fehlt oder nicht erkannt wird:

(PRINT "A "B "C "D) (Leerzeichen vor "Klammer zu" fehlt)

PRINT NEEDS MORE INPUTS

Bei einem Operations- oder Vergleichszeichen fehlt der erste Operand:

PRINT *7

** NEEDS SOMETHING BEFORE IT*

NO STORAGE LEFT!

a) Beim Definieren von Prozeduren: Es sind zu viele Prozeduren und globale Variablen im Arbeitsspeicher (vgl. 10.2).

b) Bei rekursiven Prozeduren: Zu viele Rekursionsschritte (s. Kap. 8)

c) (selten) Ein Wort oder eine Liste ist zu lang.

NUMBER TOO LARGE OR TOO SMALL IN ...

Eingabe für ein Grundwort oder Operationszeichen überschreitet den zulässigen Bereich, z. B.:

PRINT 1.4E15 + 2.34E22

NUMBER TOO LARGE OR TOO SMALL IN +

FORWARD 2.5E23

NUMBER TOO LARGE OR TOO SMALL IN FORWARD

THE : IS OUT OF PLACE AT ...

Tippfehler in Variablen: Doppelpunkt falsch gesetzt.

THEN IS OUT OF PLACE

THEN muß in einer IF-Anweisung stehen (vgl. ELSE IS OUT OF PLACE).

THERE IS NO NAME ...

Fehler in einem Variablennamen, meist Tippfehler. Sonderfall:

```
PRINT : ZAHL
```

THERE IS NO MAME

Der Doppelpunkt darf nicht vom Variablennamen durch ein Leerzeichen getrennt werden.

THERE IS NO PROCEDURE NAMED ...

Fehler in einem Prozedurnamen. Häufige Ursachen:

a) Tippfehler in Grundwörtern oder Prozedurnamen

b) Trennendes Leerzeichen (etwa zwischen Prozedur und Eingabe) fehlt

c) Doppelpunkt vor Variablen vergessen

TOO MUCH INSIDE PARENTHESES

Zu viele Werte innerhalb runder Klammern, z.B.:

```
PRINT (SQRT 25 36 ) + 1
```

TURTLE OUT OF BOUNDS

Zielpunkt des Igels außerhalb der Grenzen (im NOWRAP-Modus, s. 11.4)

YOU DONT SAY WHAT TO DO WITH ...

Ein Wert steht dort, wo eine Anweisung erwartet wird (vgl. 4.4), z.B.

```
REPEAT 55  RANDOM 6
FORWARD 55 22                (innerhalb einer Prozedur)
```

Häufig auch bei Grundwörtern mit variabler Anzahl von Eingaben, wenn die runden Klammern fehlen:

```
PRINT :N SQRT :N             (innerhalb einer Prozedur)
```

C Lösungshinweise

Hier sollen keine "perfekten Musterlösungen" geboten werden, sondern tatsächlich nur "Hinweise". Denn zahlreiche Aufgaben sind als Anregungen zum Experimentieren gedacht, haben also gar keine Lösung im eigentlichen Sinne. Daher sind nicht alle Aufgaben berücksichtigt. Zum Teil werden nur die wichtigsten Prozeduren aufgeführt.

Zu Kapitel 3:

2a)

```
TO FRANKIERE :PORTO
 VERSUCH 0 :PORTO
END

TO VERSUCH :N :BETRAG
 IF :BETRAG < 50 THEN ( PRINT :PORTO [GEHT NICHT] ) STO
P
 IF ( REMAINDER :BETRAG 50 ) = 0 THEN AUSDRUCKEN STOP
 VERSUCH :N + 1 :BETRAG - 80
END

TO AUSDRUCKEN
 ( PRINT QUOTIENT :BETRAG 50 [* 50 PF UND] :N [* 80 PF]
 )
END
```

3) vgl. 6.1

4)

```
TO DEZBRUCH :N
 ( PRINT1 [1/] :N [=0.] )
 DEZ1 10 1
END

TO DEZ1 :Z :LAENGE
 PRINT1 QUOTIENT :Z :N
 IF ( REMAINDER :Z :N ) = 1 THEN BEENDEN STOP
 DEZ1 10 * ( REMAINDER :Z :N ) :LAENGE + 1
END

TO BEENDEN
 PRINT [PERIODE]
 ( PRINT [LAENGE] :LAENGE )
END
```

Beim Aufruf von DEZBRUCH ist der Nenner n eizugeben. Beispiel:

```
DEZBRUCH 7
1/7 = 0.142857PERIODE
LAENGE 6
```

5)
```
TO FOLGE :N
 PRINT SQRT :N * ( :N + 1 ) * ( :N + 2 ) * ( :N + 3 ) +
 1
 FOLGE :N + 1
END
```

Starten Sie mit FOLGE 1 . Es werden ganze Zahlen ausgedruckt, d.h. die Radikanden sind Quadratzahlen.

6) Berechnen Sie ähnlich wie in 5) die Quadratwurzeln aus m*(m+1)/2 für m = 1,2,3,...; ganzzahlige Werte ergeben Lösungen der angegebenen Gleichung (Beispiele: m = 8, 49, 288)

Zu Kapitel 4:

2)
```
TO START
 PRINT [ICH DENKE MIR EINE ZWEISTELLIGE ZAHL. WENN SIE
EINE ZAHL KLEINER ALS 10 EINGEBEN, TEILE ICH MEINE ZAHL
 DURCH IHRE UND SAGE IHNEN DEN REST. WENN SIE MEINE ZAH
L ERRATEN HABEN, GEBEN SIE DIESE ZAHL EIN, UND ICH SAGE
 IHNEN, OB SIE RICHTIG IST.]
 ( PRINT )
 MAKE "ZAHL 10 + RANDOM 90
 RATE
END

TO RATE
 PRINT1 [GEBEN SIE EINE ZAHL EIN:]
 INPUT "N
 IF :N < 2 THEN PRINT [FALSCHE EINGABE] RATE STOP
 IF :N > 9 THEN TESTE STOP
 ( PRINT [DER REST IST] REMAINDER :ZAHL :N )
 ( PRINT )
 RATE
END

TO TESTE
 IF :N = :ZAHL THEN PRINT [RICHTIG!] STOP
 PRINT [LEIDER FALSCH]
 RATE
END

TO INPUT :VAR
 MAKE :VAR FIRST REQUEST
END
```

3) Funktion für die Anzahl der Teiler:

```
TO TEILERZAHL :N
 MAKE "TZ 2
 TEILERTEST 2
 OUTPUT :TZ
END

TO TEILERTEST :K
 IF :K * :K > :N THEN STOP
 IF :K * :K = :N THEN MAKE "TZ :TZ + 1 STOP
 IF ( REMAINDER :N :K ) = 0 THEN MAKE "TZ :TZ + 2
 TEILERTEST :K + 1
END
```

Bestimmung der "Rekordhalter" (Aufruf mit REKORDE):

```
TO REKORDE
 MAKE "MAX 0
 REKORD1 2
END

TO REKORD1 :N
 MAKE "HILF TEILERZAHL :N
 IF :HILF > :MAX THEN ( PRINT [NEUER REKORD:] :N [HAT]
:HILF [TEILER] ) MAKE "MAX :HILF
 REKORD1 :N + 1
END
```

4) TEILERSUMME ist ähnlich wie TEILERZAHL zu programmieren. Die iterierten Teilersummen berechnet man nach dem Schema der rekursiven Folgen (vgl. 4.2). Ob diese Folgen immer bei 1 enden, ist noch ungeklärt; man vermutet aber, daß es nicht so ist.

5) Hier ist eine Version, die weniger zum Spielen als zum Testen der Gewinnchancen gedacht ist. Aufruf mit START ; zu INPUT vgl. Aufg. 2 .

```
TO START
 PRINT [ANFANGSKAPITAL?]
 INPUT "KAPITAL
 PRINT [ABBRECHEN EINES SPIELS NACH WIEVIEL WUERFEN?]
 INPUT "MAX
 SPIEL 1
END

TO SPIEL :NR
 IF :KAPITAL < 10 THEN ( PRINT [KEIN GELD MEHR NACH] :N
R - 1 [SPIELEN] ) STOP
 MAKE "KAPITAL :KAPITAL - 10
 MAKE "SUMME 0
 ( PRINT1 :NR [. SPIEL:] )
 WURF 1
 SPIEL :NR + 1
END
```

```
TO WURF :W
 IF :W > :MAX THEN ( PRINT [GEWINN:] :SUMME ) MAKE "KAP
ITAL :KAPITAL + :SUMME STOP
 MAKE "HILF 1 + RANDOM 6
 ( PRINT1 :HILF [,] )
 IF :HILF = 6 THEN PRINT [VERLOREN] STOP
 MAKE "SUMME :SUMME + :HILF
 WURF :W + 1
END
```

Zu Kapitel 5:

2) Eine Funktion "Summe der Ziffernquadrate" ist ähnlich aufzubauen wie die Quersumme (vgl. 5.3).
Die rekursiven Folgen werden entweder konstant (wenn sie die 1 erreichen), oder sie laufen in einen Zyklus, der die 4 enthält. (Der Beweis ist nicht schwer, wenn man dies für Startwerte kleiner 200 bestätigt hat.)

4) Ob das Verfahren immer ein Palindrom liefert, ist noch nicht geklärt.

7)
```
TO HANGMAN
 MAKE "SUCHWORT "ABRAKADABRA
 RATEN
END

TO RATEN
 PRINT1 [BUCHST ODER WORT:]
 INPUT "EINGABE
 IF ( COUNT :EINGABE ) = 1 THEN ERSETZEN ELSE VERGLEICH
EN
END

TO ERSETZEN
 DRUCKE :SUCHWORT :EINGABE
 RATEN
END

TO DRUCKE :WORT :BUCHST
 IF :WORT = " THEN ( PRINT ) STOP
 IF :BUCHST = FIRST :WORT THEN PRINT1 :BUCHST ELSE PRIN
T1 ".
 DRUCKE BUTFIRST :WORT :BUCHST
END

TO VERGLEICHEN
 IF :SUCHWORT = :EINGABE THEN PRINT [RICHTIG!] STOP
 PRINT [LEIDER FALSCH]
 RATEN
END
```

Aufruf mit HANGMAN . Das Suchwort wird in der ersten Zeile von HANGNAN definiert (um ein neues Suchwort einzugeben, nuß man diese Zeile im Editor ändern). Beim "verdeckten" Ausdrucken des Suchworts (Prozedur DRUCKE) wird außer dem eingegebenen Buchstaben jedes andere Zeichen des Suchworts durch einen Punkt markiert, auch früher geratene Buchstaben. Besser (aber auch schwieriger) wäre es, das Wort nach und nach aufzufüllen.

Zu Kapitel 6:

2)
```
TO MORGEN :TAG :MON :JAHR
 IF NOT MONATSENDE? THEN ( PRINT :TAG + 1 :MON :JAHR )
STOP
 IF :MON < 12 THEN ( PRINT 1 :MON + 1 :JAHR ) STOP
 ( PRINT 1 1 :JAHR + 1 )
END

TO MONATSENDE?
 IF ( ANYOF :MON = 1 :MON = 3 :MON = 5 :MON = 7 :MON =
8 :MON = 10 :MON = 12 ) THEN OUTPUT :TAG = 31
 IF NOT :MON = 2 THEN OUTPUT :TAG = 30
 IF SCHALTJAHR? THEN OUTPUT :TAG = 29 ELSE OUTPUT :TAG
= 28
END

TO SCHALTJAHR?
 IF NOT ( REMAINDER :JAHR 4 ) = 0 THEN OUTPUT "FALSE
 IF ( REMAINDER :JAHR 400 ) = 0 THEN OUTPUT "TRUE
 IF ( REMAINDER :JAHR 100 ) = 0 THEN OUTPUT "FALSE
 OUTPUT "TRUE
END
```

Beispiel: MORGEN 28 2 1984

29 2 1984

Dieses Programm prüft nicht, ob das eingegebene Datum zulässig ist (eine solche Prüfung wäre eine sinnvolle Erweiterung).

3a)
```
TO GOLDBACH :N
 PRINT1 :N
 TESTE.SUMMANDEN 3
 GOLDBACH :N + 2
END

TO TESTE.SUMMANDEN :K
 IF 2 * :K > :N THEN ( PRINT ) STOP
 TEST ALLOF PRIM? :K PRIM? :N - :K
 IFTRUE ( PRINT1 [=] :K [+] :N - :K )
 TESTE.SUMMANDEN :K + 2
END
```

Beim Aufruf von GOLDBACH wird eine gerade Zahl größer als 4 als Startwert eingegeben.

Zu Kapitel 8):

3)
```
TO SCHNEE
 DRAW
 PENUP BACK 60 RIGHT 90 BACK 100 PENDOWN
 REPEAT 3 [SEITE 200 LEFT 120]
END

TO SEITE :L
 IF :L < 5 THEN FORWARD :L STOP
 SEITE :L / 3
 RIGHT 60
 SEITE :L / 3
 LEFT 120
 SEITE :L / 3
 RIGHT 60
 SEITE :L / 3
END
```

Die Rekursionstiefe richtet sich nach der Stoppbedingung in SEITE . (Ersetzen Sie 5 durch eine andere Zahl!)

4) Die folgende Funktion verwendet die vierte Eigenschaft:

```
TO BINKO :N :K
 IF :K = 0 THEN OUTPUT 1
 OUTPUT QUOTIENT :N * ( BINKO :N - 1 :K - 1 ) :K
END
```

Der rekursive Aufruf könnte auch lauten:

```
OUTPUT (:N/:K) * BINKO :N-1 :K-1
```

In der o.a. Version wird jedoch ganzzahlig dividiert, also ohne Rundungsfehler (man mache sich klar, daß dies zulässig ist!).

Anmerkung: Häufig braucht man nicht nur einen einzigen Binomialkoeffizienten, sondern eine ganze Reihe, etwa mit einem festen Wert n für alle $k = 0,\dots,n$. In diesem Fall sollte man sie nicht mit der obigen Funktion berechnen, sondern iterativ, nach dem folgenden Schema:

$$\binom{n}{k} = \frac{n-k+1}{k} * \binom{n}{k-1}$$

5) Die Prozedur druckt alle Permutationen der Buchstaben des eingegebenen Wortes aus. Im Prinzip geht sie folgendermaßen vor (n sei die Länge des Wortes):

Wiederhole n-mal :
- (a) Verbinde den ersten Buchstaben mit allen Permutationen des restlichen Wortes;
- (b) stelle das erste Zeichen ans Ende des Wortes (zyklische Vertauschung).

Zu Kapitel 9:

3) In WURF fehlt hinter dem Aufruf von BEENDEN ein STOP .

4) Hier die korrigierte Version:

```
TO ZERLEGE :N
 IF :N < 2 THEN PRINT [FALSCHE EINGABE] TOPLEVEL
 MAKE "WURZEL SQRT :N + 1
 TEILERTEST 2
END

TO TEILERTEST :K
 IF :K > :WURZEL THEN PRINT :N STOP
 TEST ( REMAINDER :N :K ) = 0
 IFTRUE ( PRINT1 :K "* ) ZERLEGE QUOTIENT :N :K STOP
 TEILERTEST :K + 1
END
```

Der besagte elfte Fehler beruht darauf, daß die Quadratwurzel nur ungenau (mit Rundungsfehler) berechnet wird, dadurch wird sie manchmal als Schranke für :K zu klein; z.B.:

7 = SQRT 49	7 > SQRT 49
RESULT: FALSE	*RESULT: TRUE*

Das heißt: 49 würde als Primzahl erkannt.
Deshalb muß man die Schranke etwas erhöhen. (Vgl. auch Kap. 12.)

Zu Kapitel 11:

2a) Die Mittelpunkte aller Strecken FP (mit P auf g) liegen auf einer Parallelen h zu g , die halb so weit von F entfernt ist wie g . Man erhält also die Mittelsenkrechten dadurch, daß man in den Punkten Q der Geraden h die Senkrechten auf FQ errichtet.

Die Eingabe :D von PARABEL ist der Abstand von h zum Punkt F .

```
'TO PARABEL :D
  DRAW
  .ASPECT 1
  TANGENTEN - 100
 END

 TO TANGENTEN :X
  IF :X > 100 THEN STOP
  PENUP SETXY :X ( - :D ) PENDOWN
  SETHEADING TOWARDS 0 0
  IF :X < 0 THEN LEFT 90 ELSE RIGHT 90
  FORWARD 150
  TANGENTEN :X + 5
 END
```

4)
```
TO BUFFON :ANZAHL
 MAKE "ZAEHLER 0
 GITTER
 REPEAT :ANZAHL [VERSUCH]
 PRINT :ANZAHL / :ZAEHLER
END

TO GITTER
 DRAW RIGHT 90
 REPEAT 16 [SETY 260 PENUP FORWARD 20 PENDOWN]
END

TO VERSUCH
 NADEL
 ZAEHLEN
END

TO NADEL
 MAKE "XL RANDOM 320
 MAKE "YL RANDOM 260
 PENUP SETXY :XL :YL PENDOWN
 SETHEADING RANDOM 180
 FORWARD 10
END

TO ZAEHLEN
 MAKE "XR XCOR + 160
 TEST ( INTEGER :XL / 20 ) < ( INTEGER :XR / 20 )
 IFTRUE MAKE "ZAEHLER :ZAEHLER + 1
END
```

Beim Aufruf von BUFFON wird die Anzahl der Nadeln eingegeben, etwa:

BUFFON 1111

Anmerkungen:

a) ZAEHLEN benutzt die Funktion INTEGER (ganzzahliger Anteil), die erst in 12.2 definiert wird; man kann sie jedoch vermeiden.

b) Die in NADEL und ZAEHLEN benutzten Werte für die Bildschirmgrenzen beziehen sich auf den Commodore 64; beim Apple II sind entsprechende Zahlen einzusetzen.

6) Die Planetenbahn ergibt sich aus der Überlagerung zweier Kreisbewegungen mit den Bahnradien 1 bzw. R und den Umlaufzeiten 1 bzw. T :

x(w) = cos(w) + R*cos(w/T) , y(w) = sin(w) + R*sin(w/T)

```
TO PLANET :R :T
 DRAW HIDETURTLE FULLSCREEN .ASPECT 1
 MAKE "FAK 100 / ( 1 + :R )
 PENUP SETXY :FAK * ( 1 + :R ) 0 PENDOWN
 BAHN 0
END

TO BAHN :W
 SETXY :FAK * ( ( COS :W ) + :R * COS :W / :T ) :FAK *
( ( SIN :W ) + :R * SIN :W / :T )
 BAHN :W + 5
END
```

Der Skalierungsfaktor :FAK kann bei Bedarf leicht geändert werden, ebenso die Schrittweite beim Bahnparameter (hier 5).

Zu Kapitel 12:

1) Das Standardverfahren zur Lösung quadratischer Gleichungen:

```
TO QUA.GL :P :Q
 MAKE "DISKR :P * :P - 4 * :Q
 IF :DISKR < 0 THEN PRINT [KEINE REELLE LOESUNG] STOP
 MAKE "WURZEL SQRT :DISKR
 ( PRINT [LOESUNGEN:] ( - :P + :WURZEL ) / 2 ( - :P - :
WURZEL ) / 2 )
END
```

Löst man die kubische Gleichung mit Intervallhalbierung, so besteht tatsächlich das eigentliche Problem darin, Grenzen für die Nullstellen su finden (abhängig von den Koeffizienten). Es gilt z.B.:

$|x0| < \max (1 , |p| + |q| + |r|)$ für alle Nullstellen x0

Der Rest verläuft wie in 12.2 . (Zu MAX und ABS vgl. 4.2)

```
•TO KUB.GL :P :Q :R
  MAKE "GR MAX 1 ( ABS :P ) + ( ABS :Q ) + ( ABS :R )
  SUCH.IN ( - :GR ) :GR
 END

 TO SUCH.IN :A :B
  MAKE "M ( :A + :B ) / 2
  IF ANYOF :A = :M :B = :M THEN PRINT :M STOP
  TEST ( ( :M + :P ) * :M + :Q ) * :M + :R > 0
  IFTRUE SUCH.IN :A :M
  IFFALSE SUCH.IN :M :B
 END
```

4)
```
 TO TAN :X
  IF ( ABS :X ) < 0.001 THEN OUTPUT :X
  OUTPUT THILF TAN :X / 2
 END

 TO THILF :Z
  OUTPUT 2 * :Z / ( 1 - :Z * :Z )
 END
```

Zu Kapitel 13:

1) Die folgende Funktion MIX hat eine Liste als Eingabe und gibt sie gemischt zurück:

```
TO MIX :LISTE
 IF :LISTE = [] THEN OUTPUT []
 LOCAL "POS MAKE "POS 1 + RANDOM COUNT :LISTE
 OUTPUT LPUT ( ITEM :POS :LISTE ) ( MIX OHNE :POS :LIST
E )
END
```

(Zu ITEM , COUNT , OHNE vgl. 13.3 .) MIX nimmt ein zufällig gewähltes Listenelement heraus, mischt die restliche Liste und stellt das Element an deren Ende. Man braucht hier eine lokale Variable zum Zwischenspeichern der Position dieses Elements, deshalb darf man die LOCAL-Anweisung nicht weglassen. (Fehlt dieses Grundwort, so muß man die Funktion ganz anders aufbauen.)
Anmerkung: Die Funktion MIX ist zwar kurz, bracht aber eine relativ lange Laufzeit, da sie in jedem Rekursionsschritt drei weitere rekursive Prozeduren benötigt. Hier ist noch eine Verbesserung möglich.
Zum Problem mit den Karten:

```
TO START
 MAKE "KARTEN MIX [1 2 3 4 5 6 7 8 9 10 11 12 13 14 15
16]
 SCHRITT
END

TO SCHRITT
 PRINT :KARTEN
 MAKE "H FIRST :KARTEN
 IF :H = 1 THEN STOP
 MAKE "KARTEN FPUT ( ITEM :H :KARTEN ) ( OHNE :H :KARTE
N )
 SCHRITT
END
```

2)
```
TO FREMDWOERTER
 PRINT WORD ZUFEL :VWT ZUFEL :HWT
 FREMDWOERTER
END

TO ZUFEL :LISTE
 OUTPUT ITEM ( 1 + RANDOM COUNT :LISTE ) :LISTE
END
```

Die Funktion ZUFEL wählt zufällig ein Listenelement aus.
Stellen Sie selbst Listen :VWT und :HWT (vordere und hintere Wort-Teile) zusammen! Diese müssen vor dem Aufruf von FREMDWOERTER als globale Variablen gespeichert sein.

3) Ähnlich wie 2); hier sind jedoch die Elemente der Listen :SUBJ etc. im allg. wiederum Listen, da sie aus mehreren Wörtern bestehen können.

4) Ein Trick: Man behandelt die Ziffernkombinationen CM , IX und IV genau wie Ziffern (mit den Werten 900, 9 und 4). Damit erspart man sich lästige Fallunterscheidungen.

```
TO ROM :N
 ROM1 :N [M CM D C L X IX V IV I] [1000 900 500 100 50
10 9 5 4 1]
END

TO ROM1 :N :ZIFFERN :WERTE
 IF :N = 0 THEN ( PRINT ) STOP
 TEST :N < FIRST :WERTE
 IFTRUE ROM1 :N BUTFIRST :ZIFFERN BUTFIRST :WERTE
 IFFALSE PRINT1 FIRST :ZIFFERN ROM1 ( :N - FIRST :WERTE
 ) :ZIFFERN :WERTE
END
```

D Verzeichnis der Logo-Grundwörter

Die folgende Übersicht enthält alle Grundwörter unserer Logo-Version. Einige sind im Text nicht erwähnt; in diesem Fall steht statt der Seitenzahl ein Strich dahinter. Falls eine Abkürzung existiert, ist diese in Klammern hinzugefügt.
Mit * bezeichnete Grundwörter gibt es nur in Commodore 64 Logo, mit ** bezeichnete nur in Terrapin Logo (Apple II).

9. Organisieren des Arbeitsspeichers

10. Umgang mit Disketten

11. Was es sonst noch gibt

E Stichwortverzeichnis

F Literaturhinweise

1 Papert, S.: Mindstorms - Kinder, Computer und Neues Lernen.
Basel 1982; Birkhäuser

2 Abelson, H.: Logo for the Apple II
New York 1982; McGraw Hill

3 Abelson, H. (bearb. von H. Löthe): Einführung in Logo
Vaterstetten 1983; IWT-Verlag

4 Abelson / diSessa: Turtle Geometry
Cambridge 1980; MIT Press

5 Ross, P.: Logo Programming
London 1983; Addison Wesley

6 Watt, D.: Learning with Logo
New York 1983; McGraw Hill

7 Ziegenbalg, J.: Informatik und allgemeine Ziele des Mathematikunterrichts. ZDM 15 (1983) Heft 5, p. 215

8 Ziegenbalg, J.: Programm-Übersetzung mit Logo
LOG IN 4 (1984) Heft 1, p. 51

9 Dresch, Fröbel, Koschorrek: Informatik für die Sekundarstufe II
(Bd. 2: Algorithmen und Datenstrukturen)
Paderborn 1984; Schöningh

10 Baumann, R.: Informatik mit Pascal
Stuttgart 1981; Klett

11 Goldschlager / Lister: Informatik - Eine moderne Einführung
München 1984; Hanser